U0626753

紹興大典

史部

光緒餘姚縣志

2

中華書局

餘姚縣志卷八

水利

湖

宋慶歷八年餘姚知縣謝景初具狀申上轉運稱縣見管陂湖三十一所並係衆戶植利蔭田著在圖經累有詔敕山澤陂湖不得占佃請射及無簿籍稽管官司因人請託或受賂遺許令豪右請射作田以起納租稅爲名收作已業廢奪民田蔭溉之利爲害不細欲乞敷奏敕下本屬明置簿籍稽管更不得以起納租稅爲名輒行請射如違其所請人及所管官司重行朝典尋轉運如狀具奏皇祐元年奉旨送三司依所奏施行縣司遂帖取責諸鄉湖水植

利人戶具析本湖長闊丈尺頃畝四至蔭田數目縱閉時刻依例置簿赴縣點對每年三月至七月植利人戶輪差七人巡湖專管盜湖爲田如不覺察每盜種一畝每人罰錢三百文每湖塘一里差人戶二名看管塘隄并蔭同湖塘樹木湫堰一月一替於界首蓋小屋子充守宿置簿遞相交割赴官簽押如不覺察有失申報損缺或被人偷盜塘隄樹木等事據地分每人罰錢一貫文並置版碑一面出示今後並不得妄有請射改作己業故違赦旨其榜簿所具謂之規繩皇祐紹興間知縣王敘趙子潚皆嘗刻之以給植利人戶嘉泰中知縣常褚次成書名曰古規湖經元至元間知縣汪文璟再刻以傳明成化間紹興知府彭

誼復於舊經之後增述諸湖四至之未備者誼序次曰姚江北四十里際海並江之田溉潮水潮所不及者則因山爲湖以備旱而各有界或去湖二三十里亦得蔭之而近在十里之内反不得者蓋地有高卑水有限節也江之南近山而去湖遠者亦用是法然民皆倚是爲命利不均則爭謝廷評畫爲規繩世守之弗敢變苟有爭藉此爲抈徵也故志有所取焉嘉靖志

水利莫大於湖陂海隄湖以蓄水之利隄以禦水之害湖經言有姚江以通灌溉之利其潮水所不及者從事於湖故近江之潮往往而廢不知一月不雨則鹹潮立至龍骨不鳴夏秋之交其爲一月不雨者多矣專倚江水凶年所

以疊見也顧昔賢引漳鑿渭尚不難開其所無而今何不因所有而利導之乎康熙志

湖經今所見蓋成化本夫歷更數賢之手足稱詳備然考各湖及蔭田頃畝之數多誇張而無實如牟山湖稱灌田二萬二千頃有奇全書通邑計畝僅滿六十萬而牟山湖乃三倍而有餘推之各湖皆然此蓋一開卷易見而以諸賢之明達漫焉不省必非然也抑植利者所僞增歟今別無可證謹仍湖經所載以俟考核乾隆志引萬歷舊志

湖經所載灌溉頃畝萬歷志譏其語多誇張舉牟山湖以爲證余初議博訪都人士考正諸湖疆界並欲親詣湖壖勘其四至覈實其灌溉田畝作湖考一書會余將調任有

所不暇今所載諸湖俱從湖經原文不易一字惟康熙志於汝仇湖有脫文茲據湖經暨萬歷舊志爲增補三十八字焉乾隆志

案舊志湖陂悉據湖經茲亦仍從舊志惟水利廢興今昔或異塘閘土門之屬事兼蓄洩更置不一謹據采訪詳書諸湖之下俾後有考焉

牟山湖一名新湖在東山三都周五百頃二十三畝三角二十步嘉泰會稽志作周三十里東北有土門案嘉泰會稽志諸湖方向道里已載山川茲不復述其所書頃畝若干土門幾何多與嘉靖志以來諸志不同今一一附載以明沿革從嘉靖志例東距獅子山西距上虞之鎮都橫塘南距姜山北距湖塘灌田二萬二千七百八十七頃放水土門三一在蘭風班兒村魏晟保餘並在方偉胡吉等保成化中俱改石閘歇水石湫一在胡吉保其水道南流至於東山一都之橫河減水閘又至於開原一都

之風林堰水涇堰馬渚堰閘家堰甄家堰練子堰東南至於燭溪三都之丁貟堰沈家堰游源堰樊經堰菱池堰杜公堰東至於開原一都之盛涇堰長堰戴家堰小里堰東北至於孝義一都之橫路堰小趙堰後樂堰夾尚堰大趙堰任堰大程堰小程堰陸家堰梁家堰大陡堰又至於雲柯一都之中滔堰小馮堰張伯堰矮黃堰陸靖界堰又至於孝義二都之祁家堰許家東堰何隆堰低仰堰以上諸堰上蔭本湖水下通潮汐西南至於蘭風三都之柯家堰與夏蓋湖分界堰上蔭夏蓋湖水堰下蔭本湖水西至於東山一都之湖埭堰鄉心壩竹橋壩木篠壩諸鑿壩矮凳壩宋公壩上蔭余支湖水下蔭本湖水西北至於東山二都之楊水壩陸家莊堰張健壩上蔭余支湖水下蔭本湖水北至於開原二都之諸水涇堰東蒲堰箬林堰何山堰呂安堰邱保堰上蔭汝仇湖水下蔭本湖水又至於孝義二都之徐堰張虎堰孫塘堰湖堰許家堰上蔭汝仇湖水下蔭本湖水諸堰壩皆永閉不啟　嘉靖志參康熙志

案府志引萬歷志牟山湖始於嘉靖九年復教場以王宿灣竹山西岸高阜處一百三十畝給賞倪王二姓民後築江南城其基地皆民房或熟田價無所出或議以牟山湖田償之由是告田湖者相接起其實非盡蠲城基者也其後三十餘年侵湖幾半矣萬歷十六年修復牟山湖邑人趙錦有記文錄金石舊放水土門三今存石閘二曰履豐

閘俗名單眼閘曰大有閘俗名雙眼閘六鄉公議每年清明後五日築閘　國朝乾隆四十五年立石湖上同治十一二年連遭亢旱蓄水無多邑人劉月瑞創捐錢二千七百餘緡並集六鄉紳耆濬湖培隄隄加三尺長十里費不足又有邑人劉青錢邀周培元魏鼎三等捐錢二千緡隄閘始一律竣工舊志開原二都孝義二三都諸界堰稱上蔭汝仇湖水下蔭本湖水自汝仇湖廢諸堰大半開放於是湖水又兼灌西北諸鄉矣惟長泠港以東上下河分界諸堰則存者什九上蔭本湖下通潮汐如故

光緒二十四年里人陳滏等測定湖界刊有湖圖

劉福升年山湖水利圖跋光緒乙未之歲陳君笙郊邀集同志首倡濬湖修閘之議同詣縣君請示將年山湖私墾田先行劃復為六鄉水利計誠善舉也顧善始尤必善終自汝仇湖廢後余支湖又淤小在昔三湖承蔭田畝各有界堰今則十存一二凡蘭風東山開原燭溪雲柯孝義六鄉所賴以蔭田者年山湖實為命府也使徒濬於一時而不作經久之計千鈞一髮不誠可慮哉爰有嚴君子弨工於繪事自丁酉夏五至戊戌暮春採訪周覽照年山湖周圍丈量其湖邊已劃私田并私佔窰場逐一編號註明丈尺載入年山湖志以便清查至於湖水所到之處接繪河圖以長泠港為幹河照邑志所載逐細訪查凡長泠以東諸堰有今昔異名者有今改為

閘者有今改車壩者皆下通潮汐勘歷詳明至長泠以西諸堰西南與余支湖分界西北與汝仇湖分界圖內照舊志用紅綫分出其堰有僅存基址者有已無形迹者有今改爲橋者有開通中流者挨查清確歷誌諸圖湖計丈尺河計里數庶幾全湖源流可以按圖而效至於攷證明晰則另有牟山湖志以垂經久茲圖特其嚆矢爾

汝仇湖在東山二三等都原計九百七十一頃六十三畝三角三十步嘉泰會稽志作周三十里有湖內籍田七百餘畝註云湖南先有田數多紹興二年得旨復廢爲湖其西北一角撥塡臨山衛基量[illegible]一千二百八畝八分五毫爲田給民翻種外今止九百五十九頃五十四畝南距山又距喻格堰孟家塘與余支湖界北距海隄灌田九千七百二十五頃放水土門六在東山二都之謝拱保陳秀保內者各一三都之陳眾保倪賢保內者各一是爲東土門三都之張滿保張翼保內者各一是爲西土門東土門之水東流至於孝義二都之林家堰湖堰孫塘堰張虎堰徐隁并減水閘一道上蔭本湖水下蔭牟山湖水東南至於開原二都之界

堰邱保堰呂安堰箬林堰東蒲堰諸水涇堰上蔭本湖水下蔭牟山湖水又至於東山二都之董堰沙堰上蔭本湖水下蔭余支湖水西土門之水西流至於蘭風之練埭堰與千金湖水分界堰北塘下舊因臨山衛軍船取徑開通河港乃於練埭堰相對寨橋下作捺土強堰一條積水灘蔭春夏修築秋冬開放餘堰俱無啟閉洪武初既將西北一角撥補臨山衛基而其灘田如故用是水不給洪武二十七年耆民黃原敬上言乞築湖北海地爲湖以補給田之數則水可足乃下其議於浙江按察使於是副使楊名躬按視之乞如原敬言乃築新海湖周一千餘畝與汝仇湖北偏海隄接界土門一在湖之東南每決汝仇先決海湖湖之水併於汝仇乃始決之是後請射繁興大妨水利訟湖者累累不能決萬歷己丑耆民楊全等控情三院檄府縣勘覈於是邑侯葉君燁躬詣相度劃去佔佃者十之九居民遂於湖東偏地名大湖門爲葉侯擇地建祠邑人大司馬翁大立爲之記其略曰濱汝仇湖而居者皆鉅宗虎踞海濱自相雄長耕牧漁樵並依湖牟利里豪意忌訟湖者累歲不能止息賴督撫尙書胡公宗憲爲邑令洞曉弊源檄邑令徐君養相立碑垂後顧碑猶未立佔佃者如故一逢水潦恐妨私田盜決湖防而湖外之田及旱乾無救矣又賴水利道陳公擒渠魁數人斃杖下閧訟少衰顧湖防築矣增高培薄之功未施雖有湖防無益也塘埭設矣

啟閉不關於縣官雖有厲禁無益也徐湖何山三堰成矣撼以狂濤不發以石無益也佃價革矣追籽粒而遷延歲月不登循環無益也濱湖者不觸禁矣城居勢家復佔湖以事壟斷雖有賢有司無益也語曰天下攘攘皆為利往利之所在即賢達士大夫寧免染指哉萬歷己丑九月著民楊全輩控情三院並移分守參政王公撽府縣勘覈於是縣令葉君躬詣湖墺集眾相度劃去湖田二百六十畝有奇海湖地七百餘畝即追佃業者籽粒修築湖門甃石為隄帖眉山巡檢往來偵察以申復院道而醝院韓公適以行部至檄縣樹碑以垂不朽授簡於予予考宋史紹興閒寶文閣待制李光上言明越之境皆有陂湖湖高於田田又高於江旱則放湖水溉田澇則決田水由江入海故不為災政和以來創為應奉始廢湖為田自是兩郡之民歲被災患如餘姚上虞兩邑自廢湖以來所得租課不過數千斛而所失民田常賦動以萬計遂先罷兩邑湖田今日之事甚類紹興李光之言似為今日後賢留心民瘼者念之哉念之哉萬歷四十三年民謝伯盛等侵佔新海湖楊位等呈於撫按知縣董羽宸親勘盡劃湖田天啟五年奸民謝超指新海湖為天漲海湖以大工學田為名共佃地一千五百畝零自此海湖與大湖分截潤澤不廣崇禎五年謝琉復請佃知縣梁佳植禁之九年朝議開屯朱泰滄乘之遂上言汝仇等湖皆可屯田科臣王家彥阮震亨

駁其不可奉旨大㪚餘姚等處既開屯無利有害不准行十一年謝超具呈戶部請佃汝仇湖移咨浙江撫按署印饒若蒙申其不便狀超百計營佃以犯衆怒遂至矐目折足縣民楊忠叩闕言湖必不可廢部覆是忠於是佃湖之議始息康熙志參乾隆志今廢案東山三都有大湖門第二門第三門第四門並汝仇湖之東土門自湖廢不復設閘大湖門閘址改爲橋二洞第二門閘光緒二十年堵第三門第四門均早改爲橋此湖雖廢已久前志不入廢湖蓋尙有餼羊之意也今仍之

余支湖在東山一都周五百頃二十三畝三角二十步嘉泰會稽志作周二十里有土門七所湖內籍田三百餘畝東西南三面距山北距踰隔塘孟家塘與汝仇湖界灌田八千二百九十二頃舊土門七今土門三石閘二洪武閘廢陳贇保之施家門方旺保之破塘門而存孫兒雅保之干山土門何郰保之李家塘土門陳祖保之東北向土門其馮明村陳贇保之嬰山土門余支村顧歐保之東土門則改爲石閘東石閘及北向土門之水東灌於東山一都之宋公堰姜家堰南灌於竹橋堰鄉必堰篴凳橋堰諸般灘堰上

蔭本湖水下蔭牟山湖水北灌於東山二都之沙堰董堰上蔭本湖水下蔭汝仇湖水東北灌於木篠堰陸家莊堰張健堰上蔭本湖水下蔭牟山湖水西石閘及干山李家塘土門之水西灌於兩灌注堰西北灌於楊湖堰並界於上虞縣西南灌於蘭風三都之馬家堰南灌於二都之湖埭上堰俱上蔭本湖水下蔭牟山湖水西北灌於張公堰界於上虞北灌於二都之顧堰　嘉靖志參康熙志　乾隆志乾隆八年奸民赴司請墾余支湖灘地檄縣察核里人何學思等皆言不便知縣蔣允焄親勘蘭風都三面皆山不通潮汐支港易涸賴余支湖灌溉田畝別無高阜可墾奸民之潛謀私墾者如律懲治立碑永禁　案乾隆間又廢陳祀保之東北向土門其嬰山門及干山門李家塘門之水西南灌於蘭風三都之湖埭堰並馬家堰北上之新堰及蘭風一都三都界之兩灌注堰上虞界之龍舌堰黄明四堰西灌於上虞界之楊湖堰及蘭風一都之湯巷堰蘭風二都之顧堰小夾堰洞橋堰張公堰張清堰又兩灌注堰舊有石閘與湖東閘同春築秋放餘堰俱不啟閉湖東閘之北有減水一道乾隆三十一年立其文曰蘭風承蔭減　光緒二十三年里人何若濟蔣懷清等清查水利取水石

沿山原有田畝測繪湖圖稟縣重申私墾之禁立石湖心

亭牛蘭廟刊有圖志

知縣周炳麟余支湖圖志序

地之大勢西北偏高東南偏下所在皆然藉非人事補救蓄洩有方均不免於有害而況民食所關千百家生靈三時勞苦仰給於中者哉昔漢白公爲趙中大夫穿渠引涇水注渭中溉田四千五百頃後之言水利者皆祖之厥功固甚偉焉顧興百年之利則甚難而挽積久之弊尤不易東南各省講求水利較西北爲優其間因利相爭之案亦復層見迭出至於九河故道尚有遷移淺涸沙汀豈無淤積小民貪圖近利往往盜墾灘地年復一年愈侵愈甚無人舉發遂爲恆業壞前人之功貽無窮之患此等地方亦各處皆有後之人雖明知其故而勢不可復蓋杜弊當在於臨時而年久則難爲力也然則蓄水以資灌溉禁墾以杜覬覦固有司者之責而居是鄉者亦當隨時留意而不容一日因循者也姚治西北五十里有余支湖者載在邑志爲蘭風各鄉灌溉之利乾隆八年鄉民戚元廷等呈請余支湖近山湖灘約可墾田千餘畝經前令蔣查勘斥誣示禁在案迄今已百餘年矣本年重修邑志循例清釐水道該鄉紳耆繪成全圖呈閲問序并將舊志所刻界址訛誤之處訪查訂正一面仍請示勒禁余忝宰是邦時廑民瘼既據詳晰呈明事關地方利益應如所請該紳耆等保衛水利亦足徵公而忘私可嘉之至用綴數行以弁諸首

燭溪湖在龍泉二都周一百三十二頃八畝一角二十步嘉泰會稽志作周五十里深二丈東西南三面距山惟東北一隅限以本湖之塘灌田一千一百七十五頃六十畝陡門二宋王保村陳瓊保內者爲湖東石陡門羅逸村朱從保內者爲湖西本陡門舊爲土門湍悍善敗宋慶元五年縣令施宿並作石閘本湖該梅川龍泉冶山燭溪四鄉六都地勢高低不等古規設置堰閘分爲上下二原其梅川二都計八里半梅川一都六里龍泉一都內二里龍泉二都內七里以上俱屬上原東以匡堰爲界西以橫河堰姚家堰小羊山堰張溝堰爲界北以羅樹橋閘爲界俱以東門之水灌之其龍泉一都內五里龍泉二都內二里俱屬下原東以上原西界爲界中有篠一堰陳堰馬堰節水西以石堰西閘堰南湫堰爲界其燭溪一都六里沿山一帶雖接江潮灌蔭不週舊立焦家陡門每遇放湖後二日次開西閘堰引取湖水到彼溉蔭至茅山堰黃公堰止及冶山一都二里在南湫堰西有江浦相連亦與西閘堰同時放水灌蔭至方清堰止俱以西門之水灌之宋宣和以前每決湖必並啟東西二門上原地高卬水難猝行而其所灌田多至九萬五千六十畝下原傾卑易流而江潮又日侵之其灌田則止二萬

二千五百畝以故上原坐受旱災世與下原諸豪家爭宣和初縣令汪思溫乃改作湖西門隘之凡三尺又於下原作樣堰陳堰馬堰及焦家陡門節水使毋下流而上原之水猶不應慶元五年縣令施宿乃令鑴廣東門石底凡三尺又決湖先決東門一日夜乃決西門於是水利適均下原人乃皆黨比盜決諸所節水堰閘放之於江故旱上原之田成化十三年湖盜西門壞復乘其改作闊思溫所築凡五尺上原人乃訟之於縣於府於司於臺久不決於是梅川胡禮上其事於廷其略以爲定決水之先後作湖門之廣狹以均一方之水利此固昔人隨宜料理之深意然海川之民不能日夜是防於西門而龍泉之豪動相煽誘盜決於一旦則期雖有先後之殊門雖有廣狹之異而此湖之水終漏於下原此方之民終苦於上原是以歷世紛爭而不息也臣愚以爲莫如丈計二原之多寡築塘於湖而分其水則上原均蒙灌溉之利下原坐消盜決之奸利永民安殊爲至計上報曰可於是行浙江按察使嚴治之副使文貴履湖檢田築塘分湖爲兩自梅澳湖航渡西山以東俱屬上原塘以西屬下原自是利均訟息嘉靖十四年湖塘復壞禮之孫東臯視事都察院復以言令有司率民修之利今如故云嘉靖志參康熙志

乾隆志雍正十一年胡某私墾湖田一十六畝三分夤緣報陞既而奸民盜墾日甚居民患之籲情合控乾隆十九年院司檄知

縣李化楠同上虞知縣杜首瀛詣湖覈視盡劃盜墾之田重懲奸民勒碑垂禁惟胡某報陞之田未劃三十二年胡某以報陞田阜墊易溢盜決湖隄洩水居民復以爲言知縣多澤厚申其不便狀迺釐正舊界劃削報陞田一十六畝三分除其科稅案乾隆十九年八月邑令李化楠有奉憲禁墾燭溪西湖碑立石湖頭廟中嗣後復有私墾之事經邑令何煦綸李槃崔家蔭先後懲治督闢劃墾一如乾隆間事龍泉鄉人屬同邑朱閣學蘭爲記詳敘其事咸豐五年夏立石西湖頭同治七年湖塘傾壞梅川鄉人備資修築

梅澳湖即燭溪湖航渡西南之一曲北與燭溪湖通有陡門今屬上原嘉靖志

黃山湖在雲柯二都周一百三頃三十三畝一角二十步嘉泰會稽志作周二十八里溉田一百頃有土門南西二面距山東界附子湖北至海塘灌田一百頃有奇低土湫大土門一砂堰一大土門之水東灌於雲柯二都之廣墅廟閘又至於柯莊堰堰西蔭本湖水堰東蔭附子湖水西灌於過佐橋至黃清堰昔黃

清堰在柏山則堰上受新湖之水東有唐家堰與本湖相界及黃清堰徙於柏山之北則新湖之水盡灌於堰下故開唐家堰爲橋引本湖之水直抵堰上昔年亦有擅塞唐家堰不使本湖之水西流居民告縣開通迄今無改西南灌於丁宗宅角堰上港田土蔭本湖水下港田土蔭鱧子湖水西北灌於黃牛塘之北堰南灌於新湖漾塘北灌於海塘沙堰土門之水流至於沙堰下界開而止上蔭本湖水下蔭獨姥湖水　康熙志　案咸豐五年修復黃山湖記略湖在雲柯中河地有五柱十人以司其事歷山張祠與許祠爲一柱塹里張祠與三牆門張祠爲一柱茅姓與高地陳祠爲一柱華地陸祠與遜馬橋張祠爲一柱曲塘盧祠爲一柱挨年輪管培修塘隄道光二十年奸民茅餘慶等私墾爲田兩則放水損人旱則屖水自利民怨滋甚杜首茅楚珩等遺抱上控事下浙省大吏飭屬查勘不察利病縣斷成田鬮邑震駭董事張立安等赴轅控告又請紳士稟呈邑令何申詳撫院粱飭府縣督閘剳復咨部永禁道光二十九年奸民盜毀湖閘希圖復墾邑令何懲首惡事遂得寢有道光二十七年巡撫粱按察司董知府楊二十八年邑令何各禁碑與此碑立石湖上比年水旱不時東西被災而中河恃以無虞者職此故也再案光緒十六年陸春元等故違水利章程偷啟柯莊堰閘板者民盧高春等控之邑令忠給示諭禁立石歷山涼亭

獨姥湖在獨溪一都周四頃三十六畝二角四十步嘉泰會稽志作周八里西有土門東南北三面距山西限本湖之塘灌田三十頃陡門一在湖之西南偏雲柯獨溪二都水道有低卬流注不均正統四年請於官改謝汝堰爲石閘分承福村邵應洸慶等保爲上原周班村王守禮徐照陳政王龔等保爲下原湖水出大河西流至於官路堰又至於俞序宅角堰北流至於柏山堰南流至於謝汝堰閘下流入大河至於馮珍王孜等堰東流至於孫徐麐山西流至於陳判堰南流至於普明院之前又至於半山堰其塘北山下王皓孫等田亦灌之其水道東南北三面皆極於山西至大河嘉靖志

新湖在獨溪一都周四頃三畝一角二十步東南北三面距山西限本湖之塘灌田五頃土門二東西各一東土門之水北入大河胡儻保東流至於唐家堰西流至於黃清堰南流至於茅照田北流至於官路堰西土門之水入於大河東流至於謝汝堰西流至於官路堰既周次開檀林堰引水西至邵思宅角堰次開楊殷涇引水東至官路堰次至馮期宅角堰

次開低墓堰引水南至馮家堰西至官路堰並雲柯之地嘉靖志　康熙志舊土門東西各一今黃清堰既徙於北則本湖之水俱在堰之下矣故塞東土門開唐家堰引黃山湖水直抵堰上

烏戎湖在龍泉一都周三十四畝嘉泰會稽志東西北三作二十餘畝面距山南限本湖之塘灌田八十畝土門一洪武間改石閘其水東流至於西鵬堰西流至於黃陵堰南流至於黃喜保北流沿於湖塘及沿山之田嘉靖志

千金湖在蘭風三都周一千畝有奇嘉泰會稽志東南北作周十五里三面距山西限本湖之塘灌田一千頃有奇土門三第一門之水灌蘭風二都第六保田至於南涇港口而止第二門之水灌蘭風一都七保八保田至於廿畝橋壩顧打網壩而止第三門之水灌蘭風二都七保八保九保田至於練埭隔堰東北至高原省堰與汝仇湖分界嘉靖志參康熙志　案舊土門三今俱作石門第一門闊尺三寸第二門俗呼中湖門闊五尺第三門俗呼大湖門闊六尺八寸五分湖屋三間看守湖門者居之道光元年邑令石有禁墾高阜碑記

桐下湖在通德三都周五百畝有奇嘉泰會稽志作周十五里西北有土門東距山田南北距山西限本湖之塘灌田二頃一十畝石陡門一在西湖塘北向其水東流盡於湖塘西流至於九壘山趾南遶沿河一帶至於大官路北至於戴家由趾塘東一小石洞嘉靖志參康熙志案石陡門即石閘在湖塘之西石洞在其東界連慈邑國朝雍正十一年慈民決隄捕魚居民余氏控之寧波府顧飭令兩縣勘審批斷責儆十二年慈民復冒稱姚湖石洞慈邑所有請仿照姚邑改建石閘蒙府縣批準改建姚民爭之益力山府轉道詳院浙撫程批示桐下湖係在姚境縣志湖經所載甚詳該奸民捕魚決隄藉詞拆毀改閘紊亂成規甚屬不法即飭慈邑照舊賠築完固勒石永禁今碑石尚存桐下湖廟中道光二十五年邑人葉樊翁忠錫等重修湖閘籲禁有碑

穴湖在冶山一都水經穴湖之水決其一鄉並爲良疇周七頃四十五畝二角四十步嘉泰會稽志作周六里西有土門東西南三面距山北限本湖之塘灌田三十頃陡門一在湖北葉小朱保內其水東流至於山西至於張郎閘朱郎閘

南至於杜家堰北至於下莊橋土門　嘉靖志

樂安湖在雲樓一都周二十九頃十五畝二角　嘉泰會稽志作周二十九頃　西北距山東南限本湖之塘灌田一千二百畝土門三　曰張家門其水灌於七里之滸水田𡏯曰方家門灌於七里八里九里之郭家堰漾塘爲界曰陳家門灌於六里七里之郭家基邊堰故有北大門一湖犢一古石湫一今皆不存　嘉靖志　乾隆志乾隆二十四年奸民於樂安湖劃界分疆潛事開墾居民周步雲等控縣知縣劉長城親勘劃界令劃削勒碑垂禁四十一年周凌遠等踞湖佔墾者民王商美等上控署布政司徐恕檄道府會勘樂安湖盜墾之田有妨水利即令劃除舊設大小二閘歲久頽圯令王商美等修復以資灌溉而重懲其盜墾者布政司勒石府堂永禁私墾　案今於舊設二閘外復置小閘一距張家門百餘步

臧墅湖在雲樓一都周八頃二十五畝二十五步　嘉泰會稽志作周四里　西北距山東南限本湖之塘灌田四百畝土門一　其水

道一至於駱駝橋一與樂安湖之水接界一至於金家山趾直至大河邊朱墅湖水接界嘉靖志參康熙志

蒲陽湖在鳳亭二都周五百畝有奇嘉泰會稽志作周十二里東距山民田西距山南距山民田北距民田灌田一千五百畝有奇土門一其水東流至於皁角堰又至於九畝塍與鳴蕩湖分界西至夏家牛圈頭北至於崔郎廟南沿於本湖之塘嘉靖志參康熙志案蒲陽湖舊祗土門一今有石閘二

前溪湖在鳳亭二都周二百畝嘉泰會稽志作周百畝東西並距山南至河塘民田北界湖塘灌田一千畝有奇土門一在湖北偏其水東至劉宣德堰堰東蔭莫家湖水西至蘭桐堰堰西蔭蒲陽湖水南至本湖塘北至雙峯堰及皁角堰康熙志案南至河塘句河塘當作湖塍舊祗土門一今有石閘一陡門一注中堰西蔭蒲陽湖水句誤

莫家湖在鳳亭二都周三百畝東西距山南距民田山北界湖塘灌田一千畝有奇土門一其水東灌於徐孝敦嚴家漕極於山而止西灌

於劉宣德堰西蔭前溪湖水南沿本湖之塘北灌於嚴家漕張善名門首嘉靖志　案劉宣德堰今稱小河頭嚴家漕張善名門首今稱張家漕張家畈

趙蘭湖在鳳亭二都周五十畝有奇嘉泰會稽志作周百五十畝北有土門東西距山南距田北界本湖之塘灌田三百畝有奇湫缺三其水東灌於夏家牛圍頭以東蔭蒲陽湖水西至於湖界堆南至本湖塘北至邱諒家側嘉靖志參康熙志　案趙蘭湖舊有湫缺三今存石閘二注中湖界堆今稱水界墩邱諒家側今稱巷牌前溝

鴨蕩湖一名雁湖在鳳亭二都周一百畝有奇嘉泰會稽志作周百畝北有土門東西南三面距山北距湖塍灌田三頃一十畝放水湫四曰西邊湫其水自袁山人住宅邊古規湫港灌入何家宅與蒲陽湖爲界曰山頭石湫其水灌於繆家嶴至馮家嶺并吳兩橋與前溪湖爲界曰單家湫其水灌於萬家漕曰西邊低湫其水灌於周巷水港西至九畝東塍與蒲陽湖爲界嘉靖志參康熙志　案西邊湫今自周姓住宅邊灌入周家宅山頭石湫今自大水畈至宋

黄山與前溪湖爲界

上林湖在上林一二都周五十八頃五十畝一角一十七步嘉泰會稽志作五十八頃東西南並距山北限本湖之塘灌田一百七十頃石陡門一歟水漱一陡門在湖塘稍西凡三里其水道分上中下三原其上中二原東流至於馬堰又至於張伯奴堰又至於慈谿之界塘西流至於蔡慶門首之橫路南至於山趾北至於海塘其下原東流至於白石堰西至於馬堰又至於張伯奴堰又至於界塘又至於張雪堰鄭强堰陳高堰南至於山趾北至於海塘其決水先過於上原次中原次下原柰新舊湖經所載如此今湖水自陡門北行入於大河折而之東則至於白石堰北至於海塘折而之西則至於匡堰閘與燭溪湖之水分界北流經油車橋入卓正港至於溫家頓繞橋樹開岑章故宅止於海塘經斯一指馬堰張伯奴堰蔡慶門首橫路皆莫迹其所又決小皆一次過於所灌之地絕不分爲上中下原新湖經或據舊經之文失稽正云嘉靖志參康熙志　乾隆志乾隆三十七年修築湖塘加甃以石並修復陡門及歟水漱　案上林湖向設司事八人輪值啟閉湖面周十餘里每年穀雨後二日閉閘過白

露啟而不閉其決水所周之處已詳舊志惟北至古塘設有吳山豐登東蔡山西蔡山四閘候放湖日同時堵築俾不漏洩嘉慶庚申秋吳山閘有擅放水者因爭鬭斃命累及首事遂至覘爲畏途紛紛告退湖事幾廢邑令屢飭殷紳接項有里中生員高步瀛王坤周文格岑巽幹等出己資勉力承辦又捐得民田五十畝以供堵築之費歲修而外又以其餘潤鄉試之士並議定章程呈
請邑令張青選鑒定製序以垂久遠

上澳湖在上林一都周三頃六十六畝二角四十步嘉泰會稽志作周三頃有東距奉隱堂山西距黃婆山南距望湖山石閘堨各一所

北限海塘灌田二十五頃石門一其水東灌於蓮樹堰虎竇堰西灌於白石堰爲上原東至於慈谿之鳴鶴鄉洋浦河塘西至於張雪堰陳高堰北至於孫貴門首衛塘爲中原東至於慈谿之鳴鶴鄉洋浦河塘西至於本湖下原人戶之田南至於橫塘北至於海塘爲下原舊經決水以上中下爲先後嘉靖志

樝湖在通德二都嘉靖志作雲樓一都周三十畝嘉泰會稽志作周五十畝嘉靖志同

東至湖塍西距遮湖山南距倪抃園北距朱撫幹墳山灌

田八十畝放水堰一 東灌於世中寺田西至黃細兒田南盡於山北至於祇茂春田 康熙志

東泉湖在雙雁一都周二十三畝二角 嘉泰會稽志作周十畝 泉源流注豬以爲湖冬夏不涸灌田三千畝 東流至於谿西至石埠周良善田南至何細一田北至大路 嘉靖志 康熙志東流至於呂灌田西至戚諲宅田南至何細一宅北至沈爽田 乾隆志康熙二十九年山水暴至衝決湖塘居民於湖旁山麓私築曲隄割湖之半曰小湖乾隆三十五年小湖水竭仍築大湖塘復湖之舊

西泉湖在雙雁二都周八畝三角 嘉泰會稽志作周七里嘉靖志云誤 東距田西距黃泥埭浦南距田北距官路其源自葉家潭涌出流於何家潭天井潭注於本湖湖之水涇一 通王山橋浦畢家堰涇之內泥堰二 蔭田三百八十六畝有奇 東流至於張添五田西至向平自宅田南至羅壽車頭北至王山橋南俽田 嘉靖志參康熙志

鱧子湖在梅川一都周四頃六十三畝三角五十四步嘉泰會稽志作周八里有土門西南並距山東北並界湖塘灌田五頃有奇水門六曰顏興門曰稽林門曰周邑門曰江猶門曰包定門曰劉興門其所灌地卑卬不倫近置黃家堰閘分上下原東流至於羅樹橋閘閘外蔭燭溪湖水西至於雲柯三都八保界山南沿湖塘北界海塘嘉靖志參康熙志

附子湖在雲柯三都周一十六頃八十一畝一十步嘉泰會稽志作周二十里東距桐樹湖夾塘西距黃山湖長塘南距山北限湖塘灌田二十七頃一十九畝土門四在吳謙等保其水東灌於眉山閘西灌於廣墅閘又灌於柯莊堰南沿本湖之塘北盡海塘其鮑家門原係石閘崩毀承灌之田輒被旱災植利人乃各用貲重置石閘緒海地溝水遇澇啟閘泄水遇旱則仰給湖水蔭灌並湖田畝塘下有河嘉靖十七年鄒琛具奏開河闊二丈許杜塘霪漏水之弊至今賴之嘉靖志參康熙志案此湖嘉道間漸被私墾民輒患旱光緒元年生

員徐爾康陸丙煦等公請劃復貲力多出竈戶衆議沙竈亦許兼潤啟放稍分前後

勞家湖在雲柯三都周一十一畝嘉泰會稽志作周一百五十餘丈西南北三面距山東限本湖之塘灌田四十畝有奇土門一其水東灌至於官路路東蔭鱧子湖水西南至於山北至於民地地北蔭鱧子湖水嘉靖志參康熙志

泉水潭在鳳亭一都不盈二畝分流兩涇灌田四十餘頃康熙志

華清泉在治東北十里冶山一都客星山南麓深廣不過咫尺而泉源不竭灌田三百餘畝康熙志

冷水堰在通德三都其地不通潮河引堰水灌田七百餘畝相傳始於元祐洪武初龍水衝塌七年里人陸彥彬爲首派植利戶每畝銀二錢西岸沿山鑿溝五里許天啟五年慈邑爭水知縣祁逢吉斷如舊額康熙志

案以上二泉一堰不以湖名乾隆志亦因其灌溉頗饒據萬歷志併載於此今仍之

附廢湖

桐樹湖在龍泉一都周十一頃有奇宋慶元四年縣令施宿以高卬無水利將七百四十五畝作田布種每年課其稅入海隄倉爲築塘之費原存四百畝有奇今已盡廢爲田僅存一勺康熙志

松陽湖在通德三都嘉靖志作通德一都闊七十畝嘉靖志作周九十畝東距湖塍西距河南距姚得善田北距官路蔭田一頃九十畝洪武十九年丈量作田中餘小港一帶引潮車戽灌田康熙志

寺湖在梅川二都周八十三畝二十步明洪武十九年

悉計畝科入以上三湖廢而未復康熙志乾隆志案三湖俱廢於明初而永樂紹興府志尚存其名蓋當時尚圖修復也今無可復考

湖在上虞界分蔭餘姚者共三所

漁浦湖在治西北六十里上虞縣之永豐鄉亦名白馬湖案舊經引夏侯曾先志云驛亭埭南有漁浦湖深處可二丈漢周舉乘白馬遊而不出衆駭以爲神因稱白馬湖十道志云舜漁處也周一百一十五頃六十五畝二角三十六步東西南三面距山北限以塘與夏蓋湖界灌餘姚之東山蘭風開原三鄉及上虞之西潛五保田一百二頃四十畝土門一在上虞縣三都之賞家保唐貞元中置湖門三所別於北門置放水塘四百步今止存其一門每決水必先築夏蓋湖內橫壩及上虞之潛瀆等港始開驛亭堰及賞家陡門引水灌東山蘭風開原等鄉沿流餘三十里康熙志

小檣湖在治西三十七里是湖本屬上虞而灌溉之利乃及於雲樓鄉者以水勢東傾而就下也周五十五頃一十畝一角四十步西與大檣湖分界東北限本湖之塘南距大官路灌田一十二頃土門五曰小穴湫其水灌於楊樹河頭曰東塘角湫灌枇杷山田二十四畝曰張年湫曰大湖門並灌於大江口壩之千家漤曰邱頭湫灌於枇杷山之裏　康熙志

夏蓋湖在治西北七十里上虞縣界下水經云西陵湖東有夏駕山亦名夏駕湖湖內三十六溝其水灌上虞之新興等五鄉之田而陳倉堰閘之水則灌餘姚之蘭風一都四保五保七保九保十保之田一萬六千畝有奇其水道自本湖餘姚溝開起至抵界陳倉閘放水灌蔭四保五保之水西南至西夾堰坐上虞之第四都西至聚涇堰坐上虞之第五都南至棟樹堰湖門埭堰東至桐樹堰張公堰何婆滅水閘又至於李鹽堰北至茹家堰七保九保十保則與上虞之第五都聯溝共漤車戽東至李鹽堰北至繆家堰南至茹家堰上虞諸鄉放水六次餘姚溝放水三次此皆古規二縣之人世守之其後上虞之豪

陳富之懷奸挾私不肯與吾姚同利乃謀廢革往迹洪武六年蘭風人胡炫輩訟之於憲府憲府檄知府唐鐸及府判吳敬按治悉復古規仍於本府及二縣之廳事本湖之陳倉閘各樹一碑志其本末俾世守毋故焉紹興府儒學教諭王儼爲之記曰越之屬邑曰上虞去邑東北四十里有湖曰夏蓋周圍一百里有奇相傳邑人捐田豬水灌其五鄉之田鄰壤餘姚蘭風之田均賴以灌郡志所謂夏蓋湖一百五里蔭注上虞縣新興等五鄉及餘姚蘭風鄉是也昔人作渠引水俱有定規歷世既遠或廢湖爲田或復田爲湖變置不一舊規湮廢虞邑之人曰湖水我土地所有於姚江乎何與故吝而弗與姚江之人則曰水土宜通利無往不逵豈虞人所可專故爭而不解自其情而論之虞邑之地高姚邑之地下水誠一洩勢若建瓴虞邑將有旱暵之菑於茲水不得不靳蘭風他無所豬不得是水其田亦不能有成於茲水不得不爭向自前宋以迄於元訟無已時二邑之人既各嗜所欲而不通彼我之情長二邑者又往往各私其民而不能平此湖之訟此其爭之所以弗息也既版圖歸化姚江民胡炫輩白其事憲府憲府檄其郡守唐公鐸考其實相其宜以均其利於是移判府吳公敬親諳湖所會二邑之長與其耆老考索往誌尋求故迹咨詢輿論僉謂蘭風一都田爲茹謙七九十保並與上虞接

境素藉茲湖之水炫蘢所言四五保田爲畝者六千亦宜蔭以茲水餘皆去湖遠勢不相及彼有堰名陳倉攝於二邑之開作閘其上通水以蔭蘭風之田藝之以石開之以版錮之以鎖戒近民守之而上鑰於郡遇亢陽二邑同給鑰諳陳倉集乃父老啟閘疏水適可而亟鎖之即上鑰焉庶杜過求之私還相爭之患議定辭協於一郡守盡召其耆民集於庭親論之者三言允情協乃復於憲府命二邑興作渠已而渠成且期不變所議也俾記其事而勒諸石其後永樂開上虞修邑志乃於本湖疏曰秋後三日於陳倉閘放水四箇時辰每遇決湖其圩甲諸邑人指此藉口不得應時放水灌溉蘭風一鄉之民重遭其困復訴於郡宣德初郡守陳公耘手批云波及蘭風古規可準湖專虞邑新志難憑蔭灌適其旱時瀦蓄庶乎有利必於秋後三日纔放水漿若或夏至高晴豈不斥地立辨虞人之奸決罰之復與餘姚均利云案建炎四年給事中山陰傅崧卿守鄉郡時餘姚陳橐上書曰古之設陂湖以備旱歲王仲嶷建請以爲田乃引鑑湖自然淤澱已成田陸爲說又有不妨民開水利之語其欺罔甚矣然佃戶占請之初各有畝數不敢侵冒當時湖之爲田者才十二三佃戶止於高卬處作堘未敢涸湖以自便民田倘被其利但瀦水不如曩日之多故諸鄉之田歲歲有旱處比年以來冒占不已

今則湖盡爲田矣以夏蓋湖推之諸處可以類見槖所知者止上虞餘姚其他四邑皆不可知新昌嵊縣無湖上虞餘姚所管陂湖三十餘所而夏蓋最大週圍一百五里自來蔭注上虞縣新興等五鄉及餘姚縣蘭風鄉此六鄉皆瀕海土平而水易泄田以畝計無慮數十萬惟藉一湖灌溉之利今既涸之爲田若雨不時降則拱手以視禾稼之焦枯耳其他諸湖所灌注皆不下數百頃在餘姚若汝仇牟山燭溪上林余支千金漁浦黃山樂安等湖所灌田動以數百頃植利人戶倚以爲命而乃盡奪之一遇旱暵非惟赤子飢餓僵踣道路而計司常賦虧失尤多雖盡得湖田租課十不補其三四又況每遇旱歲湖田亦隨例申訴官中檢放與民田等昨見上虞丞言曾蒙上司差委相度湖田利害因點對靖康元年建炎元年湖田租課除檢放外兩年共納五千四百餘石而民田緣失陂湖之利無處不旱兩年計檢放秋米二萬二千五百餘石只上虞一縣如此以此論之豈不較然民間所損又可見矣但當時以湖田租課歸御前與省計自分兩家雖得湖田百斛而常賦虧萬斛嬖倖之臣猶將曰此百斛者御前所得也不揶湖田何以有此省計虧羨我何知哉今湖田租課既充經費則漕臺郡守固當計其得失之多寡而辨其利害夫公上之與民一體也有損於公有益於民猶當爲之況公私

俱受其害可不思所以革之邪槖得之父老云本州之湖其自然可以爲田者唯有鑑湖高卬去處蓋不失水利兼與民田亦無相妨其他皆隨湖廣狹以定植利之頃畝尋常湖水平隄旱歲常憂不足愚意欲望執事斷以不疑除鑑湖外諸縣湖田悉罷之以便民誠不貲之利也紹興二年上虞令趙不摇言縣所管夏蓋湖爲田不便吏部侍郎李光奏一方利害無甚於湖田乞比較興湖爲田以來所失常賦孰多孰少自政和以來以湖爲田者乞復爲湖得旨張守具經久利害以聞限三日知越州張守言上虞縣夏蓋湖一攺爲田者一百三十一頃二十四畝餘姚縣汝仇等湖一十三所攺爲田八十一頃四十九畝二年內暗失米四千二百三十六石八斗有零民間所失當復數倍復廢爲湖自此兩縣可望全熟委是經久有害無利奉旨依仍自湖三年正月爲始

康熙志

乾隆志案嘉泰會稽志漁浦湖小樝湖俱載入餘姚而夏蓋湖舊名餘姚溝水澤流通不使一縣專其利自宋以來已有定制矣今仍其舊章云

海隄

海在治北四十里東起上林西盡蘭風七鄉一十八都之

地悉瀕於海水經云餘姚故城背海趙俶賦維會稽之東陲兮表姚邱之崇崇瀕海陬之垠塄兮壯有虞之支封海水北薄海鹽東通定海之蛟門西過纂風亭入鼈子門通於錢塘江暑薄涼微天雨初霽海中有蜃氣夾雲而興倐忽變幻殊爲奇觀秋冬値風雨之候又時有海氛彌望蓊鬱商賈或泛海取捷謂之登潬宋燕肅曰潬者海中沙也錢塘海門之潬亘二百里登潬趨餘姚者一由錢塘江過鼈子門一由海鹽澉浦並至於東山之四門或收於縣泥山宋元時海舶並入梅川之陳家浦遇風恬浪靜瞬息可濟亦時有覆舟者海水南有斥地縱數十里橫亘八九十里其產魚鹽蠏蛤稻黍菽麥瓜蔬木棉蘆葦諸鄉細民生業其中然海壖鹵脆潮流溢決數十里之地爲海所漸嚙入内地蕩民居害嘉穀前代苦

之於是作隄禦海宋慶歷七年縣令謝景初自雲柯達於上林爲隄二萬八千尺其後有牛祕丞者又嘗爲石隄已乃潰決於是歲發六千八人役二十日費緡錢萬有五千僅補罅隙民疲而害日甚慶元二年縣令施宿乃自上林而蘭風又爲隄四萬二千尺其中石隄五千七百尺歲令令丞簿尉分季臨視廟山三山寨官月各遣十兵與鄉豪邏察有缺敗輒治仍請於朝建海隄倉歲刮上林沙田及汝仇桐木等湖廢地緫二千畝課其入備修隄費海隄倉及各湖廢地今無一存者至寶慶及元大德以來復潰決海壖內移入鄉之地悉漸於海至正元年州判葉恆乃作石隄二萬一千二百十一尺下廣九十尺上半之高十有五尺故土隄及

（光緒）餘姚縣志　卷八

石隄鈌敗者盡易以石蓋沿海壖之南東抵慈谿西接上虞袤一百四十里初名蓮花塘今俗呼爲後海塘宋時分東西部自雲柯以東者號東部塘始築於景初謝景初董役詩五行相交陵海水不潤下處處壞隄防白浪高於馬董衆完築塞跋履率曠野使人安其生茲不羞民社其雲柯以西者號西部塘西部之内曰謝家塘在治北四十里曰王家塘在治北四十一里曰和尚塘在治北四十二里皆前人觀水勢底止因便宜分部築之長短高下異形至葉恆所築則因舊爲新包山限海緜亘爲一無復部分明百餘年來所以無大害者多恆之功然民皆習安利排海壖而居隄日倒不完成化辛卯海溢民多溺死正德壬申海又大溢溺死者無算於是始興人徒築之成化辛卯知縣劉規主簿張勛董役正德壬申巡撫都御史陶琰檄縣丞楊昌

廷及崇德縣典史李滋董役隄僅完年久又多毀缺每三秋值大汛潮天嘗連雨東北風張甚海鷗咻咻夜鳴海鷗俗謂之大水鳥瀕海而居者多憂海溢隆慶己巳萬曆乙亥壬午復大溢農書云冬至後七日逢壬主海翻騰其言頗驗故海隄不可不謹也先是海塘未完築土隄於內地以防潮汐溢決其制隨地形上下散漫不一曰散塘今皆不治及海塘漸固潮寖卻沙壖日墳起可藝永樂初始於舊海塘之北築塘以遮斥地曰新塘以別於舊塘云已而沙壖益起海水北卻十里許其中俱可耕收成化間水利僉事胡復於海口築塘以禦潮曰新禦潮塘自是斥地之利歲登而國家重鹽法亭民苦煮海天順間寧紹分司胡琳請以新塘至海口之

地盡給於竈丁爲鹽課根業毋令軍民侵漁之詔可乃豪强罔利者告訐無已弘治初詔侍郎彭韶整理鹽法議非竈戶敢有侵地者每畝歲科銀八分謂之蕩價給竈補課而豪强愈益爭不解羣竈苦之其明年紹興府推官周進隆察民竈之情相地淺深於新塘之下築塘界之塘以南與軍民共利其北惟竈戶是業爭緣是得息因稱塘曰周塘今按沿海共七塘一大塘二新塘三周塘四夜塘五潮塘六二新潮塘七三新潮塘界牌離六七里岑原道曰自德川以東其開四五里內並可爲田患在水泉寡不救然今塘南田者遇旱即夜穴塘引海溝水灌之誠令缺古塘張斗門南北通水互灌可以兼利是塘北亦有水泉也稍不足則於並山頗高處爲湖渠備旱如新海湖及海湖並取諸海地修禦潮塘令高完於浦口多張水門春雨水溢決使入海秋冬築之以障潮汐如此則塘北之地漸爲沃壤畝可萬計

畝收一鍾則北鄉民食可坐足矣其北偏不可田者相其地形令水工準高下博議利害穿大河東注觀海西注臨山接於海浦令通轉輸免內河勞費利軍國通商旅其水又足以溉田又一勞永逸之大利也葉憲祖曰竊見禦潮塘北沙塗漸漲去海踔遠非若昔時石隄之下即踪波巨浸也以故塘南一帶頗爲膏壤梅川上林宜禾稼地重孝義開原等鄉以木棉豆麥爲利樹藝旣殊水利亦異滸山而東各於田下濬新河益深畜陂澤視爲已業滸山而西原有溝渠相通南北旱可互灌潦可洩水若木棉豆麥其利倍於嘉穀而水泉似可少緩因地制宜規畫已盡非復曩時比矣至古塘下穿河東西横亙舟楫轉輸商民並受其利嘉靖乙卯倭舟泊海涯北鄉首受其衂邑令李伯生請於古塘下開新河以備倭東自觀海西達臨山相距百餘里闊二丈深一丈許路口各置柵門鄉兵巡邏守禦亦隱然有金湯之固而患熄備弛豪強擅塡塞以廣其私畝河之故道猶未盡沒也開之而用以溉田一利也淫雨接旬暴水忽漲水有所洩二利也便舟楫通轉輸三利也海上卒有警長河之阻足備非常四利也

宋王安石海隄記自雲柯而西有隄二萬八千尺截然令海水之潮汐不得冒其旁田者知縣事謝君爲之也始隄之成謝君以書屬予記其成之始曰使來者有考焉得卒任完之以不隳謝君者陽夏人也字師厚景初其名也其先以文學稱天

下而連世爲貴人至君遂以文學世其家其爲縣能不以才自負而忽其民之急方作隄時歲丁亥十一月也能親民以身當風霜氛霧之毒以勉民作而除其蓄又能令其民翕然皆驩趨之而忘其役之勞遂不踰時以有成功其仁民之心效見於事如此亦可以已而猶自以爲未也又思有以告後之人令嗣續而完之以永其存善夫仁人長慮卻顧圖民之蓄如此其至其不可以無傳而後之君子考其傳而得其所以爲其亦不可以無思而異時予嘗以事至姚而君過予與予從容言天下事君日道之閔大隱慼聖人之所獨鼓萬物以然而皆莫知其所以然者蓋有所難知也其治政教令施爲之詳凡與人共而尤丁寧以急者其易知較然者也通塗川治田桑爲之隄防溝澮渠川以禦水旱之災而興學校屬其民人相與習禮樂其中以化服之此其尤丁寧以急而較然易知者也今世吏者其愚也固不知所爲而其所謂能者務出奇爲聲威以驚世震俗至或盡其力以事刀筆簿書之間而已而反以爲古所謂丁寧以急者吾不暇以爲吾曾爲之而曾不足以爲之萬有一人爲之且不足以名於世而見爲才嘻其可歎也夫爲天下國家且百年而勝殘去殺之效則猶未也其不出於當時予良以其言爲然既而聞君之爲縣其至則爲橋於江治學校以教養縣人之子弟既而又有隄之役於是又信其言之行而不予欺也已爲之書其隄事因并

書其言終始而存之以告後之人慶歷八年秋記 樓鑰

海隄記餘姚爲紹興壯縣岸大海者八鄉分東西二部緜地一百四十餘里舊有長隄蔽遮民田孝義龍泉雲柯三鄉沙漲土高無風潮衝決之患開原東山蘭風梅川上林五鄉間有缺壞實爲民憂慶歷七年縣令謝景初自雲柯至於上林爲隄二萬八千尺王文公記之後百五十年爲慶元二年縣令施君宿又自上林而蘭風爲隄四萬二千尺其中石隄四所爲尺五千七百又其創建者也邑人求記於予謝之曰令尹之功固倍諸前人前有文公之記何敢爲第二碑請不已則曰文公之文不可及姑記其實則可爾余外祖汪公思温宣和中嘗爲是邑修燭溪之湖建承宣之亭後伯父琚從兄鉟皆嘗爲之婦家王氏自尚書侯而下四世寓邑中熟知海隄之爲害而近世尤甚大率歲起六千夫役二十日計工一十二萬費緡錢萬有五千民力不堪曾不足支一歲焉施君始至詢究利害得其要領選鄉豪公直强幹八所信附者十五人分地而其圖之尉曹趙君伯威復協力佽助務爲久計以蘇民瘼蓋在承平時提刑羅公適知縣祕書丞牛君嘗伐石爲隄今計百年蕩在海塗乃按迹取之得其故石創業二千七百尺用工二十萬三百六十而東部之田始有蔽障其西部之謝家塘王家塘和尚塘悉爲紹熙五年秋濤所決於是復度爲石隄三千尺鄉民趙明釋子行球董其役約費甚重縣

不足供列於府監司提舉常平劉公誠之首助穀三百斛
勉爲之凡所陳請率應如響通守王公介幹辦公事王君
柄左右尤力令得展布而隄用告成其高一丈石厚一尺
爲一層用石三萬尺縣出緡錢四千三百有奇縣之士大
夫與其鄉人助工三百萬費猶未足也然則茲役亦甚重
大矣思其重大而愼於守護縣之官分季臨眡廟山三山
兩寨官月遣十兵巡之鄉豪仍伺察焉稍損缺即白諸邑
補治之復議刮上林海沙田二百三十畝及汝仇湖外之
地六百八十三畝桐樹廢湖七百四十五畝凡爲田一千
六十八畝又將益求曠土以足二千畝之數築倉於縣酒
務之西儲其歲入以備修隄之用歲省重費民遂息肩而
劉公復請諸朝乞以其田準常平法一切他用仍禁官民
戶之請天子輒報可吏民祇拜明命刻之堅珉竊惟前之
宰劇縣者簿書期會日不暇給如水利之政趣了目令姑
以辦閘其至誠愛民而才智足以行之如施君者幾何人
哉君湖之長興人司諫之子司諫用不盡其才君能世其
家其治縣百廢具興銖積寸累以成是役中開易地之行
咸恐敗於垂成及其來歸爲之愈力百年之害一日以除
夫天下之事害不革則利不興今民困已甚令以保長之
思而興民庸賢部使建白甚明而聖明勤恤民隱遂濟登
茲若有數然庸作爲詩章使後人歌以守之俾勿壞其詩
曰舜江之爲邑兮處越之封八鄉瀕海兮水浴日而吞空

古有長隄兮庸蔽遮乎一同人力有限兮海濤之來無窮濤來如山兮駕以颶風隄遂決壞兮葦不可障而泥不可封民將爲魚兮民田墊於瀉鹵之宮歲歲勞費兮民告以鞠凶萬五千之緡錢兮十二萬之民工惟令之賢而才兮有尉曹之和衷築土絫石兮折彼巨浸之衝矗如長城兮綿海南之西東部使者主之於上兮飛章徹於九重仰明聖之恫矜兮朝奏而暮惟民欲之從墾田倍於千畝兮藏其收於稾中禁豪右之侵漁兮惟修隄之是供化斥鹵兮土膏之隆隆變歉歲兮爲年之豐良耜畟畟兮多稼芃芃穫之積之兮將櫛比而墉崇惟後人之勉勉兮用心似公視此隄之缺兮謹顓顓而彌縫念經始之艱難兮尚圖功於厥終

樓鑰海隄後記景初治隄凡二萬八千尺王文公記之厥後增築視舊倍蓰隄或罅弊不堅受潮之齧隳摧頹圮甚則蕩析民田漂沒廬舍於是歲役夫六千八人役二十日卒於農隙修築吏或苟且董治不堅役罷隄壞徒耗財力慶元二年令施宿始因歲役革具就實既竣事則圖所以永其存蓋東之爲雲柯梅川上林在承平時嘗有牛祕丞斲石爲隄歲久隄移石亦湮沒命工求之滸淖乃具得之爰相舊規畢力疊纍既壯東偏矣西之爲蘭風東山特當濤勢衝突徒恃土隄懼不能久則又計工採石鼎新改築蓋爲費者八千緡而西偏石隄復立爲深惟厥終俾民鋼役經營海塗開墾曠土總之得田千六百畝有奇乃

建海堤倉用其租入隨時補葺力不下困隄亦固完自是歲省民夫千有二萬提舉常平劉誠之以事請於上報可而顯謨閣學士樓鑰爲之記

元陳旅海隄記餘姚北枕大海其地曰蘭風東山開原孝義雲柯梅川上林者皆潮汐之所爭也當宋爲縣時慶歷七年知縣事謝景初自雲柯至上林爲隄二萬八千尺慶元二年知縣事施宿自上林至蘭風爲隄四萬二千餘尺中石隄四計五千七百尺餘盡累土耳施令以土累者易敗當每歲勤民縻財乃請於其上之人置隄田二千畝以得於田者時其敗而治之而寶慶中民淪於海者殆百家土隄雖勤治不足恃也皇元陞餘姚爲州州視縣得展其所爲然未有能除民所甚病者蓋海壖自寶慶內移大德以來復益衝潰今壖去舊涯之塹海中者十有六里歲楗木籠竹納土石潮輒齧去之謝家塘南爲汝仇湖大將千頃餘支湖連之其大強半州西北田悉受灌注海既迫湖奪爲廣斥而潮勢昂於平地鹹流入港遂達內江田失美溉故連歲弗穫而殫民力噫農工與風濤抗而卒不勝蓋四十年矣及元至元之四年四月方成隄六月復大壞紹興路總管府檄委州判葉君恆治之君視壞隄自開原至蘭風見凡土爲者皆闕惡愀然曰是則爲民慨也有窮已乎遂與其鄉老人議爲石隄宜則又曰攻石費鉅出錢大農當煩文書遲歲月比得請州其沼矣若等能與我共爲之乎今費雖鉅常歲之費

則省而若與子孫奠居無虞也聞者咸曰民志則然白於府府亦聽民所爲於是有田者願計畝出粟或輸其直以力至者亦喜於服役君屬民高年者與正於里者掌其出納以率作又請於府免民他科徭以悉力是役宜閭亦下書毋以他事使葉判官輒去州君先使人浚河渠復廢防畜湖水伐石於山以舟致之分衆作爲十八有五所所有程督君往來莅之其法布杙爲趾前後參錯杙長八尺盡入土中當其前行陷寢木以承側石石與杙平乃以大石衡縱積疊而厚密其表隄上側置衡石若比櫛然又以碎石傅其裏而加土築之隄高下視海地淺深深則丈餘淺則餘七尺長則爲尺二萬一千二百十又一也其中舊石塘之危且闕者亦皆治完之至正元年二月癸亥成是役也用民之力而民不知其勞賦民之粟而民不知以爲費往往喜而言曰餘姚自今其有州乎吾歲歲困於禦海自今其遂休乎因運石以治川澤遂得沃吾田浮吾舟乎州士楊瑛以教官謁選京師致其長老之言以求記葉君鄞人字敬常國子生釋褐授是官在成均時余忝師屬最相親能深知之天下之事蓋未有不可爲者不知所以爲又使人得以其私欲而撓之是以爲之而難成也敬常以清謹詳練清謹則守嚴詳練則慮周慮周而守嚴則得其所以爲又無有能撓之者故於人所難成者而能成之餘姚自前代至今豈無用意於是隄者而其迹泯矣數百年之久惟

謝施二令與敬常之功稱焉而敬常所爲視二令蓋尤倍焉則求世之能爲如敬常者豈不亦甚少哉余故著其所以能者爲世道也敬常到州當大火後能佐其長舉百廢作譙門製刻漏起舜江樓新捕盜司廨舍以至申禁令興教化鋤奸抑强以保甯善良事多可紀者而隄則其大云至正二年三月望日記

王沂海隄記餘姚濱海之田歲墊潮汐判官葉君恆作石隄以捍之爲尺二萬一千二百十有一既告成而他土隄之差可緩而未甃以石者則所未暇也時宋公文瓚守紹興嘉葉君之功而恤其將代請浙江行省丞相及部使者傳得終其役而葉君謝事矣未幾完者都來代宋公因督完者都成之繼宋公之後者爲泰不華公其督成是役亦竊究心焉乃又作石隄三千一十有四尺總爲尺二萬四千二百二十有五自是以往民不病海而歲入倍他壤葉君之功於是乎大矣事有可繼君子繼之不必其肇於已若完者都豈非善繼者乎然則變因循以就功效傳得展其才濟其志亦宋公泰不華公有以成之也然則政之廢舉豈不繫乎人哉

汪文環海塘記曩余佐治是州每歲二三月鳩八夫輦木石以修海隄民苦之余蓋從事於是亦不過修舊趨急以紓目前末有以大慰於民也今二十年自翰林復來是役之不復講也數年矣小民晏然得及時以勤業爲吏者無往來督責之勞葉君石隄之功於是里談家誦樹祠刻石而不能自

已也嗚呼是可謂有功於州民者矣父老爲余言石隄既成昔之衛鹵墊溺之處沙塗遂淤蘆葦叢生縣亙數十百里若有天助然亦異矣余既嘉葉君之功又自愧其不能及日與判官楊君及州之民巡行隄上視損缺罅漏者補而築之而立石州門之左以示來者庶幾久而不壞焉至正七年三月十五日記康熙志　至　國朝蓮花塘與塘下增築諸塘日就隳圮舊志所載沿海七塘皆離海闊遠矣雍正二年周塘下增築榆柳塘乾隆二年復請發公捐錢加築完固先是餘姚海塗歷年漲沙當增築護沙塘雍正十二年於榆柳塘外民竈按丁捐築利濟塘乾隆十二年以工代振請帑銀一萬四千餘兩添築梁下倉馮東干墩直塘十八年奉部咨於嗚鶴石堰二場民戶竈戶按田捐錢每年共額徵五百二十四千五百二十八文積收成數分年修築支銷二十六年發公捐錢拼積

土牛一千五百五十四座以衞塘基今濱海塘隄惟大古塘周塘楡柳塘利濟塘最爲扼要楡柳塘迤西自梁下倉方東路爲界東至慈谿分界之洋浦設溢洞十六以洩山水及蔭二浦橋閘利濟塘自西梁下倉方東路增築至東洋浦與慈谿分界乾隆二十三年依千文編列字號碑碣七百七十七座通塘工長一萬五千五百三十三丈五尺分梁下梁上二倉柏下柏上二倉埋下埋上二倉及杜家團上中下三管分員管轄經理添築之梁下倉馮東千墩直塘自火字號至而字號風灣單道工長三千四百餘丈又自火字號西至上虞烏盆天字號閘段石土塘工長一千三百餘丈塘外留護沙二十丈禁刨土刮淋勒碑於海

塘中道永爲制乾隆志

案大古塘新塘周塘潮塘今名稱如舊夜塘俗名界塘二新潮塘俗名二塘又名坎塘三新潮塘俗名三塘實即榆柳塘利濟塘俗名四塘自新塘周塘築而大古塘通舟洩水自利濟塘築而榆柳三塘亦通舟洩水嘉慶以來增築晏海塘俗名五塘又築永清塘俗名六塘晏海塘東起洋浦西至千墩永清塘東起洋浦西至歷山今竈止永清六塘之下埋上下兩倉近又築有新六塘保障重重而禦潮以永清塘爲最要

堰

蘭風鄉堰一十三所嘉泰會稽志

案嘉泰會稽志不載諸堰之名嘉靖以來諸舊志因仍湖經備書堰壩諸名於各湖之下時代既遠容有增減是故執卷以求往往不得其處而采訪所得轉有出於舊志之外者今取舊堰之利害較鉅及經後人修改者祇其所在之鄉分別書之而增設諸堰亦附及焉

兩灌注堰　無名堰　顧堰俱乾隆中修乾隆志案兩灌注堰本

在姚虞界乾隆間移建姚界沈姓東南
馬家新堰在馬家堰北上自兩灌注移建不能蓄水設新堰
趙家堰　鑑堰　小鑑堰　後郎堰　湯巷堰在蘭風
一都皆界上虞水
小夾堰　洞橋堰　張淸堰在蘭風二都乾隆間設
東山鄉堰九所嘉泰會稽志
湖東堰卽余支湖之東土門在東山一都之西乾隆中
修乾隆志
橫河堰在東山一都賓車壩
臨山東門堰　臨山南門堰亦名余家堰在東山二都
開元鄉堰二十三所嘉泰會稽志

長堰俗稱閘頭堰　戴家堰　小里堰今均作車壩

何山堰　渚水涇堰　東蒲堰　箬林堰　呂安堰俗稱里義堰均開通已久案諸堰之不閉由汝仇湖已廢故

耶保堰俗稱秋波堰前曾開通光緒五年由天華村符姓築閉兼砌以石

風林堰康熙二十年夏潦水衝決五十餘丈耆民訴於府檄水利廳勘覈督里人章維謀等修築丈堰地長一百十五弓闊五五弓歲分十旬防護亦旱不得私開嘉慶中居民漸多始改車壩以便行運道光初堰北增建減水石閘元一都推字號田十畝有奇備修閘費同治初粤匪兵燹車拔乏人里人章鳴盛愛集鄉鄰仍分十旬防護並請水利廳出示勒石永禁車拔私開光緒二十年秋旱耆民俞國治等呈請開掘霪溝引蓄大江之水以溉田禾邑令周諭俟蓄水完足仍將霪溝塡復完固

雲柯鄉堰一十三所嘉泰會稽志

扶蘇堰在雲柯鄉乾隆中修（乾隆志）

小馮堰今改稱董家義閘（石梁刻小蓬閘三字）閘外堰址尚存

眉山堰在雲柯三都實車壩

孝義鄉堰二十三所（嘉泰會稽志）

後樂堰（俗稱豫樂堰嘉慶間邑人劉廷煌於堰下創造霪洞道光間堰址屢壞霪洞亦圮光緒二十年廷煌之元孫慶升福升捐資修復）

梁家堰　許家堰今均作車壩

徐堰　湖堰今均改爲橋

金家堰在許家東堰南里許（光緒十六年邑人謝元壽楊世珍劉青錢募建滅水石堰逾年工竣用洋銀三千九百餘圓）

界堰在高甸陳村　泥堰在邵巷朱九郎廟後或云郎

舊任堰　馬家堰在一都大趙堰西南數十步

化龍堰在孝義雲柯二鄉之界南爲兩低仰堰後低仰堰西接汝仇湖兼上游夏蓋之水堰旁舊有閘年久傾圮道光間邑人謝守庸捐錢二千緡設爲減水堰兼得蓄洩之用數十年來潊湍所衝罅漏日甚光緒十一二年邑人周文富等捐募修築並增建減水閘水溢則洩旱則引潮挹注上河互見下低仰堰閘

通德鄉堰一十所嘉泰會稽志

龍泉鄉堰五所嘉泰會稽志

方清堰今改稱塘　黃公堰今廢

燭溪鄉堰四十八所嘉泰會稽志

丁員堰光緒十八年署知府時履勘閉如舊

蔆池堰舊有霪洞二年久堰失修而霪洞亦壞光緒四五年大閘頭村毛姓集下河殷富捐資修砌

雙雁鄉堰一十三所嘉泰會稽志

梅川鄉堰七所嘉泰會稽志

上林鄉堰三所嘉泰會稽志

治山鄉堰三所嘉泰會稽志

雲樓鄉堰八所嘉泰會稽志

莫家堰　富靈港堰在雲樓鄉

鳳亭鄉堰十一所嘉泰會稽志

案以上並據嘉泰會稽志著錄其最先見者參以見在采訪所有分隸於下令昔之殊爲有徵矣至於水之爲道必有蓄以資灌溉之利亦必有洩以濟汎濫之災自昔齊桓主盟尙禁曲防白圭治水貽譏鄰壑實古今通鑑也縣屬河渠兼受上虞諸山溪流來源頗盛所賴江流近海不至壅遏爲患然其勢不能無異日之變遷尤難保無非時之旱潦要在城鄉耆碩率先士庶泯彼此之畛域權利害之重輕必樂利之均霑聯休戚爲一體

以時消息而協於咸宜無論宋元以來陳迹難尋即今之所述亦不必一成不變也

壩

大江口壩在治西南三十五里雲樓鄉亦名下新壩左江右河河高於江丈有五尺明越舟航往來所必經康熙志

鄉心壩竹橋壩木篠壩諸璧壩綫覔壩宋公壩在東山鄉之一都據舊志弁山湖注

楊水壩張健壩在東山鄉之二都據舊志弁山湖注

温家壩在上林鄉之一二都據舊志上林湖注

念畝橋壩顧打網壩在蘭風鄉之一都據舊志干金湖注

陡亹壩在燭溪鄉康熙志　同治二年邑人勞長齡募捐重建邑令陶雲升記略姚邑西二十五里曰陡亹又折而西五里許曰賀墅舊有堰其餘支堰有五曰菁江曰好義曰懷清曰抱道曰香家散布於雲樓燭

溪開元三鄉灌溉民田古人遺制如此可謂善矣明嘉靖閒邑紳僉憲徐公九皋捐資修葺遺碑巋然獨存詢諸鄉老知堰之廢將二百年既廢之後水無瀦蓄田禾屢槁同治元年雲樓勞長齡慨思興復議按畝捐穀以資經費遠近聞之踴躍樂輸余郎命勞君董其役經始於癸亥之七月先賀墅次陡亹次年甲子某月各堰次第告竣且於陡亹賀墅堰側添設水閘即懷清抱道香家三堰亦各穿小穴甃以石旱可灌潮滂可洩水規畫之周非復曩時可比復以餘資置田二畝備修葺支堰之費庶幾歷久而勿壞焉

張山坡新壩在龍泉鄉一都石堰西北光緒十八年邑人馬道傳胡福昌等募建蓋石堰閘門窄狹地勢高低懸絕活石林立下河小潮或阻滯停閣大水輒奔騰直瀉甚至壞舟傷人農商交病爰於張山坡別建車壩舊閘蓄水漲啓退閉以資灌溉

閘

運河新閘在雲樓鄉一都大江口壩上運河十八里其塘起自塘上至慶源橋僅百丈而內障河水外捍江濤閘則

備旱戽水以資灌溉然堺而善圯河水立涸豈惟病旅且以病農明萬歷丙申里人陳太宰有年周憲副思宸白於分守道吳獻台檄下衆議將壩夫新認役銀幷鹽埠共計緡錢百二十千爲椿石費半載而工告成迺立石壩上周憲副爲文以紀其事康熙志案光緒十六年署縣事何光愷重修立石記曰姚邑下壩旁建大閘兼分設龍鬢閘一座壩以通船閘以蓄水上保運河下衛潮路關係既重工作宜堅云

李家閘在通德鄉三都宋建隆三年建今廢已久二石柱尙存緣溪流遷徙不常不敢議再建康熙志

周家埠閘在通德鄉三都節剡湖之水緩注於江旱時極爲有益康熙志案閘建於明天啟時光緒二十一年重修

石堰閘在龍泉鄉一都西南受姚江之潮灌於龍泉諸鄉

其東受橫河游涇之水行之於江實餘姚東北方水道咽喉而其水門窄隘潮水無大出入司閘者射商舟之利縱閉不時旱澇無所於救康熙志　案此閘近不通舟詳上張山坡新壩

南湫閘在龍泉鄉一都節燭溪湖下原之水使不下傾於江康熙志

東橫河閘在龍泉鄉一都節燭溪湖上原之水使不傾於下原康熙志　案嘉泰會稽志閘在縣北三十里

黃家堰閘羅樹橋閘在梅川一都據舊志鱧子湖注

匡堰閘在梅川鄉二都節游涇及上林湖之水水門亦頗隘不能洩游源諸瀾暴水康熙志　案嘉泰會稽志作康堰閘在縣東北五十里

水霪閘在梅川二都廢康熙志　案光緒十六年里人應文標集各竈董事業戶捐資開掘

霪河修造浦閘稟請署邑令忠禁止阻塞水道及私啟捕魚　互見下雙河閘洋浦閘注

匀元閘在梅川鄉二都徐家塔之東北係徐氏新建下截勝山後不測之鹹潮不及於田畝上滙勝山前之蓄瀦平流悉奔注於閘以佐湖水之不及里人徐岳徐嶼捐貲倡助地方咸賴之 康熙志

白石堰閘在上林鄉一都節上林上澳二湖之水 康熙志

雙河閘洋浦閘在上林二都今廢東界於慈谿之鳴鶴鄉水自上林西南行六十里經四堰四閘始達於江東注鳴鶴地卑易流不十五里已達於海唐景隆元年乃創二閘於樣塘之南曰雙河北曰洋浦洩上林暴水宋乾道九年開慶元年元天歷間皆修治之以故上林諸鄉寡水患明

永樂初西廢上林之岑家埭宋時嘗置此埭以絕梅川游涇之水東廢鳴鶴
之黃泥埭置松浦閘水東行益利而慈之豪猾者故欲塞
雙河閘輒下土石以射鹽夫負販之利每霖雨水暴至盡
淹上林諸鄉禾稼廬舍正德十一年里人毛鳳何明孫俊
始白其事於御史臺慈人忿爭之積歲不解更巡按御史
成英劉廷簠檄台郡守顧璘杭郡同知丁儀臨治之於是
觀地形考便宜咸謂雙河置閘有利餘姚無妨慈谿乃躔
唐宋以來之蹟復爲石閘餘姚人世守之且與慈谿併力
疏浚洋浦使永無塡淤反嚙之害然累年爭且未息在慈
人則曰雙河原有破山洋浦二閘洩水入海卽今洋浦已
漲爲桑田高亙一二十里倘議開浚非萬人之力不可慈

人肯併力而均作乎吾有以知其不能也則雙河之水將安歸哉況上林地高鳴鶴地低貪貨販之小利強鄰壤以必不可受之害非計之得矣康熙志

案今利濟塘晏海塘永清塘皆置洋浦閘及水霪浦閘水霪浦最爲利水要道光緒庚寅開掘注海三千餘弓洋浦水霪浦之間更有破山浦等閘

古新閘張家閘上塘閘在上林一都杜上管周塘蓄大古塘下之水光緒二十年耆民陳啟肇等重修

礶山閘在燭溪三都南通江潮直至黃清堰北受燭姥湖及新湖之水春夏閉以利農秋冬開以出商而市猾故爲築塞恣其需索商民兩病萬歷二十七年居民嚴臾澤等呈縣遂立石示誡然此弊蓋不特礶山一閘爲然也康熙志

謝汶堰閘在燭溪鄉礶山堰之北乾隆志

橫河減水閘在東山鄉一都據舊志牟山湖注案光緒十九年邑人陳奎璋修

廣惠廟閘砂堰下界閘在雲柯鄉二都據舊志黃山湖注

眉山閘鮑家閘石閘在雲柯三都據舊志附子湖注

低仰堰門在孝義雲柯兩鄉之界案堰實在孝義界亦名低塘堰堰有二案低塘市又有老堰并後堰南堰爲三後低仰堰閘在化龍堰南一里稍南半里許曰南低仰堰稍北又置一閘以分南堰水勢舊志祇載其一乾隆志案許顧虎記略低仰堰舊係土塘未有堰閘康熙癸未大水旋成巨浸既又水涸河槁秋成絕望茅君會聖捐建石塘造石閘以便舟楫建閘門以便蓄洩歲竟有年後低仰堰至雍正丁未張君授之亦如前堰之捐建石塘並閘門水旱無慮

伏虎閘石姥閘在孝義鄉

吾容閘在雲樓鄉内蓄樂安湖水外引潮水嘉慶二十五年葉姓建

後閘在鳳亭鄉二都南上畈村光緒十九年耆民韓巨忠等重修

案閘多與橋連凡附見橋渡者茲不復出

陡門

東山陡門嘉泰會稽志

雲柯鄉陡門二所嘉泰會稽志康熙志在雲柯鄉曰眉山陡門

龍泉鄉陡門五所嘉泰會稽志康熙志在龍泉鄉曰沙河陡門

上林湖陡門五所嘉泰會稽志康熙志在上林鄉曰孫家陡門曰焦家陡門曰孟家陡門

治山陡門嘉泰會稽志康熙志在治山鄉曰諸郎陡門曰孫家陡門

雲樓陡門嘉泰會稽志　康熙志在雲樓鄉曰橫河陡門

燭溪湖東陡門嘉泰會稽志　康熙志在燭溪鄉曰蕭江陡門

石堰陡門嘉泰會稽志

梅川陡門康熙志在梅川鄉曰廟山陡門

鳳亭陡門康熙志在鳳亭鄉曰黃莊陡門

孝義陡門康熙志在孝義鄉曰仁風陡門

餘姚縣志卷八水利終

光緒重修

餘姚縣志卷九

田賦上

宋

紹興十六年墾田五十六萬一百一十四畝二角一十三步

淳祐四年田五十四萬七百九十畝二十六步有奇

咸淳四年田五十五萬九百二十三畝一十五步有奇

地一十四萬四千三百七畝三角四十步有奇　山四十二萬五千三百八十四畝三角有奇

元

至元二十七年田五十五萬九百二十三畝一十八步有

奇　地一十萬四千二百案乾隆志百誤作十七畝二角五十一步有奇　山四十二萬五千三百八十四畝一角四十步有奇

經界圖記周官司徒之職設載師掌任土之法縣師掌邦國都圖稍甸郊里之地域均人掌力政至於遂人則以土地之圖經田野所以爲其民計者至深且遠自秦壞先王之法阡陌既開而天下不可得而治矣故孟子之論仁政必自經界始元有天下四方之賦各因其舊至於治野之說有不暇詳延祐初下經理之令而郡縣並緣以厲民至有弄兵於草閒者上下憂之遂不克竟至正二年禮部侍郎泰不華公出守紹興思有以均其賦役謀於同僚亦皆曰然迺以餘姚州田賦未均屬同知州事劉侯顯其事初大德四年是州常覈實田稅繼而籍燬於火執事於鄉里者往往增虧田畝之數變亂賦稅之實於是富而强者享其利而安處貧且弱者罄其家而無告積弊蝟興莫此爲甚侯受檄以來出宿公宇日一還問太夫人起居而已晝夜悉心鬢髮爲白日一區印署盈尺之紙以與田主謂之烏由凡四十六萬餘枚田後易主有質劑無烏由不信也州民常以其所有田詭戶名至是懼有奪之者乃自陳繼

是自陳者萬人或舊無糧今自實多至五百畝者至於消積久之爭者七千餘事侯開諭之無不感悟父子兄弟二復還其天者蓋多有焉其站戶田迷而復歸者一萬七千二百二十餘畝俾得田之家助其役其畫田之形計其多寡以定其賦謂之流水不越之簿其所畫圖謂之魚鱗挨次之圖其各都田畝則又所謂兜簿者焉至於列其等第以備差役則又所謂鼠尾冊者焉計其凡六千二百五十餘帙綱目必張如指諸掌侯旣受代而上官挽留使竟其事然後去然其號令之行於下如始至官非有以服其心孰能臻此嗚呼侯之於其民可謂能爲之長慮卻顧者矣侯名輝字文大汴人嘗任風紀沈厚而精練蓋其少孤勇於植立故能堅善刻厲以成事功去是州而羽儀於天朝不遠矣屬余以使至者甯楊仲等請爲文刻之石使來者考諸至正四年六月旣望經筵檢討危素書

明

洪武二十四年田五千八百二十五頃七十七畝九分五釐七毫三絲　地七百七十二頃一畝三分五釐一毫三絲案康熙乾隆兩志作七百七十二頃七十三畝七釐七毫三絲　山一千九百四頃七十

五畝一分八釐　蕩一頃一十五畝二分四毫　池七十
一畝七分二釐六毫以上嘉靖志
永樂十年官民田共五千八百三十二頃九十八畝七分
三釐七毫三絲　官民地共七百七十八頃六十三畝二
分六釐七毫二絲　池蕩共一頃九十畝八分六釐六毫
弘治五年官民田共五千八百三十六頃□十八畝三分
三釐四毫有奇　官民地共七百九十八頃七十畝九分
有奇　山一千九百四頃七十三畝有奇　池蕩共一頃
九十畝一分二釐
嘉靖四十一年知縣周鳴塤奉文丈量將官民田地扒平
一則起科田共五十九萬三千六百七十八畝七分七釐

地共七萬八千八百五十八畝五分五釐五毫
萬歷九年行丈量知縣丁懋遜復量復田共五十九萬九千七百七畝七分二毫一絲一忽　地共七萬九千二百五十九畝五釐五毫四絲
萬歷十三年田五千九百七十二頃一十六畝六分五釐三毫　地七百九十二頃六十五畝六分四釐三毫案乾隆府志引萬歷志作五毫　山一千九百一頃四十八畝六分一釐　蕩三頃七十畝九分八釐四毫乾隆府志引萬歷志　台州府周同知奉委臨縣清理田地減豁槩縣虛田六百八十九畝六分六釐三毫八絲五忽又告豁重量錯訛并剗豁汝仇等湖田共一千八百八十二畝二分九釐四毫八絲九忽共豁田二

千五百七十一畝九分五釐八毫七絲四忽查出陞科地六畝五分八釐九毫七絲九忽

萬歷十四年知縣周子文立碑於縣儀門田共五十九萬七千一百三十五畝七分二釐五毫四絲六忽每畝科銀六分一釐五毫麥米一升九合三勺地共七萬九千二百六十五畝六分四釐五毫一絲九忽每畝科銀二分四釐二毫麥米九合七勺山共一十九萬一百四十八畝六分一釐二絲每畝科銀一釐一毫學山七十三畝六釐六毫三絲六忽每畝科銀一分三釐米七合七勺蕩三百七十畝九分八釐四毫每畝科銀一分二釐二毫米七合四勺立碑後復准告豁牟山等湖田共二千二百七十畝七分七釐一毫地共一百六十一畝六分三釐三毫實存田五十九萬四千八百六十四畝九

分七釐二毫三絲七忽地七萬九千一百四畝一釐二毫一絲九忽

翁大立餘姚量田記餘姚田一畝歲可入一鍾蓋稱沃土頃者公家雜輸悉從田出貧者僦券富人率以田爲質久乃沒入之猶或田去糧存或故損其額貧者利其售去卽以重糧輸輕券存糧在籍身徙異鄉貽累他人不顧也乃富人有田懼出錢佐縣官故陰賂胥吏詭寄優復之家里胥互爲奸利則又增損糧額蠱愚鄉氓輸賦者不得藪稽羸縟飛灑實田虛懸絕戶按籍者不能考鏡存亡或有墾山捍圩既成田矣初未陞科坍江壅沙徒存糧矣不以除額民始以田爲累往往走闕下自於傳相南渠呂公會言官上書戶部覈議咸曰覈田爲急適邑侯伯谷周君領符出宰公日祛蠹興利莫如丈田田或謂官田糧重僧寺田次之山田糧輕不宜一則者然官田有折銀無力役民田有重役無輕賚以此較之無甚差別不如一則便矣君至遂白於撫按守巡羣公並可之乃下令十有一條與民經始既受其法田長里正矣復躬親覆覈風雨渴飢上下嵒險凡再閱歲事始竣君又慮歲久爲姦立石縣庭登其賦額自爲筆記復屬予言之予閒周公經野畫邑以土均之法辨五物九等以均人掌力政後世曰均田曰均輸曰均徭

者並以均各令君是舉蓋師周公之意以紓閭閻之急可謂均無貧矣科賦額簡明則輸委便田土並役則征徭平質劑無譌則獄訟息虛糧盡去則流徙歸四利興諸弊絕不朽之功其在是哉

萬歷二十五年知縣馬從龍江起鵬相繼查覈實田五十九萬五千八百一十七畝六分四釐四毫四絲六忽比前出田九百五十二畝六分七釐二毫九忽實地七萬九千六百六十八畝六分五釐二毫一絲九忽內呂文安告豁墳地九十二畝三分不派稅糧比前出地四百七十二畝三分四釐山蕩數仍前

國朝

順治籍

田五十九萬五千八百九畝一分六釐四毫四絲六忽每畝初徵銀六分八釐七毫後徵銀九分八釐六絲九忽九微徵米七合九勺三抄

地七萬九千五百七十六畝三分五釐零每畝初徵銀二分七釐七毫後徵銀四分五毫徵米四合四勺

民山一十九萬一百四十八畝六分一釐二絲每畝初徵銀二釐一毫後徵銀九釐三毫

學山七十三畝六釐六毫三絲六忽每畝初徵銀一分五釐二毫後徵銀二分五釐七絲七忽零徵米三合三勺

蕩三百二十三畝三分八釐零每畝初徵銀一分五釐六毫後徵銀一分八釐二毫五絲八忽零徵米一石二合零

市丁六千二百九十每丁初徵銀九分八釐後徵銀九分九釐七毫八忽零

鄉丁五萬三千五百二十七每丁初徵銀一錢七釐後徵銀一錢一分二絲零米一合五勺○以上康熙志

康熙籍

田地山蕩共八千七百九十頃七十三畝二分九釐三毫六絲三忽

田五千九百五十八頃七十九畝六分八釐七毫四絲六忽

地九百二十二頃二十七畝五分四釐一毫八絲一忽

山一千九百二頃二十一畝六分七釐六毫五絲六忽

蕩七頃四十三畝三分八釐七毫八絲

人丁五萬九千八百一十九丁 以上乾隆府志

案府志此數係康熙十年清丈與康熙志三年清丈原額不合以中閒加康熙六年清丈陞田一畝三分一釐三毫陞地九十三頃四畝六分一釐四毫六絲二忽陞蕩四頃二十畝也具詳如後

乾隆籍
原額田五千九百五十八頃七十八畝三分七釐四毫四
絲六忽　內
一則田五千九百四十二頃五十八畝五分二釐九毫五
絲六忽　康熙六年清丈陞田一畝三分一釐三毫　康熙
二十六年地改陞田六畝二分七釐三毫　康熙三十
三年開墾陞田四畝二釐五毫　雍正六年查墾陞田一
頃一十一畝六釐八毫五絲八忽　雍正七年查墾陞田
一百三頃四十五畝五分六釐三毫七絲一忽　雍正八
年查墾陞田九十四畝五分八釐九毫四絲七忽　雍正
十一年查墾陞田七畝二分五釐四毫一絲二忽　雍正
十二年查墾陞田一十六畝一分七釐七毫一忽　乾隆
三年查墾陞田五頃八十九畝二分一釐二毫四絲九忽
乾隆十七年查墾陞田二十六頃三十畝一分三釐一
毫三絲二忽　雍正七年籍田壇基除田五畝九分　又坍
没無徵除田一十三頃八十畝九分三釐九絲四忽　乾
隆三十四年坍荒除田一十　實田六千六十六頃六十一
六畝一分七釐七毫一忽

畝一分三釐六毫三絲一忽每畝徵銀一錢三釐二毫米三合八勺

孫忠烈毛忠襄優免田一十頃五十三畝每畝徵銀七分四釐一毫米三合八勺

呂文安京折田四頃九十七畝六分三釐四毫九絲每畝徵銀三分一釐五毫

新墾龍泉雲柯等都黃山斯字等田六十九畝二分一釐每畝徵銀一錢二釐五毫米三合八勺

以上共田六千八十二頃八十畝九分八釐一毫二絲一忽

原額地八百二十九頃二十二畝九分二釐七毫一絲九忽內

原地七百九十五頃七十六畝三分五釐二毫一絲九忽

康熙六年清丈陞地九十三頃四畝六分一釐四毫六絲二忽　康熙二十三年開墾陞地一畝四分三釐七毫五絲　康熙三十三年開墾陞地五畝七分七釐　雍正五年查墾陞地二十畝二分二釐四毫五絲六忽　雍正六年查墾陞地一畝三分五釐一絲二忽　雍正七年查墾陞地一頃七十五畝五分七釐四絲三忽　雍正八年查墾陞地四畝四分六釐六毫二絲五忽　雍正九年查墾陞地一畝一釐五毫六絲二忽　雍正十一年查墾陞地六畝三分六釐八毫三絲　乾隆元年查墾陞地七畝六分八釐　乾隆三年查墾陞地一十二畝三分四釐九毫九絲九忽　乾隆二十七年查墾陞地一畝二分六釐九毫一絲六忽　康熙二十六年地改爲田除地六畝二分七釐　雍正七年坍沒無徵除地四頃六十九畝九釐四毫四絲三忽

實地八百八十六頃四十三畝一分四毫三絲一忽　每畝徵銀四分一釐六毫米二合

新墾沙地二十四頃八畝三分　康熙十六年籌餉案內清出沙地四頃六十三畝八分三釐五毫五絲四忽

實沙地二十八頃七十二畝一分三釐五毫

五絲四忽每畝徵銀三分七毫米九勺

新墾大工湖地九頃三十八畝二分七釐五毫康熙二十九年報墾

陞地七十畝實湖地一十頃八畝二分七釐五毫每畝徵銀三分七毫米九勺五抄

以上共地九百二十五頃二十三畝二分一釐四毫八絲五忽

原額山一千九百二頃二十一畝六分七釐六毫五絲六忽內

民山一千九百一頃四十八畝六分一釐二絲康熙十六年籌餉案內清出山一頃二十四畝康熙二十三年彙報陞科陞山一十二畝五分五釐實山一千九百二頃八十五畝一分六釐二絲每畝徵銀三釐二毫

學山七十三畝六釐六毫三絲六忽每畝徵銀二分二釐八毫米一合五勺

以上共山一千九百三頃五十八畝二分二釐六毫五絲六忽

原額蕩三頃二十三畝三分八釐七毫八絲康熙六年清丈陞蕩四頃二十畝　雍正六年查墾陞蕩一十七畝四分　雍正八年查墾陞蕩八畝六分五釐　乾隆十七年查墾陞蕩八十七畝一分六釐六毫七絲三忽實蕩八頃五十六畝六分四毫五絲三忽每畝徵銀二分三釐五毫米一合五勺

原額戶口人丁五萬九千八百一十七丁口內

市民六千二百九十一口康熙六年清出人口一口　乾隆三十四年坍荒免徵市民一分六釐實市民六千二百九十口八分四釐每口徵銀九分八釐

鄉民五萬三千五百二十七口康熙六年清出人口一口　乾隆三十四年坍荒免

徵鄉民一口實鄉民五萬三千五百二十六口六分七釐
三分三釐
每口徵銀一錢七釐米一合五勺以
上乾隆志參乾隆府志道光賦役全書

道光籍

原額田六千八十二頃八十畝九分八釐一毫二絲一忽
案道光賦役全書所稱原額係康熙三年清丈數目今已
詳前後不復述此指前籍實數以後按照時代遞推內
一則田六千六十六頃六十一畝一分三釐六毫三絲一
忽乾隆五十年爲奏明查辦漲沙等事案內墾陞實田六
田一十頃三十五畝四分四釐二毫四絲二忽
千七十六頃九十六畝五分七釐八毫七絲三忽
孫忠烈毛忠襄優免田一十頃五十三畝
呂文安京折田四頃九十七畝六分三釐四毫九忽
新墾龍泉雲柯等都黃山斯字等田六十九畝二分一釐

以上共田六千九十三頃十六畝五分二釐三毫六絲三忽

原額地九百二十五頃二十三畝五分一釐四毫八絲五忽內

原地八百八十六頃四十三畝一分四毫三絲一忽

新墾沙地二十八頃七十二畝一分三釐五毫五絲四忽

新墾大工湖地一十頃八畝二分七釐五毫

原額山一千九百三頃五十八畝二分二釐六毫五絲六忽內

民山一千九百二頃八十五畝一分六釐二絲

學山七十三畝六釐六毫三絲六忽

原額蕩八頃五十六畝六分四毫五絲三忽

以上田地山蕩八千九百三十頃五十四畝八分六釐九毫五絲七忽

原額戶口人丁五萬九千八百一十七丁口內

市民六千二百九十口八分四釐

鄉民五萬三千五百二十六口六分七釐以上賦役全書

光緒籍

原額田六千九十三頃十六畝五分二釐三毫六絲三忽

內

一則田六千七十六頃九十六畝五分七釐八毫七絲三忽 光緒七年義冢案內除田二十四畝四分一釐三毫九絲一忽 光緒二十一年義冢案內除田一頃二十一

畝八分八釐七毫五絲二忽　實田六千七十五頃五十畝二分七釐七毫三絲

孫忠烈毛忠襄優免田一十頃五十三畝

呂文安京折田四頃九十七畝六分三釐四毫九絲

新墾龍泉雲柯等都黄山斯字等田六十九畝二分一釐

以上共田六千九十一頃七十畝二分二釐二毫二絲

原額地九百二十五頃二十三畝五分一釐四毫八絲五忽内

原地八百八十六頃四十三畝一分四毫三絲一忽光緒二十一年義冢案内除地四分　實地八百八十六頃四十二畝六分九釐四毫三絲一忽

新墾沙地二十八頃七十二畝一分三釐五毫五絲四忽

新墾大工湖地一十頃八畝二分七釐五毫光緒二十一年義冢案內除地一十九畝九分二釐五絲九忽實湖地九頃八十八畝三分五釐四毫四絲一忽

以上共地九百二十五頃三畝一分八釐四毫二絲六忽

原額山一千九百三頃五十八畝二分二釐六毫五絲六忽內

民山一千九百二頃八十五畝一分六釐二絲光緒二十一年義冢案內除山三十六畝八分實山一千九百二頃四十八畝三分六釐二絲

學山七十三畝六釐六毫三絲六忽

以上共山一千九百三頃二十一畝四分二釐六毫五絲六忽

蕩八頃五十六畝六分四毫五絲三忽

原戶口人丁五萬九千八百一十七丁口

市民六千二百九十口八分四釐

鄉民五萬三千五百二十六口六分七釐

以上田地山蕩人丁等數每畝每口徵銀米同乾隆籍　以上縣冊

宋

嘉泰元年夏戶人身丁錢舊管三千三百三十一貫八百六十文今催五千四十七貫六百八十九文　紬舊管九百二十九疋一丈二尺五寸八分今催九百七十疋二丈五尺三寸八分案乾隆府志引此條二丈誤作三丈　絹舊管一萬一千八百一十疋三丈七尺今催一萬二千四百二十二疋一丈七尺五

寸五綿舊貫六千六百八屯四兩今催五萬六千秋苗米
分　二百四十三兩七錢八分一釐二毫五絲
額管三萬二千五百七十五石五斗一升七勺抄江海移
㙦海塘等九百三石五斗一升合催三萬一千六百七十
二石和買絹七千七百役錢三萬九千四十四水陸茶錢
七勺疋七尺貫五百七十七文
二百九十二貫小綾三百疋折一千二百職田米一千八
九百一十三文三十三貫八百文十五石
四斗折帛錢三萬五千五百七十六貫六百五文係將
七升八戶鹽稅紬綿絹丁鹽和買絹數內科折每
紬一疋折納一丈三尺綿一兩折納五錢丁鹽稅絹　疋
折納八尺和買一疋折納一丈和買每疋折錢六貫五百
文它絹若紬每疋茲折七貫文折紬綿五千七百九十七
綿每兩并耗折四百六十文　兩　每紬一疋數
目折納一丈三尺三寸以折稅絹麥一千六百四十二石
綿一十七兩折絹一疋　七斗九升六合　以
二石四斗一折苗糯米三千三百三十石八斗八升六合
升折絹一疋　以一石折苗一石一斗一升
課利都稅務祖額四千九百七十三貫四百九十九文茶
遞年趁到三千四百七十六貫九十五文
每歲批發一萬四千酒祖額一萬九千七百二十四貫七
六百斤住賣三百斤百二十文遞年趁到四千五百三

十四貫七百五十文編入臨洪鹽嘉泰會稽志

案嘉泰會稽志有經制錢總制錢添收頭子錢增收朱墨勘合錢止列紹興府總數無餘姚分數故不錄

元

至元二十七年夏稅秋糧一萬五千九百七十四石九升八合內官租米三千二百四十二石四合民苗米一萬二千七百三十二石九升四合中統鈔四百五十二錠二兩七錢四分夏稅鈔四百三十五錠三十一兩三錢四分秋租鈔一十六錠二十一兩三錢九分財賦錢糧秋米四千七百八十石六三十四石穀斗五升八合夏稅麻布二疋嘉靖志

明

洪武二十四年夏稅麥二千九百四石鈔五千九百一十九升二合八勺鈔四貫五十七文秋糧米五萬六千三百三十五四千二百四十貫石九斗一升四合二勺鈔一百一十三文

永樂十年夏税麥二千八百四石五斗七升二合鈔六千一百七十七貫八百五十二文秋糧米五萬七千五百五十六石四斗七升七合鈔四千八百四十貫二百八十九文

弘治五年夏税麥二千七百五十四石九斗九升九合六勺鈔六千七百七十一貫三百六十七文秋糧米五萬九百四十九石三斗一升一合四勺鈔四千八百六十二貫二百二十七文以上康熙志

萬歷十三年農之賦四曰夏税麥二千七百五十五石三斗五升一合二勺徵於田地曰秋糧米五萬九百七十二石九斗一升一合三勺合田地蕩池塘浜瀝港派徵曰夏税鈔一千三百五十三錠四十九文徵於田地曰秋租鈔一千一十四錠一貫八百四十文徵於地山蕩池夏秋鈔每貫折銀二釐

桑之賦一曰農桑絲入三辦內

廛之賦一曰房租缺

傳之賦二曰馬價一千一十九兩二錢七釐五毫曰驛夫輸本府各驛入均徭

兵之賦一曰兵餉銀三千三百四十八兩七錢六分四釐六毫

戶之賦二曰蕩價一百九十兩一錢二分四釐先俱責辦於竈戶後徵於得利人戶輸鹽運司

曰諸鈔三百四兩三錢八分七釐四毫有商稅課鈔黃絡蔴鈔茶株鈔油榨碓蔴鈔窰竈鈔門攤契鈔茶引油契本工墨鈔樹株果價鈔酒醋鈔漁課鈔每貫折銀二釐內解京貯府二項不同遇閏如月數加增分派於漁茶油冶等戶間均派於田蕩

口之賦二曰鹽糧米七十七石四斗六升四合一勺內分三項顏料解京者每石折六錢解各學者折八錢解各倉者折五錢常本折半責辦於鄉都成丁之人每丁一合四勺四抄遇閏增加曰鹽鈔七百七十一兩七分七釐一毫每貫折銀一釐輸京庫及本府庫責辦於城市成丁之人每丁五釐五毫二絲遇閏增加

里之賦三謂之三辦曰額辦銀四百八十二兩四錢四分五釐有桐油銀白硝麂皮狐狸皮銀

弓箭弦條銀胖襖銀藥材銀農桑絹銀俱解京曰坐辦銀三千三百三十二兩三分八釐一毫有水牛等皮料銀歷日紙銀軍器料銀淺船料銀段疋銀漆木料銀四司工料銀果品銀牲口銀蠟茶銀葉筍銀俱解京曰雜辦銀五千三百七兩六錢二分九釐一毫有科舉禮幣進士舉人牌坊銀預備上司各衙門書手工食銀軍器路費銀上司各衙門新官到任隨衞下道家伙祭祀豬羊品物等項銀修理各衞所城垣民七料銀武舉銀戰船民六料銀文廟啟聖祠名宦鄉賢祠社稷山川壇厲祭銀各祠廟祭銀鄉飲酒禮銀孤老布花米柴銀表箋綾函紙劄工食銀表箋委官齋捧盤費銀拜進香燭銀拜賀萬歲冬至正旦令節習儀香燭銀迎春芒神土牛春花春鞭三牲酒席銀門神桃符銀三察院按臨門廚米菜銀三察院考試生員試卷果餅花紅紙劄筆墨府學銀恤刑按臨心紅紙劄油燭柴炭門皁廚役工食米菜銀各上司及查盤委官心紅紙劄油燭柴炭幷門皁工食米菜銀上司按臨幷本府朔望行香講書紙劄筆墨銀府送使客下程銀縣送油燭柴炭銀兵巡道駐劄士夫交際下程酒席銀水利道坊夫工食銀提學道按臨考試生員試卷果餅花紅紙劄筆墨銀季考生員試卷果餅花紅紙劄府學銀歲貢生員正陪路費花紅旗區酒禮銀起送科舉生員路費花紅酒席銀迎宴新舉人旗區花紅彩緞酒席銀起送會試

舉人路費卷資酒席銀賀新進士旗匾彩緞酒禮銀兵巡道新任祭門豬羊三牲香燭銀府縣新官到任祭門豬羊酒桌香燭銀府縣新官到任修理衙宇銀府縣應朝起程復任酒席銀府縣陞遷給由酒席銀修理各察院分司公館銀修理府縣廳堂公廨監房教場及養濟院等處工料銀城垣畫圖紙劄顏料銀優恤節婦養贍米布銀上司并府縣卷箱架杠鎖索棕單銀察院分司公館置備家伙銀府縣心紅紙劄等項銀府縣皁隸工食銀府縣官船水手銀短遞夫工食銀經過使客皁隸工食銀馬匹草料并馬夫工食銀大小河船價并稍水工食銀預備雜用銀俱留府縣庫

力之賦二曰銀差曰力差嘉靖四十二年知縣周鳴塤申議銀力二差一概徵銀雇募共銀五千八百七十七兩六錢二分二毫有各驛館夫各倉斗級巡鹽應捕鋪兵解戶獄卒工兵傘夫皁隸分守溫處甲首看守各館門子各學庫子祠夫閘夫各場工腳巡攔南京直堂皁隸柴薪三院座船水手布政司廣濟庫庫子縣耳房庫子各學庫子布政司首領都司運司府縣衙首領柴薪府縣馬夫各學齋夫各學膳夫會同館長夫府縣及儒學公堂家夫包陪富戶各渡稍夫民壯捕兵健步

預備織造坊夫解送夫惟巡鹽應捕一項先議免僉役欲
銀抵課止用民壯弓兵巡緝巡鹽察院批再議紹興府議
仍照額名數選
募勤實之人
翁大立均徭以或問少傅南渠呂公讀禮家居聞賦役不均
民間甚苦以役法質於少司空笑齋龔公謂必弛其力差
悉用雇直庶幾均平無偏累遂白當路下其議邑侯周君
君乃通計官民田額凡五千八百四十二頃八畝有奇除
免竈田二百九十六頃三十一畝外每畝科銀八釐地額
除辦鹽蕩地外官民地凡七百八十五頃一十二畝有奇
每畝科銀四釐人丁除優免外約該差四萬一千丁每丁
科銀五分共徵銀六千六百九十二兩九錢九分零以待
一歲雇值議既定或有難之問於予曰均徭戶分三等計
丁驗糧行之既久今欲改之何居予曰有國有家者不患
寡而患不均吾邑科第之家以百計雜流舉監生員吏承
以千計竈丁計一萬四千有奇優免日眾則詭寄日多良
民守法者編徭日重此患在不均一也北方門丁事產四
者兼論每以門銀為上產銀最下地土猶致拋荒吾邑有
職役者始登版籍無職役者每多隱丁故編徭則專重田
產其他海防兵費雜辦均輸皆從田出遂至田日賤而民
田貧此患在不均二也輪編甲分優免者少則差役稍輕
優免者多則差徭愈重在歲額不可增減而役銀則歲輕

歲重此患在不均三也海防輸委不繼凡弓兵皁隸壩夫之類撥銀以助軍興而積年攬役者額數雖減役銀倍索故官司有減之名徭戶受增之害此患在不均四也館夫庫子斗級鹽捕向爲重差役銀實少軍興以來浮冗百出有役銀一兩而支銀數十兩既破其家矣一經查盤軍徒雜坐復貽累其子孫此患在不均五也有此五者閭閻日悴故相公倡議衆庶翕從始一概徵銀公卿以至吏承照例免丁不免田產此吾輩捐己利以惠窮閭相時宜以救弊法豈以厲民乎哉曰若然民則受惠矣十夫之族免田有差蓋令甲也今不免無乃非制乎曰否考諸會典隨朝官免雜泛差役此洪武十三年令也在京文武官員家除里甲正役外一應雜泛差役俱免此正統元年令也其云優免蓋專指八丁加日其人既爲京朝官矣其父兄子弟僕從並得免差初無免田之說是時在方面猶且未及况雜流吏承乎其後優免冒濫以田准丁遂滋詭寄之弊至嘉靖乙巳該科申明始定免田等差與丁均配聊以救弊云爾豈初制哉若生員僅免家丁尤有考據國初免稟膳宣德三年始免增廣皆云免其家差徭二丁也北方生員僅免供丁可爲印證令之免田及以田准丁者亦豈初制哉曰竈戶每一子丁十年免田二十畝蓋爲國初竈戶日夜辦鹽候商領支如商人後期則鹽斤消耗復辦賠納最爲劬苦自彭惠安公議徵贍價而引鹽則令商人自買遂

使竈戶無煎辦之勞有蕩地之利故其利有數倍於齊民
而其丁亦數倍於舊額觀版籍之內軍匠日絕竈丁日增
竈戶田多民戶田少蓋不惟詭田而又詭丁也不免庶絕
詭弊況士夫不免竈戶豈得免乎曰士夫不能世官竈戶
乃其世業今仍每丁每年免田二畝積之十年正合原免
之數所以處竈戶者善矣曰然則巡鹽應捕何可廢也曰
國家疏通鹽法專為濟邊苟國課無虧而民情甚便則善
之善者也吾邑三面濱海並產鹺鹽一面阻山不通舟楫
引鹽不到民開無食淡之理舟楫不通自來無越境之販
今若局挑者弗禁而徑於編銀內徵抵應捕鹽斥銀兩以
解運司如戶口食鹽之例於民不甚便乎若曰如此恐廢
法則今之竈戶不徵本色而徵折銀法亦廢矣何彭惠安
之惠至今存也曰庫子斗級錢糧重寄今令雇役可乎曰
予嘗讀律矣庫子斗級雇役侵欺並以監守自盜論如其
不許屛也律文何以該載況今在京各部在外兩司庫子
莫非雇役各省斗級亦多召募彼豈不思錢穀為重哉曰
耳房庫子往歲費銀數百今州侯廉正僚屬向風役可無
設矣復議公費數十金何居曰各省三司孰無公費多者
或四五百金猶云未足郎今數十金並非泯費可對人言
於此而復省之則好名太過所謂贖人而不受金非可繼
之道也嗣後倘非周侯將別起事端任情科斂畢中始受
病矣況柴薪馬丁舊有增耗此法行而增耗革矣非周侯

秉廉損惠孰肯任之哉曰斗級之害難以縷舉若沿海軍儲並徵折色則斗級可無設倉官且冗員矣議革何如曰不可軍儲解折則官吏軍旗交通對支貧軍愈餒萬一陷城諉罪誅之況南京解折振武營之變股鹽不遠乎日然則如松江故事令沿海官旗詣縣領糧何如曰此雖便民於軍不便蓋官旗糧長對支准折金山衛軍亦嘗臨城吁諜矣必也倣京邊直隸事例設立軍斗有司給與雇直稍寬其費或查軍旗遣有民田附籍里甲者選募以充亦給其值庶軍民交便而又每石加耗五升每歲掃盤薦板之費並付軍斗孰有不願充者哉曰預備倉斗級繁費亦甚今以縣前鋪司兼攝何居曰吾姚輕犯付鋪羈收燈油之索勢難盡禁故鋪司每每營充令斗給既增其直倉鋪比屋相聯復照近行事例每石加耗五升每歲除耗一升七合三歲之後聽於正米除耗查盤官勿得細苛雖使兼攝人猶營充也日他省驛傳亦有官吏自支者然吏皆避役官多在逃令革去館夫可乎曰此爲官錢有限而靡費無經官卑則橫索者易肆其虐路衡則協濟者不敷其用而查盤官又刻意誅求吹毛以求其疵也令本縣監臨該驛無嘗破之弊廩糧折色使客無橫索之擾況縣驛兼支船馬並折吏承夙弊令赴縣給領此弊頓除故予在南畿領有長單刻有板榜至令稱便曰門阜兵夫閑民受雇各增其值何居曰此法未行科索徭戶重者以一取十輕者三

倍今官給其值而又少之則庶人在官不若備貲爲活矣
亦豈可繼之道哉曰備差銀兩起於何時應否裁革曰各
省編派之後皆有餘銀或名聽差或名編剩明立文案以
待支銷吾姚自巡按冷塘周公行縣多編以備坊牌羊酒
之費起此厲階荆川王公繼之謂非事體今將此銀預備
織造意則已公弊則末革遂致前此編條者有外備差内
備差之名今織造銀兩每年坐派丁田此項差銀誠爲可
革在當路輩公裁奪耳豈治民所敢言哉曰均徭十甲一
輪亦令甲也令歲歲徵銀可乎曰政貴有恆尤貴通變故
琴瑟不調甚者必解而吏張之非得已也予嘗敷歷四方
見均徭之法有三年一役者有兩年一役者有行十段錦
之法歲編一段者有輕差歲徵雇值重差始僉闔右者有
人丁事產以備歲編門銀以待撮派者豈必十年一役哉
曰徵銀則便矣立收頭則侵分尅減歸庫藏則那移借貸
聽對支誠抑勘准折甚者官吏不廉則虛錢實領將如之
何曰收頭誠不可立對支誠不可聽惟倣投櫃之法隨糧
帶徵定更番之期按月給領雖軍興重務不得那移若有
羨餘必登循環卷籍歲經查盤仍每年攢丁申報守巡以
杜冒濫則縣官總萌不肖之忿者豈得恣所爲哉曰數弊
革矣玩愒既久寧免無弊乎竈丁免矣士人不免寧免無
怨乎曰天下事有利必有弊若弊少而利多興利爲便有
恩必有怨若恩多而怨少任怨何妨今周侯度田均則民

易輸糧無不均之賦審戶定籍丁糧相配無不均之里編徭徵銀悉從雇募無不均之役孔子所謂均無貧也少傅公倡議衆庶翕從意在恤民匪云變法旁近賢有司訪求此意劑量贏縮亦使均平陳平所謂宰天下如此肉矣曰通行天下可乎曰未可南北風氣異齊民異俗南方重人丁則貧民日蹙北方重地土則富民日徙貴在有司師其意耳不然王荆公役法非不善而何天下受病也請以是釋子之疑

自一條鞭行役賦額大率二項曰本色米曰條折銀案明史食貨志嘉靖間數行數止至萬歷九年乃盡行之又案康熙志隆慶元年知縣鄧林喬始議行餘姚本色米共一萬二千二百一石五斗三升四合七勺五抄曰條折銀共四萬一千七百八十兩七錢四分四釐七毫一則田每畝米一升九合三勺銀六分七釐五毫忠烈忠襄田米一升九合三勺銀三分七釐一毫竈田米一升七合五勺銀六分七釐五毫地米九合七勺銀二分四釐八毫池米七合三勺銀一分三釐四毫山銀一釐五絲學山米七合銀一分三釐人丁田共銀一錢一分此外不入條鞭者惟鹽糧米數見前鹽鈔

銀數見前蕩價竈戶收花出辦數見前門攤鈔八十七兩九分一釐五毫黃絡蔴鈔二十九兩二分六釐四毫二絲漁課鈔十四兩三錢二分四釐

海之賦一曰鹽入鹽法

鄧林喬議行一條鞭法申文卑職以菲材備員劇邑涖任以來民間投牒大半辯理錢糧不曰多科則曰重徵不曰謀收則曰侵盜流禍孔棘莫能盡狀大略有五弊焉夏稅秋糧及三辦內纖悉名色不下三四十項每項給一示某件一石抽銀幾錢幾分某件一畝派錢幾釐幾毫在官者或能抄記鄉落小民何由識其要領以致奸猾設計巧弄以小呼大以無捏有倚項數之多逐件科斂贈耗一入手則浪費無存其弊一也及僉審收頭則人人窺覦有利者百計謀收有害者千方規避公庭之請託無休吏胥之賄賂雜進其弊二也凡遇比併錢糧必有收頭數十人各執一簿虎視於邑堂而每里長一人告俯伏於下一一登答竟數十八而役已一有失錯即以收作欠以多報少懦弱者銜恨陪償儇利者紛紛告擾其弊三也收頭收銀入手或置產娶妻妾或白身納吏甚或挾妓酣歌爲樂輕用官錢而莫能償竟死刑獄其弊四也若官府不知民隱則任其開數變賣一准其詞即視爲奇貨無產稱爲有產賣過

混開重賣巧攀儱家硬指愚弱借名還官復半肥己奸起於一人而殃流於萬衆其弊五也有此五弊則通變宜民之法似不容緩就經倣效直隸等處見行事宜將各邑額稅併爲一主徵收名日一條鞭在派徵則攢爲一總在起解則照舊分項盡除贈耗革去收頭各里長領小戶自行投入縣櫃惟起解錢糧於糧長中闔選數人逐項領解議行未幾衆皆稱便復恐久後或有窒礙再早夜思之甚有便宜利民之益也往歲各折及三辦名色多端額數不等縣官逐項徵之收頭逐項收之日無虛刻煩苦不勝所收銀俱在收頭之手甲固未足其額乙亦未滿其數皆難截解及限期促迫必令收頭賊解收頭無從措辦則哀懇於官以乙抵甲起此厲階乘風滋弊以那移借貸爲常事而半未完者乘機效尤併將已徵收者悉爲侵欺錢糧之遁負有自來矣卽今併派類徵則零星科莬之弊固已頓革而侵斯變賣之禍亦已潛消且閭閻一有輸納官府卽有此銀司府行文催取卽可完解吏不苦於那借之難矣顧革弊之要有當申明者往歲署事之官吏代不一收頭與吏胥交通雙印號簿兩塡收數及至弔查卽抽換影射由是有公私底簿之名夤緣種種莫可究詰今議於起徵之候須置空白文簿將各糧長挨都里逐名開塡入丁田地山蕩總數留空半葉申請本府印鈐發本縣輪撥謹厚吏農管簿看兌如數令各糧長將兌封銀兩於本名下親筆

塡註以備稽考則府印終爲難得而那侵之弊永絕也隨該臬縣糧長宋橋等呈稱錢糧不能自運解入不應獨苦若量途遠近議定路費幾何一條鞭隨糧徵儲縣櫃臨解給發庶官民兩便卑職酌議切恐類徵在官將來適資貧墨不若起解時立刻追完對手支給自無虧累仍每歲將各項數目於總攢明自之日刊刻木榜樹立縣前復印刷告示頒布鄉村使蠶民稚子知悉如續奉派徵則以在官稍綏官銀明開借解下年總派追抵庶不頻項更免擾民伏乞採擇施行具申上官三院下司道司道下紹興府六月十三日府申一條鞭之法該縣所議甚便至於類派解資一節宋橋等所呈似協與情相應俯從申糧儲清軍兩道看得正項錢糧既以類徵而解扛路費又復零派似不免又有頭緒多端臨期催追之病今該覆議良是具呈巡撫都察院批既經覆詳妥准照行徵　一派徵之法將該徵夏稅秋糧鹽米等攢爲一總內除本色米麥某項某項照舊上納外其折色某項某項各若干每石該折銀若干通計銀若干該縣山地若干每畝實該徵銀若干共該銀若干其均徭里甲三辦均平等亦攢爲一總其某項各該銀若干通計共銀若干然後通查該縣田地山若干八丁除例該應免外見在若干每丁該銀若干田地山各若干每畝該徵銀若干共該銀若干二總應徵銀兩再算每石地山一畝該銀若干每丁該銀若干連前項正銀通該若

干編派已定卽行照數備細造冊一本開寫榜文一道申
送各分守道查覈明白果無差錯關防印記發回一面將
榜文張掛曉諭百姓通知一面查造册籍逐戶塡給由帖
用印鈐蓋著各該里遞分給各甲人戶照帖承辦依期赴
納　一收納之法須先查照由帖造收納文冊一本用印
鈐蓋置立大木櫃一箇上開一孔可入而不可出者仍酌
量縣分大小都圖多寡縣小者止一簿一櫃大者作二簿
二櫃或三四隨宜曲處每櫃卽選擇實歷吏中之勤愼者
一名糧長中之殷實者一名相兼經收每次印給收票一
百張私記小木印一箇木櫃立於縣堂上聽令各該里稟
帶領納戶親赴交納先是吏與糧長公同查對簿內及由
帖驗納戶本名下丁糧併折銀數目實該若干相同無差隨
卽驗銀足色兌銀足數眼同包封上寫某里某甲納戶某
人銀若干仍著納戶將簿內本名下塡寫某月某日交納
足數訖下註花字爲照吏同糧長將納完銀數塡入收票
內某月某日吏某人糧長某人公同驗納訖亦註花字爲
照銀令納戶自行投入櫃中並不許吏與糧長經手如有
加收重稱刁難勒索者許卽時稟告究治每十日掌印官
同管糧官及經收吏役糧長開櫃清查一次照簿對封照
封驗銀如果無差總算該銀若干拆放一處每百兩權作
一封暫寄官庫以待臨解傾錠另貯一匣另置印簿一扇
登記每次清查銀數又行另選吏一名糧長一名如前經

收十日清查一起解之法如遇某項錢糧應解將前庫寄銀兩照簿內收過日期挨次順支若干應貼路費若干當堂傾錠封付解八凡銀至五百兩以上差佐貳首領官三百兩以上差殷實候缺吏一百兩以上差殷實糧吏仍查照貼解銀數給與使費解送至府轉文呈司交納責限納獲批收銷繳不許再僉收頭解戶等項名色以上乾隆府志引萬歷府志

萬歷十四年知縣周子文碑記賦額田每畝科銀六分一釐五毫麥米一升九合三勺地每畝科銀二分四釐二毫麥米九合七勺山每畝科銀一釐一毫學山每畝科銀一分三釐米七合七勺蕩每畝科銀一分二釐二毫米七合四勺康熙志

萬歷十一年某月日餘姚縣民嚴俞星詞巡按察院批分守道行紹興府審得該縣立法每里定解銀二百兩亦甚均平但里遞貧富不等難以一例發銀零星未免領銷折耗申道復行府下餘姚縣議得本縣多士夫應納折銀委有幾千兩者五六百兩者少則三四百兩者納戶多不過一二百兩每石該年扭定解銀二三百兩則此糧之餘者勢必藉別里之不足者爲之代解賠賍此里中不平乘上年七月定圖時攢撒田地丁冊不許開寫某八姓名止據

冊內田地人丁畝量多寡挈當里役則里役適均錢糧頗相類通計該年里內田丁多寡權其貧富分爲上中下三等其里內饒而該年富者分爲上等點退點櫃或解頭限錢糧如北折京庫米麥共該年富而里內貧者分爲中等解二限錢糧如荒絲蠟茶等項里內該年不致消乏者分爲下等或糧撥相似一名冊役解三限錢糧如南折兵餉等項里內該年委果消乏不堪准與豁免於該年內擇其田糧俱多家道殷富者免其解役僉爲櫃頭四名各管一季官給印信簿一扇完票若干銀封若干票封一樣編成字號不得參差給散該年令該年亦置印信流水簿一扇與櫃頭相同每日收銀不拘多寡令納戶自兌足數足色該年驗訖限同納戶自入官給銀封內仍令納戶照依銀封號數挨次親筆登記簿上如銀封爲天字幾號即令書天字幾號某都某里某人納銀若干足色足數該年給與官票一紙付照櫃頭在旁掛號登簿每晚親查櫃頭總簿并該年收簿與銀封號數相同總計若干封共銀若干兩親筆填註仍將散封併作一大封令該年手押其上另貯庫內俱以天平爲均每日只用該年一八不拘某都某里同赴一處魚貫投納如某名該年應解二百收二百完又輪一名該年監收挨次不索納戶知從如收一項完足即令該年當堂親折差官押傾起解比限批迴附卷如此則自收自解彼亦不言多寡不言高低庶該年納戶兩無偏

累可垂長久申府轉申道呈巡按察院照詳即如議行 乾隆府志

萬歷二十五年額派糧則

田每畝科本色麥米七合九勺二抄五撮五圭六粟六粒八黍二稭九穛七粃折色銀三分七釐八毫六絲四忽四微七塵六渺三漠三埃四纖五沙兵餉銀四釐九毫一絲五忽九微六塵七渺六漠四埃七纖四沙馬價銀一釐七毫一絲六忽二微二塵四渺六漠七埃六纖三沙驛傳銀二釐二毫五絲七忽七微二渺七漠九埃五纖六沙農桑絹折銀二忽七微九渺五漠八埃八纖九沙京費銀一毫五絲三忽三微九渺一漠七埃三纖五沙額坐二辦銀六釐三毫四絲四忽六微九塵五渺五漠四埃二纖二沙雜辦銀五釐八毫五絲九忽六微三塵四渺七漠三埃八纖三沙民壯均徭銀七釐二毫二絲八忽五微七塵七渺一漠四埃四纖九沙以上除本色共銀六分六釐三毫四絲三忽零凡優免田去雜辦民壯均徭銀一分三釐八絲八忽零通計折銀三萬九千三百九十九兩

二分九釐四毫三絲一忽零外孫忠烈毛忠襄功臣田一千四百五十四畝每畝科除麥米納銀四分二釐九毫共銀六十二兩四錢二分九釐六毫零呂文安祭田四百九十七畝六分依准詔典每畝止納京折銀二分九毫共銀一十兩四錢四分八釐零

地每畝科本色麥米四合三勺八抄八撮三圭七粟三黍三粞五糠一粃折色銀二分一釐一絲一忽五微二塵四渺七漠一埃四纖五沙兵餉銀二釐九毫一絲五忽九微六塵七渺六漠四埃七纖四沙均徭銀二釐九毫六微九塵六渺四埃七纖九沙以上除本色共銀二分六釐八毫二絲八忽零通計折銀二千一百三十四兩八錢八分九釐三毫六絲九忽零

山每畝科折色兵餉銀一釐四絲八忽四微八塵七渺七漠三埃八纖八沙共銀一

百九十九兩三錢六分八釐四毫八絲六忽零
學山每畝科本色米一合一撮七圭七粟九粒三黍三粞一糠九粃折色銀一分五釐一毫七絲八忽二微五塵二渺九漠四埃三纖一沙共銀一兩一錢九釐一絲零
蕩每畝科本色米三合七抄六撮八圭一粟六粒三粞二糠七粃折色銀一分一釐五毫五絲七忽六微六塵九渺六漠六纖三沙共銀五兩三分一釐一毫六絲五忽
零

額徵糧款

夏稅麥二千七百五十五石三斗五升一合一勺內京庫
麥一千七百八十四石九升折色每石折銀二錢五分常豐二倉麥四百五十石本折中半折色內扣倉官俸二十二石每石折銀八錢餘每石折銀五錢五分常豐三倉麥四百二十一石二斗六升一合本折中半折色內扣倉官俸三十二石每石折銀八錢餘折五錢五分儒學倉麥一百石每石折

銀錢
八泰積庫麥租鈔一千三百五十三錠四十九文每貫折銀二釐
秋糧米五萬九百七十二石九斗一升一合三勺內京庫
米一萬一千一十一石三斗五升折色每石折銀二錢五分南京水兌正米一百七十石八斗六升
七勺每石耗米二斗五升連耗折銀七錢給發糧戶解各到附京產米地方買米上納有餘扣追還官作正支銷
衛倉米八千九百六十七石六斗五升四合每石耗米二斗五升連耗折銀七錢派剩米六百三十
四石四斗八升五合一勺分為二項一項二百七十五石四斗二升一合六勺零每石折銀七錢一項三百五
十九石六升三合四勺每石折銀六錢二項均交太倉銀庫解納本府預備米三千三百五十二石
每石折銀五錢常豐四倉米四千五百一十三石三斗八升八合本折中半內折色每石折銀五錢五
分常豐五倉米四千七百五十二石六斗九升七合折中半內折色每石折銀五錢五分本協
濟甯波府廣盈倉米一萬七千六百三十三石四斗七升五合每石折銀五錢五分泰積
庫米租鈔一千一十四錠一貫八百四十文每貫折銀二釐

以上夏稅秋糧通計本色麥米五千六十八石六斗七升
三合三勺五抄五粟折色銀二萬四千二百三十九兩三
錢九釐四毫七忽
鹽糧米折銀七百三十八兩一錢七釐二毫零內本府顏
米二百二十九石一斗儒學倉米二百五十石每存留倉
米七升每石折銀六錢石折銀八錢
米五百八十石內官俸一百五十六石每七
米石折銀八錢餘每石折銀五錢五分常豐四倉米十
七石四斗六升四合零每石
折銀五錢五分外本色炤額
鹽鈔折銀三十二兩九錢六分九釐八毫零內京庫鈔折
銀一十六兩三錢八分六釐五本府泰積庫鈔折銀一十
毫每兩外加路費一分二釐六兩
三錢八分六
釐五毫零
額辦銀五百三十七兩八錢六釐九毫內皮張銀四兩
三錢桐

油連墊庫加派銀共□百九十五兩八錢六分五釐三毫藥材正料連貼路費銀共五十兩五錢一分二釐四毫弓箭弦條銀二百八十七兩二錢二分九釐一毫九絲

坐辦銀三千二百三十兩九分二釐一毫內水牛底皮改年例牲口銀九十八兩五錢果品銀四十三兩九錢蠟茶銀幷加派共三百六十六兩六錢二分二釐五毫策箭銀幷加派共一十三兩三錢三分三釐二毫歷日銀五十二兩三錢五分三釐三毫淺船料銀九百九十六兩一錢九分九釐四毫漆木料銀一十兩八錢七分二釐一毫四司工料銀六百三十兩軍器料銀一百四十八兩二錢八分一釐三毫段疋銀八百七十兩三分二毫

雜辦銀五千一百四十三兩九錢四分四釐八毫

民壯銀一千二百五十二兩八錢七分內抽取民壯銀四百七十五兩二錢七分實役民壯一百二十名每名工食銀六兩鹽捕八

名每名銀七兩二錢
均徭銀三千九百一十五兩一錢六分四釐
隨糧帶徵銀五千八百一兩六錢二分六釐一毫零內兵餉銀三千二百四十八兩七錢六分四釐五毫馬價銀一千一十九兩二錢七釐五毫驛傳銀一千三百四十兩七錢七分二釐九毫農桑絹折銀一兩六錢一分三釐七絲二忽解京路費銀九十一兩二錢六分八釐零右每歲徵銀除優免外通計四萬四
千八百九十一兩八錢九分七毫三絲五忽零
遇閏加徵稅糧項下銀共五十三兩三錢三分五釐九毫
零槩都隅人一丁派銀八毫九絲零
平徭項下銀共五百四十六兩三錢三分四釐六毫每額徵銀一兩派銀一分五釐一毫零

五歲一徵胖襖銀共七百一十三兩一錢三分五釐係里甲坐派每田一畝派銀一釐二毫八微零

歲額外賦沙地銀一萬八千五百四十四畝九分八釐一毫四絲二忽每畝徵銀三分共銀五百五十六兩三錢四分九釐四毫四絲二忽六微

水鄉蕩價每丁徵銀一錢五分共銀一百九十兩一錢二分四釐八毫以上二項俱解運司竈戶出辦

原派門攤銀無閏七十四兩九錢五分二毫三絲六忽有閏八十七兩九分一釐五毫

加派閘架銀一百七十一兩以上二項幷解稅府鋪戶出辦

匠班五百二名每名納銀四錢五分水腳四釐五毫共徵銀二百二十八兩一錢五分九釐解布政司類解京匠戶出辦外存留歷日小錄匠三名正銀一兩三錢五分水腳一分三釐五毫聽候供役不納班銀

硃麻銀無閏徵銀二十六兩八錢一分五釐二毫九絲四忽三釐路費銀二兩六錢八分一釐五毫二絲九忽有閏徵銀二十九兩二分六釐四毫二絲路費銀二兩九錢二釐六毫四絲二忽解布政司轉解京戶房承辦

漁業課鈔無閏一十三兩五錢五分五釐八毫八絲有閏一十四兩

三錢三分四釐三毫六絲解布政司漁戶出辦

萬歷四十年加餉銀七千九百一十七兩五錢五分零田每畝加銀九釐七毫九絲五忽地每畝加銀九釐山每畝加銀七釐二毫二絲五忽一微

崇禎末楊嗣昌又加鍊餉田每畝共科銀至一錢三分以上

乾隆志

國朝

順治十四年九月初四日

世祖章皇帝頒示賦役全書序朕惟帝王臨御天下必以

國計民生爲首務故禹貢則壤定賦周官體國經野法至備也當明之初取民有制休養生息至萬歷年間海內殷

富家給人足及乎天啟崇禎之世因兵增餉加派繁興貪吏緣以爲奸民不堪命國祚隨之良足深鑒朕荷　上天付託之重爲民生主一夫不獲亦疚朕懷凡服御膳羞深自約損然而　上帝　祖宗百神之祀軍旅燕饗犒賜之繁以及百官庶役餼廩之給俱各取之民間誠恐有司額外加派豪蠹侵漁中飽生民先困國計何資茲特命戶部右侍郎王宏祚將各直省每年額定徵收起存總撒實數編撰成帙詳稽往牘參酌時宜凡有參差遺漏悉行駁正錢糧則例俱照萬歷年間其天啟崇禎時加增盡行蠲免地丁則開原額若干除荒若干原額以萬歷刊書爲準除荒以覆奉俞旨爲憑地丁清核次開實徵又次開起存起

運者部寺倉日種種分斷存留者款項細數事事條明至若九釐銀舊書未載者今已增入宗祿銀昔爲存留者今爲起運漕白二糧確依舊額運丁行月必令均平胖襖盔甲昔解本色今俱改折南糧本折昔留南用今抵軍需官員經費定有新規會議裁充改歸正項本色絹布顏料銀硃銅錫茶蠟等項已收折者照督撫題定價值開列解本色者照刊書價值造入每年督撫確察時值題明塡入易知單內照數辦解更有昔未解而今宜增者有昔太冗而今宜裁者俱細加清核條貫井然後有續增地畝錢糧督撫彙題造册報部以憑稽核綱舉目張勒成一編名曰賦役全書頒布天下庶使小民遵茲令式便於輸將官吏奉

此章程罔敢苛斂爲一代之良法垂萬世之成規雖然此其大略也若夫催科之中寓以撫字廣招徠之法杜欺隱之奸則守令之責也正己率屬承流宣化覈出納之數愼那移之防則布政司之責也舉廉懲貪興利除害課殿最於荒墾昭激揚於完欠恪遵成法以無負朕足國裕民之意則督撫之責有特重焉其敬承之毋忽乾隆通志

順治初年額徵田地山蕩人丁銀四萬九千八百八十五兩六錢三分零米五千一百五十六石四斗二升二合零內

田共徵銀四萬九百三十二兩八分九釐零米四千七百二十四石七斗六升零

地共徵銀二千二百四兩二錢六分零米三百五十石一斗三升零

民山徵銀三百九十九兩三錢一分零

學山徵銀一兩一錢一分零米二斗二升六合零

蕩徵銀五兩四分零米一石二合零

市丁共徵銀六百一十六兩四錢二分

鄉丁共徵銀五千七百二十七兩三錢八分九釐米八千石二斗九升五勺

其後加入南糧正耗米九千一百二石四斗八升零每石原折銀七錢今定一兩五錢增折價銀七千三百兩八錢五分零

軍儲秋米五千一百五十六石四斗二升零除解本色外共三千九百七十三石四斗四升零每石折銀一兩該銀三千九百七十三兩四錢四分零

餉銀七千九百一十七兩五錢五分零

遞增胖襖軍器弦箭三項共銀八百九兩四錢六分零

缺額銀六十兩六分零係明萬歷崇禎間劃削牟山汶仇等湖田共八百五十六畝零告豁蕩七十五畝零兩項於正銀一兩派銀一分七釐四毫三絲零

以上加入正數內共該銀六萬九千八百八十六兩九錢五分零扣優免銀三千二百五兩一錢零實徵銀六萬六千六百八十一兩八錢四釐零以上康熙志

康熙籍額徵田地山蕩人丁等項共徵折色銀七萬二千

一百九十九兩二錢九分五釐二毫零本色米二千五百二十四石七斗八升九合一勺零

額外歲徵鹽課共銀一千四十六兩五分一釐八毫零（車珠銀一十七兩七錢八分二釐八毫零）

漁課共銀八十六兩四錢七分八釐五毫零水腳路費共銀九兩三錢四分六釐六毫零（俱漁戶出辦不入田畝科徵）遇閏加銀五百九十兩七錢九分八釐七毫零外賦漁課加銀二十兩八錢八分一釐三毫零

額外匠班銀二百二十八兩一錢五分八釐又當稅銀五兩（以上乾隆府志）

乾隆四十九年籍額徵田地山蕩人丁外賦等項折色銀

共七萬五千四十八兩六錢九分八釐八毫八絲四忽七微三塵五渺三漠五埃本色米二千五百六十六石五斗四升六合六勺九抄一撮九圭七粟一粒內

田之賦銀六萬二千七百八兩二錢二分六釐九絲一忽五微四塵二渺米二千三百九石五斗七升六合七勺一抄五撮九圭七粟乾隆府志參乾隆志案乾隆志奇零數日不詳府志各項數目亦詳略不一今據賦役全書覈補後做此內

一則田銀六萬二千六百七兩四錢二分九釐二毫六絲七忽一微九塵二渺米二千三百五石三斗一升二合三勺一抄七撮九圭七粟案自康熙六年至乾隆四十九年歷案陞科增加及坍荒除減數目詳後起運存留各項下

孫忠烈毛忠襄優免田銀七十八兩二分七釐三毫米四石一合四勺

呂文安京折田銀一十五兩六錢七分五釐四毫九絲九忽三微五塵

新墾龍泉雲柯等都黃山斯字等田銀七兩九分四釐二絲五忽米二斗六升

二合九勺九抄八撮

地之賦銀三千八百六兩六錢八分一釐七毫四絲二忽八微七塵四渺米一百八十石八斗二升八合九勺九抄一撮八圭五粟六粒内原地銀三千六百八十七兩五錢五分三釐一毫三絲九忽二微九塵六渺米一百七十七石二斗八升六合二勺八撮六圭二粟案自康熙六年至乾隆四十九年歷案陞科增加及坍荒除減數目詳後起運存留各項下沙地湖地祀此新墾沙地銀八十八兩一錢七分四釐五毫六絲一忽七塵八渺米二石五斗八升四合九勺二抄一撮九圭八粟六粒大工湖地銀三十兩九錢五分四釐四絲二忽五微米九斗五升七合八勺六抄一撮二圭五粟

山之賦銀六百一十兩五錢七分八釐四毫二絲五忽六微四塵八渺米一斗九合五勺九抄内民山銀六百八兩九錢一分二釐五毫一絲二忽六微四塵案康熙十年陞科增加銀數詳起運項下學山銀一兩六錢六分五釐九毫一

絲三忽八渺米一斗九合五勺九抄九撮五圭四粟

蕩之賦銀二十兩一錢三分二毫六忽四微四塵五渺米一石二斗八升四合九勺六撮七圭九粟五粒案自康熙六年至乾隆十七年歷案陞科增加數目詳後起運存留各項下

人丁之賦銀六千三百四十三兩八錢五分六釐一絲米八十石二斗九升五撮內市民銀六百一十六兩五錢二釐三毫二絲鄉民銀五千七百二十七兩三錢五分三釐六毫九絲米八十石二斗九升五撮

以上田地山蕩人丁共徵銀七萬三千四百八十九兩四錢七分二釐四毫七絲五忽八微七塵一渺內除抵補無徵本色硃料水腳加閏銀三兩二錢六分一釐九毫四絲四忽七微加顏料銀三十三兩四錢四分八釐八毫七絲五忽加蠟茶銀一十七兩九錢三分一釐二毫一絲六忽四塵二渺五漠加顏料時價銀七兩九錢六分五釐九毫四絲

一忽四微六渺二漠五埃　加蠟茶時價銀三兩四錢五
分三釐四毫八絲五忽六微二塵五渺　加藥材時價銀
一十一兩一錢七分三釐一毫二絲六忽六微八塵七渺
五漠　加匠班銀二百二十八兩一錢五分二釐以上六
款於地丁項下每兩帶徵　加零積餘米五石五斗四升
三合五勺二抄七撮一圭九粟八粒每石改徵銀一兩該
銀五兩五錢四分三釐五毫　實徵銀七萬三千七百九十
二絲七忽一微九塵八渺
三兩八錢七分八釐七毫三忽一微三塵二漠五埃每兩徵耗
羨銀六分共徵米二千五百七十二石一斗五升三合六
歸經費用內除坍荒米六升三合四勺六抄七撮六圭三粟
勺八抄八粒　除零積餘米五石五斗四升三合五勺二
抄七撮一圭　實徵米二千五百六十六石五斗四升六合
九粟八粒
六勺九抄四撮七圭九粟一粒　每石折銀一兩二錢歸入地丁統徵分解
外賦不入地丁鹽課課鈔銀一千二百五十四兩八錢二
分一毫八絲九微五塵七渺一漠　內鹽課銀一千一百六十六兩三錢

一分四釐一毫一絲一忽九微九塵七漠併入地丁解司每兩加耗羨六分　案乾隆志祇有總數並無分數今據賦役全書補分數於後內　鹽課水鄉蕩價銀一百九十兩一錢二分四釐八毫車珠銀三兩二錢三分二釐一毫二絲一忽六微　陸允告陞稅銀四兩九錢三分車珠銀一分三釐八毫一絲　奉文補徵商稅抵補解京餉額銀一百一十一兩七錢七釐四毫六絲車珠銀一兩八錢九分九釐二絲六忽八微二塵　丈出沙地徵銀七百八兩六錢二釐五毫六絲二忽車珠銀一十二兩四分六釐二毫四絲三忽五微五塵四渺　帶徵臨水衛奉文補徵商稅銀四錢六分二釐四毫四絲一忽車珠銀七釐八毫六絲一忽四微九塵七渺　存留備荒沙地銀二兩九錢二分九釐八毫車珠銀四分九釐八毫六忽六微　三山所存留備荒沙地銀二十二兩六錢二分九釐八毫一絲車珠銀三錢八分四釐七毫六忽七微七塵　補徵商稅銀四兩六錢六分四釐九毫三絲七忽車珠銀七分九釐三毫三忽九微二塵九渺　順治十四年加沙稅銀五十四兩八錢一分三毫車珠銀九錢三分一釐七毫七絲五忽一微　康熙六年丈出沙地銀二十一兩二錢九分一釐六毫九絲六忽六微車珠銀三錢六分一釐九毫五絲八忽八微四塵二渺二漠　康熙十八年丈出沙地銀二十兩五錢四分一釐三毫五絲一忽車珠銀三錢四分九釐

二毫二忽九微六塵七渺　康熙三十一年丈出水鄉沙
地并三山所水脚沙地三兩八錢六分一釐九毫九絲八
忽七　徵車珠銀六分五釐六毫五絲三忽九微七塵七渺
九漠　康熙三十六年丈出水鄉沙地銀二錢六分一釐
車珠銀四釐四毫三絲七忽以上十三款係
鹽課徵解運司每兩車珠並一分七釐計算
課鈔銀
八十
八兩
五錢六釐　案乾隆志無分數今據賦役全書補內本
縣課鈔銀二兩八錢八分四釐一絲六忽門攤出辦稅
課局鈔銀六十三兩六分六釐市鎮鋪行出辦　本縣河
泊所課鈔銀九兩二毫二絲市鎮鋪行出辦　河泊所課
鈔銀一十三兩五錢五分五釐八毫八絲漁戶
出辦以上四項銀歸經費用　以上賦役全書

漁課并路費銀九十五兩八錢二分五釐一毫四絲五忽
一塵二漠
雍正七年爲飭查坍沒田糧等事案內無徵
於該年新陞田糧內撥抵完項理合登明

遇閏地丁外賦加銀六百八十九兩二錢八分一釐三絲
八忽
每兩加徵八釐一毫九絲二忽　案乾隆志無分數
今據賦役全書補分數於後　地丁加閏銀五百九
十兩七錢九分八釐七毫一絲六忽一微九塵九渺五漠
二埃八纖四沙　又驛站新加銀八十二兩二錢九分九

釐九毫九絲九忽九微九塵九渺九漠九埃九纖九沙
又雍正七年新墾田糧內抵補無徵本色銀硃料價并路
費水腳銀三兩二錢六分一釐九毫四絲四忽七微　外
賦不入地丁科徵原加閏銀二十兩八錢八分一釐三毫
除雍正七年飭查坍沒田糧案內無徵漁課并路費銀七
兩九錢六分九毫七絲三忽五微一塵二渺五漠實該前
數　以上乾隆府
縣志參賦役全書

道光籍

田之賦銀六萬二千八百一十五兩八分三釐六毫四絲
九忽二微八塵六渺米二千三百一十三石五斗一升一
合三勺九抄六撮四圭六粒　內一則田　銀六萬二千七百一十四兩二錢八
分六釐九毫二絲四忽九微三塵六渺米二千三百九石
二斗四升六合九勺九抄八撮四圭六粒原徵銀六萬
二千六百七兩四錢二分九釐二毫六絲七忽一微九塵
二渺米二千三百五石三斗一升二合三勺一抄七撮九
圭七粟　乾隆五十年墾陞案內加徵銀一百六兩八錢
五分七釐六毫五絲七忽七微四塵四渺米三石九斗三

升四合六勺八抄四圭
三粟六粒實該前數孫忠烈毛忠襄優免田銀七十八兩二分七
釐三毫米四　呂文安京折田銀一千五兩六錢七分五釐
石一合四勺　四毫九絲九忽三微五塵
新墾龍泉雲柯等都黃山斯字等田銀七兩九分四釐二
絲五忽米二斗六升
二合九勺
九抄八撮
地之賦銀三千八百六兩六錢八分一釐七毫四絲二忽
八微七塵四渺米一百八十石八斗二升八合九勺九抄
一撮八圭五粟六粒　內原地銀三千六百八十七兩五錢
五分三釐一毫三絲九忽二
微九塵六渺米一百七十七石二
斗八升六合二勺八撮六圭二粟　新墾沙地銀八十八兩
一錢七分四
釐五毫六絲一忽七塵八渺米二石五斗　大工湖地銀三
八升四合九勺二抄一撮九圭八粟六粒　十兩
九錢五分四釐四絲二忽五微米九斗
五升七合八勺六抄一撮二圭五粟
山之賦銀六百一十兩五錢七分八釐四毫二絲五忽六

徵四塵八渺米一斗九合五勺九抄内民山銀六百八兩九錢一分二釐五毫一絲二忽六微四塵學山銀一兩六錢六分五釐九毫一絲三忽八渺米一斗九合五勺九抄九撮五圭四粟

蕩之賦銀二十兩一錢三分二毫六忽四微五塵五渺米一石二斗八升四合九勺六撮七圭九粟五粒

人丁之賦六千三百四十三兩八錢五分六釐一絲米八十石二斗九升五撮内市民銀六百一十六兩五錢二釐三毫二絲鄉民銀五千七百二十七兩三錢五分三釐六毫九絲米八十石二斗九升五撮

以上田地山蕩人丁共徵銀七萬三千五百九十六兩三錢三分一毫三絲四忽二微六塵三渺内除抵補無徵本色銀硃料價并路費水腳加閏銀三兩二錢六分一釐九毫四絲四忽七微加顏料蠟茶顏料時價蠟茶時價藥材匠班六款銀三

百二兩一錢二分四釐六毫四絲四忽七微六塵七渺二漠五埃加零積餘米改徵銀五兩五錢四分三釐五毫二絲七忽一微九塵八渺詳見乾隆籍實徵銀七萬三千九百兩七錢三分六釐三毫六絲一忽五微二塵二渺二漠五埃每兩徵耗羨銀五分其耗羨項下應支本縣養廉於道光五年爲始照數赴藩庫請領共徵米二千五百七十六石八升八合三勺五抄七撮六圭九粟五粒內除坍荒米六升三合四勺六抄七撮六圭三粟八粒除零積餘米五石五斗四升三合五勺二抄七撮一圭九粟八粒實徵米二千五百七十石四斗八升一合三勺六抄二撮八圭五粟九粒內兵米七十石四斗八升一合三勺六抄二撮八圭五粟九粒改折銀八十四兩五錢七分七釐七毫三絲五忽四微三塵八漠例不徵耗月米二千五百石每石一兩二錢改折銀三千兩計五分耗銀一百五十兩

外賦不入地丁鹽課銀一千一百六十六兩三錢一分四

釐一毫一絲一忽九微九塵七漠又課鈔銀八十八兩五錢六釐（詳見乾隆籍）

隨正徵收耗羨銀三千七百五十七兩七錢七分七釐八毫二絲七忽一微二塵三渺九漠六埃七纖五沙

隨徵鹽課耗羨銀六十九兩九錢七分九釐

隨徵課鈔耗羨銀五兩三錢一分

遇閏地丁外賦加銀六百八十九兩二錢八分一釐三絲八忽（每兩加徵銀八釐一毫九絲二忽　以上賦役全書）

光緒籍

田之賦銀六萬二千七百九十九兩七錢三分八釐九毫五絲七忽二微二塵二渺米二千三百一十二石九斗五

升二合七勺二抄四撮八圭九粟八粒　內一則田銀六萬二千六
百九十八兩九錢四分二釐一毫三絲二忽八微七塵二
渺米二千三百八石六斗八升八合三勺二抄六撮八圭
九粟八粒　原徵銀六萬二千七百一十四兩二錢八分
六釐九毫二絲四忽九微三塵六渺米二千三百九石二
斗四升六合九勺九抄九撮四圭七粟四粒　光緒七年
義冢案內除銀二兩七錢六分六釐米九升五合五勺
光緒二十一年義冢案內除銀十二兩五錢七分八釐七
毫九絲二忽六塵四渺米四斗六升三合一勺七抄二撮
五圭七粟六粒實該前數　孫忠烈毛忠襄優免田銀七十八兩二分七釐三毫米四石一合四勺
呂文安京折田銀一十五兩六錢七分五釐四毫九絲九忽三微五塵　新墾龍泉
雲柯等都黃山斯字等田銀七兩九分四釐二絲五忽米二斗六升二合九勺九抄八撮
地之賦銀三千八百六兩五分三釐一毫二絲四忽七微
六塵一渺米一百八十石八斗九合二勺四抄七撮二圭
九粟五粒五黍　內原地銀三千六百八十七兩五錢三分六釐八絲三忽二微九塵六渺米

一百七十七石二斗八升五合三勺八抄八撮六圭二粟

原徵銀三千六百八十七兩五錢五分三釐七毫三絲九忽二微九塵六渺米一百七十七石二斗八升六合二勺八撮六圭二粟　光緒二十一年義冢案內除銀一分七釐五絲六忽米八勺二抄實該前數

新墾沙地銀八十八兩一錢七分四釐五毫六絲一忽七塵八渺米二石五斗八升四合九勺二抄一撮九圭八粟六粒

大工湖地銀三十兩三錢四分二釐四毫八絲三微八塵七渺米九斗三升八合九勺三抄六撮六圭八粟九粒五黍　原徵銀三十兩九錢五分四釐四絲二忽五微米九斗五升七合八勺六抄一撮二圭五粟　光緒二十一年義冢案內除銀六錢一分一釐五毫六絲二忽一微一塵三渺米一升八合九勺二抄四撮五圭六粟五黍實該前數

山之賦銀六百一十兩四錢六分六毫六絲五忽六微四塵八渺米一斗九合五勺九抄九撮五圭四粟　內

民山銀六百八兩七錢九分四釐七毫五絲二忽六微四塵　原徵銀六百八兩九錢一分二釐五毫一絲二忽六微四塵　光緒二十一年義冢案內除銀一錢一分七釐七毫六絲實該前數

學山銀一兩六錢六分五釐九毫一絲三

忽八渺米一斗九合五勺九抄九撮五圭四粟

蕩之賦銀二十兩一錢三分二毫六忽四微五塵五渺米一石二斗八升四合九勺六撮七圭九粟五粒

人丁之賦銀六千三百四十三兩八錢五分六釐一絲米八十石二斗九升五撮 內市民銀六百一十六兩五錢二釐三毫二絲 鄉民銀五千七百二十七兩三錢五分三釐六毫九絲米八十石二斗九升五撮

以上田地山蕩人丁共徵銀七萬三千五百八十兩二錢三分八釐九毫六絲四忽八塵六渺 內除抵補無徵本色硃料水腳加閏銀三兩二錢六分一釐九毫 加顏料蠟茶顏料時價蠟茶時價藥材匠班六款銀三百二兩一錢三分六毫四絲四忽七微六塵一渺二漠五埃 加零積餘米改徵銀五兩五錢四分三釐五毫二絲七忽一微九塵八渺詳見乾隆籍 光緒二十一年義冢案內除人丁蠟匠米折等銀一兩三錢一分七釐二毫六絲三忽五微六塵三渺一漠四埃

六纖七沙實徵銀七萬三千八百八十三兩三錢三分三釐九毫七絲二忽三微七塵二渺一漠三纖三沙每兩徵耗羨銀六分歸經費用共徵米二千五百七十五石四斗四升六合四勺八抄三撮五圭二粟八粒五黍內除零積餘米五石五斗四升三合五勺二抄七撮光緒二十一年義冢案內除人丁積餘等米一升四合四勺六抄三撮二圭二粟七黍五糯五糠三粃實徵米二千五百六十九石八斗八升八合四勺九抄三撮三圭七粒七黍四粞四糠七粃每石折銀一兩二錢共折銀三千八十三兩八錢六分六釐一毫九絲一忽九微六塵九渺二漠九埃三纖六沙歸入地丁統徵分解

外賦不入地丁鹽課銀一千一百六十六兩三錢一分四釐一毫一絲一忽九微九塵七漠又課鈔銀八十八兩五錢六釐詳見乾隆籍

以上各款攤入田畝幷米折徵銀計一則田每畝實徵銀一錢一分八釐一毫一絲四忽八微八塵　優免田每畝實徵銀八分六釐一毫三絲四忽　京折田每畝實徵銀三分四釐六毫一絲九忽　龍泉雲柯等都黃山斯字等田每畝實徵銀一錢一分七釐三毫四絲六忽　原地每畝實徵銀四分八釐一毫九絲一忽　沙地每畝實徵銀三分四釐八毫六絲三忽　大工地每畝實徵銀三分四釐八毫八絲三忽　民山每畝實徵銀三釐五毫一絲七忽　學山每畝實徵銀二分六釐九毫一絲二忽　蕩每畝實徵銀二分七釐六毫八絲一忽　現行科則

通共地丁外賦幷米折銀在內實徵銀七萬八千二百二十二兩二分二毫七絲六忽三微三塵二渺九埃六纖九沙

隨徵耗羨銀四千六百一十四兩四分五釐內光緒七年義冢案除銀一錢六分四釐又二十一年義冢案除銀九錢一分三釐實徵銀四千六百一十二兩九錢五分九釐

隨徵鹽課耗羨銀同道光籍

隨徵課鈔耗羨銀同道光籍

遇閏地丁外賦加銀六百八十九兩一錢一分八釐三絲八忽原徵銀六百八十九兩二錢八分一釐三絲光緒七年義冢案除銀二分八釐光緒二十一年義冢案除銀一錢三分六釐實該前數每兩加徵銀八釐一毫九絲二忽以上縣冊

同治三年　奏減紹屬浮收案閩浙總督兼浙江巡撫左宗棠以紹屬浮收太甚命戶部郎中顧菊生會同署紹興府知府楊叔懌檄提各縣收用各款清冊照數覈減並定章程五條稟覆　奏聞并札發告示一百張通行曉諭

收用各款并覈減數目餘姚額徵地漕米折等銀七萬七千七十三兩零舊徵每兩收銀一兩一錢三分一釐八毫又另加平餘錢四百三十九文共收錢十八萬二千一百二十三串零現擬每兩連耗徵銀一兩一錢起解一七合錢一千八百七十文共應解錢十四萬四千一百二十六串零下餘錢三萬七千九百九十

六串　本官衙門一伙食茶爐柴油等項錢二千四百串
幕友脩伙等項錢一千八百串　戶庫各書銀匠差役門
印經管八等錢一千四百串　鄉柜各項錢三千七百串
院府縣試及司道府房費并捐給各項錢二千串　留
給辦公雜用錢五千五百串內本道辦公五百串本府辦
公一千串留作本官家用錢一千六百串　同寅節禮及
各項應酬錢一千二百串　緝捕經費錢八百串監押
口糧看役人等錢一千串　書院山長錢一百六十串
以上十一款需錢二萬一千五百八十串尚餘錢一萬六
千四百十六串每兩可減錢二百十三文共減錢一萬六
千四百
十六串

章程五條
一實徵一兩一錢解司除正款並耗銀餉餘外
籌補一款現在裁革所餘之銀應作爲解費省
歇傾工夫耗釘鞘等項之用歸縣自行開銷其從前一切
攤捐名目及各署陋規盡行裁革　一各縣徵收錢糧照
例應用板串嘉慶二十四年曾經司詳通飭在案嗣因日
久弊生改用活串致書吏弊端百出現在更定新章應統
用三連板串如某戶應完銀若干均查照糧册於串票內
誌明上忙完銀一半下忙完銀一半庶書吏不能有大頭
小尾重徵倍徵諸弊而州縣發出串票若干即應徵銀若
干亦易於隨時稽察　一串票櫃書向有票錢現在雖未

全行裁革亦應明定章程不準例外多取其完納銀米花
戶應隨完隨給串票不準延擱　一幕友脩依自此次定
章之後亦應減省大縣準請刑名一席錢穀一席其小席
止準酌留二三人中小縣刑名併請一席小席準留一二
八至府署向有發審脩金由各縣攤派現已提辦公郎不
由州縣攤派　一院府縣試經費自此次定章之後皆不
準列入流攤每屆應實用若干亦應由府預先酌定按年
提存蓋因考試三年兩居州縣吏調不時或後任適逢辦
考而平餘已爲前任得
去則未免稍涉偏枯

總督左奏稿

奏爲覈減紹興府屬浮收錢糧恭摺奏祈
聖鑒事竊浙東各屬地丁南米經臣上年奏
明應一律核減並將溫州府屬先行減定在案茲查浙東
八府錢糧徵數以紹興爲最多浮收之弊亦以紹興爲尤
甚山陰會稽蕭山諸縣完納錢糧向有紳戶民戶之分每
正耗一兩紳戶僅完一兩六分至一兩三四錢而止民戶
則有完至二千八九百文或三四千文者以　國家惟正
之供而有紳民重輕之別以閭閻奉公之款徒爲吏胥中
飽之貪官司以賠累爲苦民戶以偏重爲苦若不明定章
程删除浮費弊累日甚其何以堪孟子論治以經界不止
井地不均穀祿不平爲深憂者此也臣於上年覈定溫屬
地漕後即飭奏調來浙差遣候選知府戶部郎中顧菊生

前赴紹興會同該管道府將歷年官徵民納實數及向來流攤各款逐細清查分別裁減茲據顧菊生等稟稱紹屬入縣六場正雜錢糧有照銀數完納有照錢數完納殊與定例有乖現擬統照銀數徵解其一切攤捐名目及道府各署陋規概行禁革并擬於正耗錢糧之外仍視各縣舊徵多寡每兩酌留平餘以為該縣場辦公之用開送徵解留用數目清冊前來臣細加覆核除正耗仍照常徵解外紹屬八縣額徵地漕等款并蕭山公租竈課銀四十五萬三千四百七十四兩零除新昌一縣徵數業經減定勒石冊庸議改外其餘七縣共實減去錢二十萬五千一百零六千文南米額徵本色米七千餘石折色米一萬五千二百六十七石零減去本色耗米三百六十一石減折色耗錢一萬二千零七十二千文六場竈課額徵銀一萬四千三百八十九兩又蕭山牧租額徵錢一萬三千九百十六千文實減去錢四千二百四十二千文計共減錢二十二萬一千四百二十千文米三百六十一石但能永遠遵守大小戶一律完納以十年之通計之民開即可多留二百餘萬千之錢三千餘石之米矣既無須損上以益下民力自見其有餘亦無須裒多以益寡貧戶不憂其不足官徵收有定章則上下之交肅民之完納有定數則胥吏之弊除此次定章之後臣當飭令各屬一體勒石遵守如有官吏陽奉陰違於定章之外添立名目多取分文定即立

與撤參如大戶不遵定章完納致官有賠累之虞民有偏重之苦者亦必核實懲辦以昭儆戒所有覈減紹興府屬錢糧緣由理合恭摺具陳伏乞

皇上聖鑒訓示四月十一日內閣奉 上諭左宗棠奏覈減紹興府屬浮收錢糧一摺浙東各屬錢糧以紹興府屬徵數爲最多而浮收之弊亦最甚經左宗棠查明核減將紹興府所屬八縣六場正雜錢糧無論紳戶民戶統照銀數徵解一切攤捐名目及陋規等項概與革除計正耗仍照常徵解外共減去錢二十二萬有奇米三百六十餘石民困諒可稍蘇即著照所議辦理嗣後並著爲定章永遠遵行不准再有紳戶民戶之別致滋偏重其地方官吏尤當潔己奉公剔除積習倘敢陽奉陰違添設名目格外索需及大戶不遵定章完納者即著該督撫核實查參懲辦以重國賦而恤民瘼欽此

總督左札爲曉諭事照得州縣經徵銀錢貴有常制杭嘉湖三屬漕糧上年復欽奉 諭旨酌議核減仰荷

皇上念切民艱於錢糧繁重之區特沛 恩施曷勝欽感本部堂督師入浙以來目擊凋殘勤恤撫字疊次札飭各該地方官嚴禁浮勒核減徵收以蘇積困復經照會顧郎中前赴紹興會同該署府楊守詳查紹屬各縣場舊徵銀米各數分別釐減浮費去後茲據顧郎中楊守以紹屬各縣場錢糧除新昌一縣已經勒石定數毋庸更改外其餘

各縣場應統以一兩一錢作爲正項外每兩酌留平餘津
貼辦公並將一切陋規裁革酌定用款稟復前來本部堂
細加酌核所議均尙妥協當即據情入告所有紹屬徵
解錢糧合行出示曉諭爲此示仰紹屬軍民人等知悉自
同治三年上忙啟徵爲始除正項一兩一錢外山陰縣地
漕每兩準留平餘錢三百文南米本色每石準留餘米七
升折色每石準照五千文折收會稽縣地漕每兩準留平
餘錢四百文南米本色每石準留餘米七升折色每石準
照五千文折收蕭山縣地漕公租竈課每兩準留平餘錢
四百文南米折色每石準照五千文折收零戶米每石準
照三千三百六十文折收牧租每千準照一千一百文徵
收諸暨縣地漕每兩準留平餘錢三百文餘姚縣地漕每
兩準留平餘錢二百八十文上虞縣地漕每兩準留平餘
錢二百五十文嵊縣地漕每兩準留平餘錢三百五十文
曹娥場金山場均每兩準留平餘錢四百文錢清場東江
場三江場均每兩準留平餘錢三百文石堰場每兩準留
平餘錢二百文自示之後準爾等地方刊碑勒石永爲定
則無論大戶小戶一律照章完納不得稍有抗欠其完銀
米應概用板串書吏不得包徵包解如有奸胥蠹役仍前
勒折浮收或藉代墊及各項名目需索加費許赴該管地
方官控訴申理爾等亦宜互相勸勉踴躍輸將毋得任意
抗玩致干咎戾其各凜遵毋違等因除示諭外合行札飭

爲此札仰該縣即將發來告示實貼曉諭
俾便周知毋違此札計發告示一百張

光緒二十三年頒示完賦案

藩憲惲出示曉諭事照得浙
省各屬經征地漕正耗銀兩
同治年間減浮定價以後銀價如有漲落仍準隨時酌定
通飭遵辦有案現時銀價較前減少所有各屬折征糧價
應即查照減浮原案仍留辦公平餘酌量減定以示體卹
當經通飭查辦去後茲據紹興府議覆餘姚縣應徵地漕
正耗連平餘減定每兩收錢二千二百文如用洋元按照
市價核收不得任意減短嗣或銀價漲落太多仍準隨時
酌核辦理所有串票由單雜費一切陋規名目永遠禁革
等由司核明詳奉撫憲批示如詳辦理在案除札飭遵辦
外合行出示曉諭爲此示紹興府屬餘姚縣紳民人等知
悉爾等戶内應完地漕正耗銀兩即遵減定價錢數目各
自赴櫃投完所用洋元照市折價均不得絲毫增減倘有
糧戶抗欠不完以及書差浮收需索滋弊定即分別追辦
決不寬貸其各凜遵毋違特示

紹興府　知府霍爲申明例章勒石示諭永禁事照得地漕
錢糧爲國家維正之供例應年清年款不容絲毫蒂欠
凡欠糧人戶以十分爲率一分不足者杖六十每一分加
一等其在籍文武進士舉人及有頂戴人員暨貢監生員
亦應查照欠數分別黜革枷杖定例何等森嚴現當此時

勢艱難需款林立大憲正在勵精圖治整頓錢糧凡在搢紳更宜踴躍全完以爲齊民表率如均勉爲急公花戶一無未完則倉庫乏支絀之虞閭閻無追呼之擾矣本府忝守斯土已有多年時惕冰淵不敢稍懈深知上籌國課尤須下恤民生今查各縣場中所收串票錢文多寡不一減浮案內雖有此名目作爲經書造串之費然究屬陋規自應嚴禁革除以恤民艱而杜流弊除通飭各縣場一體籌辦外合亟示諭永禁爲此示仰闔屬糧戶胥役人等知悉爾等名下應完銀米錢糧務各按忙完清不準任意抗欠自取其咎至經書代造串票紙張及飯食辛工在在需費應由官之平餘款內酌給以免賠累而昭公平串票隨完隨給不許櫃書留難需索如有由單雜費亦即永遠裁革倘敢陽奉陰違一經訪聞或被告發定即官參吏究決不稍寬凜之切切特示

餘姚縣志卷九田賦上終　　光緒重修

餘姚縣志卷九

田賦下

康熙籍起運銀通共四萬九千二百六十九兩九錢四分八釐五毫零滴珠路費銀三百五兩六錢三分二釐四毫三絲內

戶部項下本色銀四十二兩一錢八分一釐九毫零鋪墊路費共銀八兩五錢五分六釐八毫零

戶部項下折色銀一萬二千三百四十二兩七錢八分四釐二毫零滴珠路費共銀一百五十五兩八分二釐八毫零

禮部光祿寺項下本色藥材料價銀七兩五分八釐二毫

二絲津貼路費銀三兩五錢五分九釐一毫六絲

禮部項下折色銀一百八十兩一錢一釐四毫二絲路費

銀一十三兩七錢四分一釐四毫零

工部項下本色桐油銀二十二兩一錢五分一釐四毫零

墊費銀七十四兩六錢一分五釐三毫零

工部項下折色銀五千四百二兩一錢二分四釐一毫零

路費銀一十二兩七錢五分五釐五毫零

舊編存留項內今裁改解部充餉銀共三萬一百三十八

兩五錢一分六釐六毫零路費共銀一十兩一錢九分二

釐七絲五忽

運司解部充餉完字號座船水手銀二十兩五錢

額外歲徵鹽課共銀一千四十六兩五分一釐八毫零連
珠銀一十七兩七錢八分二釐八毫零
漁課共銀八十六兩四錢七分八釐五毫零水脚路費共
銀九兩三錢四分六釐六毫
遇閏加銀一百四十九兩六錢二分一釐一毫零路費水
脚共銀八錢九分三毫零內戶部項下折色共銀一十兩三錢六分四釐四絲零路費共銀二錢六釐三毫零
工部項下折色銀五十四兩七錢六分九釐五毫零路費銀七釐三毫二絲六忽
舊編存留項內今裁改解部充餉共銀七十七兩九分二釐九毫
運司解部充餉完字號座船水手銀二錢八釐三毫三絲
漁課本色銀二兩九錢一分二釐四毫五絲零路費水脚銀三錢四分九釐四毫零
折色銀四兩二錢七分一釐八毫零
以上乾隆府志
乾隆籍起運銀六萬四千五百一十七兩五分四釐三毫

三絲三忽乾隆志案乾隆府志此數内有鋪墊損解滴珠路費銀二百八十七兩九錢九分七釐四毫又案舊志無分數今據府志補於後數内

戶部項下顔料蠟茶本折銀一百四十六兩一錢五分四釐二毫有奇又新加銀五十一兩三錢八分有奇又時價銀一十一兩四錢一分九釐四毫有奇

戶部折色銀一萬三千九百九十二兩三錢三分一毫有奇

禮部項下藥材本折銀一十兩五錢八分七釐四毫有奇時價銀一十一兩一錢七分三釐一毫有奇

禮部折色銀一百九十三兩八錢四分二釐八毫有奇

工部項下桐油銀硃銀一百九十四兩五錢一釐二毫有

奇

工部折色銀五千三百一十七兩一錢四分五釐二毫有奇

田畝帶徵匠班銀二百二十八兩一錢五分二釐

不入田畝外賦銀三十九兩一錢三分二釐四毫有奇

不入田畝外賦銀五十六兩六錢九分二釐七毫有奇

裁改存留解部地丁銀三萬二千五百九十一兩三錢六分九釐九毫有奇

零積米易銀五兩五錢四分三釐五毫有奇

留充兵餉改起運銀一萬一千六百六十七兩六錢二分九釐八毫有奇一應鋪墊損解滴珠路費等銀俱在各項總數內　以上府志

遇閏加銀四百八兩七錢一分一釐八毫八忽乾隆志案府志少八忽

道光籍起運銀六萬四千四百五十七兩七錢四分八釐九毫七絲九忽四微二塵七渺五漠四纖四沙內除坍荒銀一兩八錢三分四釐四毫五絲七忽四微三塵二渺鋪墊解槓滴珠路費銀二百八十七兩九錢九分七釐四毫六絲八忽九微九塵六渺五漠六埃六沙案較乾隆籍多銀二百二十六兩八錢五分七釐六毫五絲七忽九微九塵一渺五漠五埃五纖則係乾隆五十年加陞科銀一百六兩八錢五分七釐六毫五絲七忽七微四塵四渺道光十三年加裁改存留解部本府通判經費銀一百二十兩也內

戶部本色銀一百九十九兩二錢七分五釐六毫五絲五忽二微一塵二渺五漠除坍荒銀一釐實徵銀一百九十

九兩二錢七分四釐六毫五絲五忽二微一塵二渺五漠
鋪墊解損滴珠路費銀九兩六錢七分九釐一毫三忽二
微九塵九渺內顏料本色銀一十一兩一錢一分五毫九
絲七忽六微五塵六渺二漠五埃鋪墊解損
路費銀四兩二錢五釐七毫六微二塵五渺徵銀解司另
款解部充餉顏料本色加增時價銀七兩九錢六分五
釐九毫四絲一忽四微六渺二漠五埃每年纂入由單頒
發征輸另款解司策充餉用顏料改折銀一十二兩五
錢六分三釐四毫六忽二微五塵鋪墊損解路費銀四兩
三錢五分一釐一毫五絲八忽七微五塵徵銀解司另款
解部充餉顏料改折加增時價銀三十三兩四錢四分
九釐八毫七絲五忽除坍荒銀一釐實徵銀三十三兩四
錢四分八釐八毫七絲五忽不入科則每年於地丁項下
每兩科加徵銀解司另款解部充餉蠟茶本色銀二十
四兩六分八釐二毫四絲五忽七微五塵徵銀解司另款
解部充餉蠟茶本色加增時價銀三兩四錢五分三釐
四毫八絲五忽六微二塵五渺每年纂入由單頒發征輸
另款解司策充餉用黃蠟折色銀七十七兩三錢三分
五釐一毫三絲五微二塵五渺路費銀八錢二分八釐九
毫五絲四忽一微九塵四渺徵銀解司另款解部充餉

黃蠟加增時價銀一兩五錢八分八釐六毫六絲六忽七微五塵路費銀一分五釐八毫八絲六忽六微六塵七渺五漠不入科則每年於地丁項下每兩科加徵銀解司另款解部充餉　芽茶折色銀七兩五錢二分九釐七毫九絲三忽七微五塵路費銀七分五釐二毫九絲七忽九微三塵七渺五漠徵銀解司另款解部充餉　芽茶加增時價銀一十兩八分八釐三毫二絲五忽路費銀一錢八毫八絲三忽二微五塵不入科則每年於地丁項下每兩加徵銀解司另款解部充餉　葉茶折色銀四兩四分五釐五毫路費銀四分四毫五絲五忽徵銀解司另款解部充餉　葉茶加增時價銀六兩七分六釐六毫八絲七忽五微路費銀六分七毫六絲六忽八微七塵五渺不入科則每年於地丁項下每兩科加徵銀解司另款解部充餉

戶部折色銀一萬三千九百四十五兩四分九釐七毫七忽五微六塵一渺七漠滴珠路費銀一百五十四兩一錢三分八釐一毫五忽九微八塵五渺六埃六沙內折色銀一萬二千二百四十八兩三錢一分三釐五毫八絲三忽七塵三渺二漠路費銀一百五十四兩一錢三分八釐一毫五忽九

微八塵五渺六埃六沙

康熙六年陞科銀三百九十七兩二錢八分二釐四毫六絲九忽七微九塵二渺

康熙十六年新墾銀一十四兩六錢三分六釐五毫五絲一忽七塵八渺

康熙二十三年新墾銀九分九釐九毫六絲

康熙二十六年新墾銀三錢八分六釐二毫三絲二忽

康熙二十九年新墾銀二兩一錢四分

康熙三十三年新墾銀六錢五分五釐四毫一絲二忽

雍正五年新墾銀八錢四分一釐三毫四絲一忽六微九塵六渺

雍正六年新墾銀一十一兩九錢二分七釐三毫四絲二忽四微四塵八渺

雍正七年新墾銀八百一十三兩八錢五分三釐四毫四絲五忽七微五塵一渺五漠原新墾銀一千七十四兩九錢六分五釐九毫四忽七微六塵除抵補無徵銀一百六十二兩二分五釐三毫六絲九忽二微九塵六渺又除抵補無徵本色銀硃料價并路費水腳加閏銀三兩二錢六分一釐九毫四絲四忽七微實該銀九百九兩六錢七分八釐五毫九絲七微六塵四渺內編入工部本色項下抵補無徵漁課并路費銀三十九兩一錢三分二釐四毫四絲三忽七微編入工部折色項下抵補無徵漁課改折并路費銀五十六兩六錢九分二釐七毫一忽三微一塵二渺五漠實該前數

雍正八年新墾銀一十兩一錢五分七毫四忽三微四渺

雍正九年新墾銀四分二釐二毫四絲九忽七微九塵二渺

雍正十一

年新墾銀一兩一分三釐五毫四絲六忽四微六塵四渺
雍正十二年新墾銀一兩六錢六分九釐四毫六絲七
忽四微三塵二渺乾隆元年新墾銀三錢一分九釐四
毫八絲八忽乾隆三年新墾銀六十一兩三錢二分四
毫八絲八忽五微五塵二渺乾隆十七年新墾銀二百
七十三兩五錢三分七毫六絲七忽四微三塵五渺乾
隆五十年新墾銀一百六兩八錢五分
七釐六毫五絲七忽七微四塵四渺
禮部本色銀一十八兩二錢三分一釐四毫四絲六忽六
微八塵七渺五漠津貼路費銀三兩五錢二分九釐一毫
六絲
內藥材本色銀二兩二錢四分四釐九毫二絲九忽
六微八塵一渺五漠津貼路費銀一兩一錢二分二
釐四毫六絲四忽八微四塵七漠五埃徵銀解司另款解
部充餉藥材改折銀四兩八錢一分三釐三毫九絲三
微一塵八渺五漠津貼路費銀二兩四錢六釐六毫九絲
五忽一微五塵九渺二漠五埃徵銀解司另款解部充餉
藥材加增時價銀一十一兩一錢七分三釐一毫二絲
六忽六微八塵七渺五漠每年算入由單派發徵輸另款
解司撥
充餉用

禮部折色銀一百八十兩一錢一釐四毫二絲路費銀一十三兩七錢四分一釐四毫四絲二忽內細目原缺

工部本色銀一百五十三兩八錢五分七釐九毫一絲一忽八微七塵五渺鋪墊路費銀七十九兩七錢七分五釐七毫八絲九忽七微七塵五渺內桐油銀硃本色銀五十七兩九分一釐一毫一絲六忽八微七塵五渺路費水腳銀七十八兩八錢八釐一毫二絲一忽八微二塵五渺桐油改折并墊費銀九十六兩七錢六分六釐七毫九絲五忽路費銀九錢六分七釐六毫六絲七忽九微五塵徵銀解司另款解部雍正七年爲坍沒田糧等事案內無徵漁課并路費銀三十九兩一錢三分二釐四毫四絲三忽七微於該年新陞田糧內撥抵完項仍該前數

工部折色銀五千五百八十五兩五分四釐一毫九絲三忽三微七塵五渺除坍荒銀六釐實徵銀五千五百八十

五兩四分八釐一毫九絲三忽三微七塵五渺路費銀一十六兩九錢四分一釐七毫九絲二忽九微三塵七渺五漠內折色銀五千三百五兩三錢五分七釐三毫七絲四忽路費銀一十一兩七錢八分七釐九毫一絲一忽匠班銀二百二十八兩一錢五分八釐除坍荒銀六釐實徵銀二百二十八兩一錢五分二釐漁課改折銀五十一兩五錢三分八釐八毫一絲九忽三微七塵五渺路費銀五兩一錢五分三釐八毫八絲一忽九微三塵七渺五漠漁戶出辦雍正七年爲坍沒田糧案內無徵漁課并路費銀五十六兩六錢九分二釐七毫一忽三微一塵二渺五漠於該年新陞田糧內撥抵完項仍該前數

裁改存留解部銀三萬三千九百七十三兩一錢一分一釐八毫八絲二忽九微五渺八漠四纖四沙路費銀一十兩一錢九分二釐七絲五忽內

軍儲倉餘存充餉銀八千二百六十四兩二錢九分七釐

四毫三絲三忽四微九塵五渺一漠五埃

南折充餉銀一萬三千六百一十三兩二錢七分二釐三毫五絲順治八年奉文每石折銀一兩五錢

順治九年舊編裁剩解部并米折銀一千四百三十九兩二錢八分一釐五毫七絲三忽七微三塵四渺八漠八埃九纖四沙內本府捕盜應捕銀一十四兩四錢　本縣捕盜應捕銀五十七兩六錢　上司按臨并府縣朔望行香講書紙劄筆墨香燭銀四兩　外省馬價銀一千一十九兩二錢七釐五毫　預備倉經費銀二十二兩常豐三四五倉經費銀七十三兩四錢　預備本府雜用銀六十二兩五錢　預備本縣雜用銀九十七兩八錢二分　眉山廟山三山三巡司弓兵工食銀四十五兩六錢　收零積餘銀三十七兩二錢一分五毫四絲六忽五微三塵六渺八漠八埃九纖四沙　收零積餘米易銀五兩五錢四分三釐五毫二絲七忽一微九塵八渺共該前數　馬價路費銀一十兩一錢九分二釐七絲五忽

順治九年裁扣銀三百四十七兩六錢內本府知府門子步快皁隸禁卒斗級銀六十一兩二錢通判步快皁隸銀二十四兩常豐一二四五倉大使書皁隸銀一十四兩四錢本縣知縣修宅傢伙銀二十兩吏書門皁馬快民壯燈夫禁卒轎傘扇夫倉庫書庫子斗級銀一百九十三兩二錢縣丞書門皁馬銀八兩四錢典史書門皁馬銀八兩四錢石堰場大使書皁銀三兩六錢廟山眉山三山三巡檢司書皁銀一十兩八錢姚江驛驛丞書皁銀三兩六錢

順治十二年裁知縣迎送上司傘扇銀八兩

順治十三年裁官經費銀一百九十八兩八分內常豐一二四五倉大使俸銀一百二十六兩八分書皁銀七十二兩

順治十三年漕運月糧三分撥還軍儲銀一千三百六十三兩二錢四分九釐六毫五忽六微七塵五渺七漠六埃五纖

順治十四年裁扣銀五百四十二兩八分七釐 内本府進表委官盤纏銀七錢四分五釐　本縣知縣薪銀油燭傘扇銀三十兩四錢九分　縣丞薪銀八兩三錢二釐　生員廩糧銀一百二十八兩　上司經過公幹官員辦送下程油燭柴炭銀一百六十八兩六錢　門神桃符銀一兩五錢　鄉飲酒禮銀八兩　提學道考試搭蓋篷廠銀一兩五錢　歲考生員試卷果餅激賞花紅紙劄筆墨并童生進學花紅銀五十七兩　季考生員合用試卷果餅激賞花紅紙劄筆墨銀四十六兩　廟山巡司弓兵銀一十四兩四錢　眉山三山二巡司弓兵銀七十六兩八錢　備用銀内扣按察司巡表水手銀七錢五分

順治十四年裁膳夫銀四十兩里馬銀八兩三錢三分三釐三毫

順治十五年裁優免銀三千二百八十五兩一錢七分五釐四毫

康熙元年裁官經費銀四十三兩五錢二分 内姚江驛驛丞俸銀三十

一兩五錢二分
皁隸銀一十二兩
康熙元年裁吏書工食銀一百一十四兩內本縣知縣吏書銀七十二兩
縣丞書辦銀六兩典史書辦銀六兩石堰場大使
書辦銀六兩廟山眉山三山三巡司書辦銀一十八兩
姚江驛驛丞
書辦銀六兩
康熙元年裁提學道歲考心紅等銀五十八兩五錢原編提學
道歲考生員試卷果餅激賞花紅紙劄筆墨并生童果餅
進學花紅府學銀一十四兩內縣學銀一百兩考試搭
蓋篷廠工料銀三兩除順治
十四年裁半外今裁前數
康熙二年裁倉庫書工食銀一十九兩二錢內本縣倉庫銀六兩庫
書銀六兩學
書銀七兩二錢
康熙三年裁教職經費銀五十七兩九錢二分內本縣訓導俸銀三
十一兩五錢二分喂馬草料銀一
十二兩門子銀一十四兩五錢

康熙三年裁齋夫銀三十六兩

康熙八年裁馹站銀一百二十兩內經過公幹官員心紅紙劄油燭柴炭銀二十五兩　門兒銀一百兩

康熙十四年裁扣銀二百二十九兩四錢五分二釐七毫三絲內　司備用銀一百五十六兩四錢五分二釐七毫三絲　知縣心紅銀二十兩　修理監倉銀二十兩　儒學喂馬草料裁半銀六兩　季考生員試卷果餅花紅紙劄筆墨裁半府銀三兩縣銀二十兩　修理府縣鄉飲酒禮祭祀新官到任齋宿募次器皿什物及經過公幹官員轎傘等銀四兩

康熙十四年裁扣銀一百九十二兩九錢二分一釐一毫七絲內季考生員試卷果餅花紅紙劄筆墨裁半府銀三兩縣銀二十兩　修理本縣城垣銀三十兩　修城民七料銀七十二兩九錢三分　縣備用銀六十七兩五分一釐一毫七絲

康熙十五年裁扣銀一百一十九兩九錢三分八釐內紳衿優

免丁銀八十一兩八分八釐 本縣新任祭門銀二兩八錢五分 各院觀風考試生員試卷果餅花紅紙劄筆墨府銀六兩 縣銀三十兩

康熙十六年裁扣銀一十兩五錢內迎春裁半銀二兩 儒學喂馬草料銀裁半銀六兩 本縣陞遷給由應朝起程復任公宴祭門祭江銀二兩五錢

康熙二十七年裁貢赴京路費銀三十兩

康熙二十七年裁扣銀七百二兩二分六釐七毫內科舉禮幣進士舉人牌坊銀二百二十三兩六錢八分五釐六毫 會試舉人水手銀二百八十兩 武舉筵宴銀一兩四錢九分 貢院鋪棿傢伙并募夫銀二兩五錢 迎宴新舉人旗匾花紅酒禮府銀三十兩縣銀二十四兩 起送會試舉人酒席路費卷資府銀八兩三錢八分四釐 縣銀三十兩六錢六分六釐七毫 賀新進士旗匾花紅酒禮府銀五兩六錢縣銀一十一兩二錢 起送科舉生員花紅卷資路費酒禮府銀六兩五錢縣銀七十八兩

康熙三十一年裁驛站銀一千四百五十一兩七錢六分

九釐一毫五絲一忽內本府各驛銀八百三十四兩五錢一分五釐八毫五絲一忽養膳應差夫銀四百六十三兩九錢二分代馬兜夫銀八十三兩三錢三分三釐三毫顧船銀七十兩

康熙三十九年裁眉山巡檢經費銀一百一兩一錢二分內俸銀三十一兩五錢二分皁隸銀一十二兩弓兵銀五十七兩六錢

康熙五十六年裁本府拜進表箋綾函紙劄寫表生員工食香燭等銀三兩四分七釐

雍正三年裁憲書紙料銀三十六兩五錢三釐三毫

雍正六年裁扣銀三十一兩二錢內本縣燈夫工食銀二十四兩姚江驛館夫銀七兩二錢

雍正十二年裁扣民壯工食銀一百八兩

乾隆十九年裁本府諭祭銀六兩六錢六分六釐六毫

六絲

嘉慶七年裁編設臬司衙門驛站歸入起運充餉銀一千二百六十六兩三錢九分四毫九絲九忽原編三千五十一兩三錢九分二釐九毫五絲除充字號座船水手銀二兩五錢改編藩司項下順治九年裁姚江驛書阜銀三兩六錢順治十四年裁公幹官員下程油燭柴炭銀一百六十八兩六錢里馬銀八兩三錢三分三釐三毫康熙元年裁姚江驛書阜銀一十八兩康熙八年裁公幹官員心紅紙劉油燭柴炭銀二十五兩門阜銀一百兩康熙三十一年歸入地丁項下充餉本府各驛銀八百三十四兩五錢一分五釐八毫五絲一忽養膳應差夫銀四百六十三兩九錢二分代馬兜夫銀八十三兩三錢三分三釐三毫顧船銀七十兩雍正六年裁驛館夫銀七兩二錢編入裁扣項下實該前數

本府各驛銀四百六十三兩五分七釐九絲九忽原編一千三百二十六兩三錢七分二釐九毫五絲除順治九年裁姚江驛書阜銀三兩六錢康熙元年裁姚江驛書阜銀一十

八兩康熙三十一年歸入地丁項下充餉銀八百三十四兩五錢一分五釐八毫五絲一忽雍正六年裁姚江驛館夫銀七兩二錢編入裁扣項下外實該前數

養膳應差夫一百名共銀七百二十兩原編一千一百八十三兩九錢二分康熙三十一年歸入地丁項下充餉銀四百六十三兩九錢二分歸入裁扣項下外實該前數每名工食銀七兩二錢

代馬兜夫二十名共銀八十三兩三錢三分三釐四毫原編一百七十五兩除順治十四年裁里馬銀八兩三錢三分三釐三毫康熙三十一年歸入地丁項下充餉銀八十三兩三錢三分三釐三毫編入裁扣項下外實該前數每名工食銀四兩一錢六分六釐七毫

道光十三年裁本府通判經費銀一百二十兩內步快八名工食銀四十八兩皁隸十二名工食銀七十二兩

留充兵餉改起運銀一萬四百三十六兩一錢二分三釐

二毫六絲八微一塵除坍荒銀一兩八錢二分七釐四毫
五絲七忽四微三塵二渺實徵銀一萬四百三十四兩二
錢九分五釐八毫三忽三微七塵八渺內田地山銀三千一百五十五兩二分一釐一毫一絲六忽八微一塵原編銀四千六百一十八兩九錢六分三釐九毫九絲六忽八微一塵除置買藉田壇基免徵銀六錢八釐八毫八絲編入存留項下致祭文昌帝君銀二十兩致祭關聖帝君銀六十兩厲壇米折銀六兩儒學加俸銀四十八兩四錢八分添設中村巡檢經費銀一百一十五兩五錢二分驛站經費銀一千二百一十三兩三錢三分四釐實該前數除坍荒銀一兩八錢二分七釐四毫五絲七忽四微三塵二渺實徵銀三千一百五十三兩一錢九分三釐六毫五絲九忽三微七塵八渺兵餉銀七千二百八十一兩一錢二釐一毫四絲四忽
遇閏加銀三百六十四兩五錢六釐銀硃折價銀三兩二
錢六分二釐內戶部折色銀一十兩三錢六分六釐四絲八忽七微八塵五渺七漠路費銀一錢六釐

三毫九絲二忽五微八塵五渺四漠二埃八纖四沙二塵工
部本色銀硃銀二兩九錢一分二釐四毫五絲六微二塵工
二渺路費水脚銀三錢四分九釐四毫九絲四忽七塵五
渺雍正七年爲坍沒出糧案內無徵於該年新陞田糧內
撥抵仍該前數　工部折色銀六錢八分九釐五毫四絲
五忽五塵三渺四漠路費銀七釐三毫二絲六忽　工部
漁課折色銀四兩二錢七分一釐八毫四絲四忽三微七
塵五渺路費銀四錢二分七釐一毫八絲四忽四微三塵
七渺五漠雍正七年爲坍沒田糧案內無徵　順治九年
舊編裁剩解部各巡司弓兵銀三兩八錢　順治九年裁
扣銀二十七兩三錢內　本府知府門子皁隸步快禁卒
庫子斗級銀五兩一錢　通判步快皁隸銀二兩　常豐
一二四五倉大使書皁銀一兩二錢　本縣知縣吏書門
皁馬快民壯燈夫禁卒轎傘扇夫倉書庫書庫子斗級銀
一十六兩一錢　縣丞書門皁馬銀七錢　典史書門皁
馬銀七錢石堰場大使書皁銀二錢　廟山眉山三山
三巡司書皁銀九錢　姚江馹馹丞書皁銀三錢　順治
十三年裁官經費銀一十六兩五錢六釐四毫內　常豐
一二四五倉大使俸銀一十兩五錢六釐四毫　書辦銀
二兩　皁隸銀四兩　順治十四年裁扣銀七兩　六錢內
廟山巡司弓兵銀一兩二錢　眉山三山二巡司弓兵
銀六兩四錢　順治十四年裁膳夫銀三兩三錢三分三

釐三毫 順治十四年裁里馬銀六錢九分四釐四毫四
絲一忽 順治十六年裁閏月俸銀二十八兩九分六釐
內 知縣俸銀三兩七錢四分九釐九毫 縣丞俸銀三
兩三錢三分三釐三毫 典史俸銀二兩六錢二分六釐
六毫 教諭訓導俸銀五兩二錢三釐二毫 石堰場大
使俸銀二兩六錢二分六釐六毫 廟山眉山三山三巡
檢使俸銀七兩八錢七分九釐八毫 姚江馹馹丞俸銀
二兩六錢六分六釐六毫 康熙元年裁姚江馹馹丞皁
隸銀一兩 康熙元年裁吏書工食銀九兩五錢內 知
縣吏書銀六兩 縣丞書辦銀五錢 典史書辦銀五錢
 石堰場大使書辦銀五錢 廟山眉山三山三巡司書
辦銀一兩五錢 姚江馹馹丞書辦銀五錢 康熙二年
裁倉庫學書工食銀一兩六錢內 本縣倉書銀五錢
庫書銀五錢 學書銀六錢 康熙三年裁訓導門子銀
一兩二錢 裁齋夫銀三兩 康熙三十一年裁馹站銀
九十二兩二錢四分八釐八毫八絲八忽九微九塵九渺
九漠九埃九纖九沙內 本縣各馹新加銀五十一兩六
錢九分九釐九毫九絲九忽九微九塵九渺九漠九埃九
纖九沙 養膳應差夫銀三十八兩六錢六分 代馬兜
夫銀一兩八錢八分八釐八毫八絲九忽 康熙三十年
裁眉山巡司經費銀五兩八錢內 皁隸銀一兩 弓兵
銀一十六名銀四兩八錢 雍正三年裁憲書紙料銀五

錢三分四釐一毫　雍正六年裁扣銀二兩六錢內本
縣燈夫銀二兩　姚江驛館夫銀六錢　雍正十二年裁
扣民壯工食銀九兩　嘉慶七年裁編設臬司衙門驛站
歸入起運充餉銀一百二兩　原編銀一百一十二兩五
錢四分八釐八毫八絲九忽新加本府各驛銀八十二兩
二錢九分九釐九毫九絲九忽九微九塵九渺九漠九埃
九纖九沙康熙三十一年歸入地丁項下本府各驛銀五
十一兩六錢九分九釐九毫九絲九忽九微九塵九渺九
漠九埃九纖九沙養膳應差夫銀三十八兩六錢六分代
馬兜夫銀一兩八錢八分八釐八毫八絲九忽雍正六年
裁姚江驛館夫銀六錢　編入裁扣項下外實該前數內
本府各驛銀三十兩　養膳應差夫一百名共銀六十兩
原編銀九十八兩六錢六分康熙三十一年歸入地丁項
下充餉銀三十八兩六錢六分編入裁扣項下實該前數
每名工食銀六錢　代馬兜夫二十名銀一十二兩原編
一十三兩八錢八分八釐八毫八絲九忽康熙三十一年
歸入地丁項下充餉銀一兩八錢八分八釐八毫八絲九
忽編入裁扣項下外實該前數每名工食銀六錢道光
十三年裁本府通判經費銀一十兩內步快八名銀四
兩　皁隸十二名銀六兩　兵餉銀二十七兩五錢二分
三釐四毫二絲一忽七微七塵五渺原編銀一百八十七
兩四錢六分七釐四毫二絲一忽七微七塵五渺編入存

留項下內中村巡司經費銀七兩驛站經費銀九十六兩九錢四分四釐編入存留項下孤貧加閏銀五十六兩實該前數以上共地丁銀三百六十四兩五錢五釐八毫六絲四忽一微九塵九渺五漠二埃八纖三沙雍正七年新墾田糧抵補無徵

本色銀硃料銀并路費水脚銀三兩二錢六分一釐九毫四絲四忽七微

隨徵耗羨銀每兩五分以上賦役全書

光緒籍起運銀六萬四千七百二十七兩五錢二分六釐七毫一絲一忽一微四塵八漠九埃六纖一沙原額六萬四千七百四十三兩九錢一分一釐九毫九絲九微九塵二渺六埃五纖內光緒七年義冢案除銀二兩六錢四釐光緒二十一年義冢案除銀十三兩七錢八分一釐二毫七絲九忽八微五塵一渺一漠六埃八纖九沙實該前數各款細目詳見道光籍

遇閏加銀三百五十二兩五錢二分一釐一毫三絲九忽

隨徵耗羨銀每兩五分以上縣冊

以上起運

康熙籍存留銀二萬三千四百兩一分三釐三毫零內

存留本省兵餉銀一萬一千九百兩六分六釐一毫零

存留各項雜支銀共一萬一千四百九十九兩九錢四分

七釐二毫零內

解司共銀九百六兩六分三釐七毫三絲

府縣存留共銀三千三百九十二兩五分二釐九毫零

隨漕項下折色銀共四千三百五十一兩四錢七分八毫

零

兵部項下銀共二千八百五十兩三錢五分九釐六毫零

（案此即驛站一款其詳見驛站項下）

遇閏加銀四百六十一兩一錢六分八釐五毫零（内本省兵餉銀一百三十三兩三錢八分七釐七毫零存縣各項雜支銀二百一十四兩三釐七毫兵部項下銀一百一十三兩二錢四分三釐三毫三絲以上乾隆府志）

乾隆籍存留銀三千七百三十一兩六錢三分七釐一毫

内

司存留銀二百五兩九錢五分七釐一毫

府縣存留銀三千五百二十五兩六錢八分

存留本色米六十六石五斗四升六合六勺有奇（内康熙六年至乾隆十七年歷案壓科米六十六石五斗四升六合六勺有奇）

遇閏加銀一百七十七兩二錢四分九釐九毫（乾隆府縣志）

道光籍存留銀三千六百三十一兩六錢三分八釐一毫案較乾隆籍少銀一百二十兩則係道光三十年除通判經費銀一百二十兩歸入起運也內

司存留銀二百五兩九錢五分七釐一毫內布政司解戶役銀七十五兩戰船民六料銀一百三十兩九錢五分七釐一毫

府縣存留銀三千四百二十五兩六錢八分一釐案原作四千六百三十九兩一分四釐係驛站銀一千二百一十三兩三錢三分三釐亦在內今驛站另隸此除算內

本縣拜賀習儀香燭銀四錢八分

本縣致祭文昌帝君銀二十兩

本縣致祭關聖帝君銀六十兩

本縣致祭厲壇米折銀六兩以上係動支地丁題銷冊內仍於起運項下造報

本縣祭祀銀一百八十兩二錢五分內文廟釋奠二祭共銀六十兩　崇聖祠

二祭銀一十二兩　社稷山川壇各二祭共銀三十二兩
邑厲壇三祭共銀二十四兩　鄉賢名宦祠二祭共銀八兩　嚴子陵王陽明謝文正趙考古孫忠烈等祠各二祭銀共三十九兩五錢　呂文安汞賴祠二祭共銀四兩七錢五分　此係原編數目內除餘剩銀一十三兩二錢六分每年解收司庫補撥不敷祭祀之用實給銀一百六十六兩九錢九分內　文廟二祭銀五十兩　崇聖祠二祭銀一十二兩　社稷山川壇各二祭銀二十九兩七錢四分　邑厲壇三祭銀二十一兩　名宦鄉賢祠二祭銀十兩　呂文安汞賴祠二祭銀四兩七錢五分　嚴子陵王陽明謝文正趙考古孫忠烈等祠各二祭銀三十九兩五錢共實結前數仍於地丁題銷册內存留項下造報

文廟香燭銀一兩六錢

迎春芒神土牛春酒銀二兩

本府知府經費銀三百六兩內門子二名銀一十二兩　步快二十五名銀九十兩　皁隸一十六名銀九十六兩　禁卒一十二名銀七十二兩　斗級六名銀三十六兩

本縣知縣經費銀六百一十七兩四錢內俸銀四十五兩　內攤扣荒缺銀八

兩三分九釐每年解司充餉實該銀三十六兩九錢六分一釐其攤荒銀兩實該前數分晰註明仍於地丁題銷册內存留項下造報

門子二名銀一十二兩　皁隸一十六名銀七十二兩　件作工食銀二十四兩　馬快八名每名工食銀六兩陸路備馬製械水鄉打造巡船以司緝探每名給銀一兩八錢共銀一百三十四兩四錢此係原編數目內給馬快工食銀四十八兩批解藩庫銀八十六兩四錢抵給將軍都統各衙門各役工食等項一切之用共該前數　民壯三十二名銀一百九十二兩　禁卒八名銀四十八兩　轎傘扇夫七名銀四十二兩　庫子四名銀二十四兩　斗級四名銀二十四兩

縣丞經費銀七十六兩　內俸銀四十兩　門子一名銀六兩　皁隸四名銀二十四兩　馬夫一名銀六兩

典史經費銀六十七兩五錢二分　內俸銀三十一兩五錢二分　門子一名銀六兩　皁隸四名銀二十四兩　馬夫一名銀六兩

儒學經費銀一百九十三兩一錢二分　內教諭俸銀三十一兩五錢二分

齋夫三名每名銀一十二兩共銀三十六兩　廩糧銀六十四兩　廩生膳銀四十兩　門子三名每名銀七兩二錢共銀二十一兩六錢

儒學加俸銀四十八兩四錢八分係動支地丁題銷冊內仍於起運項下造報

石堰場經費銀四十三兩五錢二分內俸銀三十一兩五錢二分　皁隸二名銀一十二兩

廟山三山中村三巡檢司經費銀二百八十一兩七錢六分內巡檢三員俸銀九十四兩五錢六分　皁隸六名銀三十六兩　廟山弓兵六名　三山弓兵一十六名　中村弓兵二十名每名銀三兩六錢共銀一百五十一兩二錢

鄉飲酒禮二次銀八兩每年解司充餉

歲貢生員旗匾花紅酒禮銀三兩七錢五分內府銀七錢五分縣銀三兩每年解司充餉其應支銀兩在於地丁項下撥給

看守公署門子工食銀二十兩四錢內布按二分司二名府館一名嚴子陵祠一名每名銀三兩六錢孫忠烈王陽明祠二名每名銀三兩

本縣巡鹽鷹捕工食銀五十七兩六錢內嘉慶十八年紹興府同知改隸南沙同知應添設鹽捕一十六名在於紹屬八縣每縣抽撥二名赴同知衙門供役其年額工食銀兩照編每年移解給領仍該前數鹽捕八名每名銀七兩二錢

衝要五鋪司兵工食銀一百七十九兩四錢內縣前鋪五名銀九兩任渡鋪曹墅鋪三十里鋪桐下湖鋪各四名每名銀八兩四錢

偏僻九鋪司兵工食銀一百九十四兩四錢內方橋鋪衞橋鋪四門鋪道墟鋪化龍鋪眉山鋪蔡山鋪瀝山鋪洋浦鋪各三名每名銀七兩二錢

大江口壩夫工食并纜索銀三百五十兩內壩夫三十五名每名工食銀八兩八錢纜索銀四十二兩

孤貧一百六十名布花木柴銀九十六兩每名年給銀六錢

孤貧一百六十名口糧銀五百七十六兩每名歲支銀三兩六錢上孤貧柴布口糧每年小建銀兩解司充餉

縣重囚口糧銀三十六兩

遇閏加銀二百三十三兩二錢四分九釐九毫案原作三百二十兩一錢九分三釐九毫係驛站加閏銀九十六兩九錢四分四釐亦在內今驛站另隸此除算內 本府知府經費銀二十五兩五錢內門子銀一兩 步快銀七兩五錢皂隸銀八兩禁卒銀六兩斗級銀三兩本縣知縣經費銀四十七兩七錢內門子銀一兩皂隸銀八兩內撥入作二兩馬快銀四兩陸路備馬製械水鄉打造巡船以司緝探銀九錢共銀一十一兩二錢此係原編數目內給馬快工食銀四兩批解藩庫銀七兩二錢抵給將軍都統各衙門各役工食等項一切之用共該前數民壯銀一十六兩禁卒銀四兩轎傘扇夫銀三兩五錢庫子銀二兩斗級銀二兩 縣丞經費銀二兩內門子銀五錢皂隸銀二兩馬夫銀五錢 典史經費銀三兩內門子銀五錢皂隸銀二兩

馬夫銀五錢　儒學經費銀八兩一錢三分三釐三毫內
齋夫銀三兩　廩生膳銀三兩三錢三分三釐三毫門斗銀
一兩八錢　石堰一場大使皁隸銀一兩　廟山三山中村
三巡檢司經費銀一十五兩六錢內皁隸銀三兩廟山弓
兵三山弓兵中村弓兵每名銀三錢共銀一十二兩六錢
看守公署門子工食銀一兩七錢內布按二司二名府
館一名嚴子陵祠一名每名銀三錢孫忠烈王陽明二祠
二名每名銀二錢五分　本縣巡鹽應捕工食銀四兩八
錢內嘉慶十八年紹興府同知改隸南沙同知添設鹽捕
一十六名在於紹興八縣內每縣抽撥二名赴同知衙門
供役其年額供食閏銀照編移解給領仍該名前數鹽捕
名每名銀六錢　衝要五鋪司兵工食銀一十四兩九錢八
五分鋪內縣前鋪五名每名銀七錢五分　任渡鋪曹墅鋪三
十里鋪桐下湖鋪各四名每名銀七錢　偏僻鋪九鋪司兵
工食銀一十六兩二錢內方橋鋪衛橋鋪四門鋪道壇鋪六
化龍鋪眉山鋪蔡山鋪關山鋪洋浦鋪各三名每名銀六
錢　大江口壩夫工食銀二十五兩六錢六分六釐六毫
內壩夫三十五名每名銀七錢三分三釐三毫三絲一忽
四微二塵八渺五漠七埃一纖四沙　孤貧一百六十名
應給柴布加閏銀八兩每名銀五分　孤貧一百六十名
應給口糧加閏銀四十八兩每名銀三錢　孤貧柴布口糧
銀動支地丁題銷冊內仍於起運地丁項下坐支其小建

銀兩應扣除
支給造報
案賦役全書乾隆五十二年奉文存留統歸起運其年
例應給存留各款按額赴藩司請發轉給仍於題銷冊
內分別支收造報核銷嘉慶四年奉文府縣存留銀仍
留縣支給道光二十三年奉文存留俸役各款減平支
發按照京平九四放給應減銀專款解司彙解部庫其
祭祀驛站廩孤四糧等款均不減平仍照額數支給

隨徵耗羨銀每兩五分

存留南兵米七十石五斗四升四合八勺四抄八圭五粒

除坍荒米六升三合四勺六抄七撮六圭三粟三粒 實徵米七十石四斗八升一合三勺七抄三撮一圭六粟七粒 內康熙六年丈量陞科米一十九石二斗二升三合二勺九抄八撮六圭四粟原編米一十九石二斗四升五合七勺一抄八撮六圭四粟除置買耤田壇基免徵米二升二合四勺二抄實該 前數除坍荒米五升三合四勺六抄七撮六圭三粟八粒 康熙十六年陞科米四斗一升七合四勺五抄一撮九圭八粟六粒 康熙二十三年陞科米二合八勺七抄五撮 康熙二十六年陞科米一升

一合二勺八抄六撮　康熙二十九年陞科米六升六合五勺　康熙三十三年陞科米二升六合八勺三抄五撮　雍正五年陞科米四升四勺四抄九撮一圭二粟　雍正六年陞科米四斗五升八勺六抄八圭四粟四粒　雍正七年陞科米三十三石四斗七升八合五勺九抄四撮五圭二粟六粒原新墾米三十九石六斗六升四合二勺八抄二撮九圭五粟八粒除抵補無徵米六石一斗八升五合六勺八抄八撮四圭三粟二粒實該前數　雍正八年陞科米三斗八升一合三勺四抄七撮四圭八粟六粒　雍正九年陞科米二合三抄一撮二圭四粟　雍正十一年陞科米四升三勺二撮二圭五粟六粒　雍正十二年陞科米六升一合四勺七抄二撮二圭三粟八粒　乾隆元年陞科米一升五合三勺六抄　乾隆二年陞科米二石二斗六升三合七勺七撮四圭四粟二粒　乾隆十七年陞科米一十石一斗二升七合七勺八抄七撮四圭三粟一粒　乾隆五十年陞科米三石九斗三升四合六勺八抄一撮一圭九粟六粒

共折色銀八十四兩五錢七分八釐向係聽撥兵糧嗣因紹協營兵米經收五折價解

兵米不徵耗以上賦役全書

光緒籍存留銀三千六百三十一兩一錢八分六釐一毫
內
司存留銀二百五兩九錢五分七釐一毫內布政司解戶役銀七十五兩
戰船民六料銀一百三
十兩九錢五分七釐一毫
府縣存留銀三千四百二十五兩一錢八分九釐內
本府知府經費銀三百六兩內門子銀一十二兩步快銀九十兩皁隸銀九十六
兩　禁卒銀七十二兩
斗級銀三十六兩
本縣祭祀銀一百七十八兩二錢五分內文廟二祭銀六十兩崇聖祠二
祭銀一十二兩社稷山川壇祭銀二十九兩七錢四分
厲壇三祭銀二十一兩名宦鄉賢祠二祭銀八兩
嚴子陵趙考古謝文正孫忠烈王陽明等祠各二祭銀三
十九兩五錢呂文安永賴祠祭銀四兩七錢五分餘
剩銀三兩二錢六分解收
司庫撥補不敷祭祀之用

本縣拜賀習儀香燭銀四錢四分
文廟香燭銀一兩六錢
本縣致祭文昌帝君銀二十兩地丁項下支銷
本縣致祭關聖帝君銀六十兩地丁項下支銷
致祭厲壇米折銀六兩地丁項下支銷上三款題銷冊內仍於起運項下造報
迎春芒神土牛春酒銀二兩
本縣知縣經費銀六百一十七兩四錢內知縣俸銀三十六兩九錢六分一釐攤扣荒缺解司充餉銀八兩三分九釐門子銀一十二兩皁隸銀七十二兩仵作銀二十四兩馬快銀四十八兩民壯銀一百九十二兩禁卒銀四十八兩轎傘扇夫銀四十二兩庫子銀二十四兩斗級銀二十四兩現提二名解府馬械批解藩庫抵給將軍都統各衙役銀八十六兩四錢
縣丞經費銀七十六兩

典史經費銀六十七兩五錢二分
儒學經費銀一百九十三兩一錢二分
儒學加俸銀四十八兩四錢八分
歲貢生員旗匾花紅銀三兩七錢五分
石堰場經費銀四十三兩五錢二分
鄉飲酒禮銀八兩奉文裁解
廟山三山中村三巡檢司經費銀二百八十一兩七錢六分
鹽捕工食銀四十三兩二錢
南塘分府鹽捕工食銀十四兩四錢
公署門子銀二十兩四錢現奉提解

衝要五鋪司兵工食銀一百七十九兩四錢

偏僻九鋪司兵工食銀一百九十四兩四錢

大江口壩夫工食并纜索銀三百五十兩

孤貧一百六十名布花木柴銀九十六兩每小建扣解銀一兩八錢六分六釐六毫

孤貧一百六十名口糧銀五百七十六兩小建同上

縣重囚銀三十六兩案以上十四項內細目詳見道光籍

浮額孤貧口糧銀一兩六錢二分九釐耗羨項下支銷

以上俸役各款均減平支發其祭祀廩孤囚糧等款均不減平詳見道光籍

遇閏加銀二百三十三兩二錢四分九釐九毫詳見道光籍

隨徵耗羨銀每兩六分

存留南兵米七十石六升五合一勺三抄五撮二圭九粒
七黍八粞一糠二粃原額米七十石四斗八升一合三勺七抄三撮一圭六粟七粒光緒七年
義家案除米二合六勺光緒二十一年義家案除米一升三合六勺三抄七撮九圭三粟七粒二黍一粞八糠八粃
實該前數每石折銀一兩二錢該折銀八十四兩五錢五分八釐
兵米例不徵耗以上縣册

以上存留

康熙籍額外歲徵鹽課共銀一千四十六兩五分一釐八
毫零車珠銀一十七兩七錢八分二釐八毫零乾隆府志
乾隆籍抵課水手銀一十五兩八錢三分二釐遇閏加銀一兩三錢
一分九釐三毫三絲乾隆志案舊志有總數無分數
今據乾隆府志賦役全書補於後丙鹽院完字號座船
水手銀二兩五錢遇閏加銀二錢八釐三毫三絲廟山
司巡檢另徵鹽課銀二兩六錢四分滴珠銀二分六釐四

毫遇閏加銀二錢二分滴珠銀一釐二毫　眉山三山二
巡檢司另徵鹽課銀一十兩五錢　六分滴珠銀一錢五釐
六毫遇閏加銀八錢八分滴珠
銀八釐八毫　解歸藩司充餉
鹽課銀一千一百六十六兩三錢一分四釐六絲五忽　乾隆
志　案舊志有總數無分數今據乾隆府志補於後丙車
額外　歲徵鹽課銀一千四十六兩五分一釐八毫一絲車
珠銀一十七兩七錢八分二釐八毫八絲七微七塵順
治十四年至康熙三十六年加沙稅銀一百兩七錢六分
六釐三毫有奇東珠銀一兩七錢一分三釐運
司專轄　案歷案加陞詳見上卷乾隆地丁籍額
道光籍　同乾隆籍
隨徵耗羨銀每兩五分　以上賦役全書
光緒籍抵課水手銀一十五兩八錢三分二釐　遇閏加銀一兩三錢
一分九釐三毫三
絲解歸藩司充餉
鹽課銀一千一百六十六兩三錢一分四釐　丙備荒銀七百五十一兩

六錢五分七釐解運庫銀
四百十四兩六錢五分七釐
隨徵耗羨銀每兩六分以上縣冊

以上鹽課

康熙籍隨漕本色月糧給軍米二千五百石每石折徵銀一兩二錢該折銀三千兩

隨漕折色銀四千三百五十一兩四錢七分八毫八絲七忽五微三塵一漠八埃五纖內

貢具銀一百七十四兩三錢五分五釐七毫九忽六微四塵九渺八漠

淺船料銀九百九十六兩一錢九分九釐九毫三絲一忽三微三渺六漠原編貢具淺船二項解船政同知支銷後該同知奉裁仍行解道

月糧七分給軍銀三千一百八十兩九錢一分五釐七毫四絲六忽五微七塵六渺七漠八埃五纖以上乾隆府志參賦役全書

乾隆籍道光籍並同上賦役全書

光緒籍月糧給軍米二千四百九十九石四斗二升三合四勺該折銀二千九百九十九兩三錢九釐原額折銀三千兩光緒七年義冢案除銀一錢一分一釐光緒二十一年義冢案除銀五錢八分實該前數

隨漕折色銀四千三百五十兩四錢四分八釐原額四千三百五十一兩四錢七分八毫八絲七忽五微三塵一漠八埃五纖光緒七年二十一年義冢案共除銀一兩六分三釐實該前數內

貢具淺船料銀一千一百七十兩二錢七分九釐一毫四絲九微八塵四漠原額一千一百七十兩五錢五分五釐一毫四絲九微八塵四漠光緒七年除

銀四分四釐光緒二十一年除
銀二錢三分二釐實該前數
月糧七分給軍銀三千一百八十兩一錢一分四釐七毫
四絲六忽五微七塵六渺七漠八埃五纖原額三千一百
八十兩九錢一
分五釐七毫四絲六忽五微七塵六渺七漠八埃五纖光
緒七年除銀一錢六分二釐光緒二十一年除銀六錢二
分九釐實
該前數
隨徵耗羨銀每兩六分以上
縣册

以上漕運

康熙籍驛站銀二千八百五十兩三錢五分九釐六毫五
絲乾隆府志案此舊編存留項下又案賦役全書原編
三千五十一兩三錢九分二釐九毫五絲除完字號座
船水手銀二兩五錢改編藩司項下又順治九年裁姚江
驛書皁銀三兩六錢又順治十四年裁公幹官員下程油
燭柴炭銀一百六十八兩六錢单馬銀八兩三錢三分三
釐三毫康熙元年裁驛丞書皁銀一十八兩與府志數合

今據賦役全書覈補於後內

本府各馹銀一千三百四兩七錢七分二釐九毫五絲（原編一千三百二十六兩三錢七分二釐九毫五絲除順治九年裁姚江馹書阜銀三兩三錢康熙元年裁姚江馹阜隸銀一十二兩書辦銀六兩實該前數）

養膳應差夫銀一千一百八十三兩九錢二分

代馬兜夫銀一百六十六兩六錢六分六釐七毫（原編一百七十五兩除順治十四年裁里馬銀八兩三錢三分三釐三毫實該前數）

公幹官員下程油燭柴炭心紅紙劄門兒銀一百二十五兩（原編二百九十三兩六錢除順治十四年公幹官員下程油燭柴炭銀一百六十八兩六錢實該前數）

顧船銀七十兩

遇閏加銀一百一十三兩二錢四分三釐三毫三絲（以上賦役）

全書

乾隆籍驛站銀一千二百六十六兩三錢九分四毫九絲九忽乾隆志案舊志無分數今據乾隆府志賦役全書覈補於後內

本府各驛銀四百六十三兩五分七釐九絲九忽原編一千三百四兩七錢七分二釐九毫五絲除康熙三十一年歸入地丁項下充餉本府各驛銀八百三十四兩五錢一分五釐八毫五絲一忽雍正六年裁驛館夫銀七兩二錢實該前數

養膳應差夫一百名每名工食銀七兩二錢共銀七百二十兩原編銀一千一百八十三兩九錢二分除康熙三十一年歸入地丁項下充餉銀四百六十三兩九錢二分實該前數

代馬兜夫二十名每名工食銀四兩一錢六分六釐七毫

共銀八十三兩三錢三分三釐三毫原編一百六十六兩六錢六分六釐六毫

除康熙三十一年歸入地丁項下充餉銀
八十三兩三錢三分三釐三毫實該前數
公幹官員心紅紙劄油燭柴炭門兒銀一百二十五兩
顧船銀七十兩康熙三十一年並歸入地丁項下充餉此除
遇閏加銀一百二兩乾隆志
道光籍驛站經費銀一千二百一十三兩三錢三分四釐
內
本縣均平夫一百名每名工食銀七兩二錢共銀七百二
十兩
兜夫二十名每名工食銀四兩一錢六分六釐七毫共銀
八十三兩三錢三分四釐
兼攝姚江驛水手夫工食銀三百六十兩

支應銀五十兩　共該前數係動支地丁題銷册內仍於起
棄入地丁項　運項下造報其小建節省銀兩每年扣收
下解司充餉

遇閏加銀九十六兩九錢四分四釐內本縣均平夫一百
兜夫二十名工食銀六兩九錢四分四釐名工食銀六十兩
姚江驛水手夫工食銀三十兩　以上賦役全書　兼攝
光緒籍驛站銀一千二百六十六兩三錢九分四毫九絲
九忽內

均平夫工食銀七百二十兩每小建扣銀二兩
兼攝姚江驛水夫銀三百六十兩每小建扣銀一兩
代馬兜夫工食銀八十三兩三錢三分四釐每小建扣銀
三錢三分一釐五毫

支應銀五十兩內應扣節省銀四兩二錢

修船銀三十五兩
蓬萊馹銀十八兩五分七釐此二款係馹餘剩併入地丁
批解
遇閏加銀一百二兩案較道光籍加兜夫餘閏銀五兩
隨徵耗羡銀每兩六分以上縣册
以上馹站
康熙籍額外匠班銀二百二十八兩一錢五分八釐又當
稅銀五兩并牙稅雜稅等銀歲無定額至年終以收過數
目造報查該乾隆府志
乾隆籍學租銀六十七兩一錢八釐八毫每年徵輸解司轉解學院賑給
貧生膏火之用案學田三百四畝八分五釐三毫額徵
銀七十五兩一錢八釐內給黃忠端祭銀六兩駱尚志祭

銀二兩實

該前數

當稅銀當鋪一十三名稅銀六十五兩每名徵銀五兩月款解司充餉仍於

每年春季查明增

除造册報部輸稅

牙稅銀上則牙戶一十六名中則牙戶二十七名下則牙

戶一百三十六名稅銀六十八兩三錢四分上則牙戶每名徵銀八錢

中則下則牙戶徵銀不等

共該前數另款解司充餉

契稅每買産銀一兩徵稅銀三分

牛稅每兩徵銀三分以上契稅牛稅歲無定額每年儘收儘解造報題銷另款解司充餉以上乾隆府志

道光籍學租銀同乾隆籍

當稅銀一百二十五兩當鋪二十五名每名徵銀五兩

牙稅銀六十八兩三錢四分上則牙戶一十六名每名徵銀八錢中則牙戶二十七

名內二十一名每名徵銀六錢該銀一十二兩六錢六名
每名徵銀四錢四分八釐該銀二兩六錢八分八釐下
則牙戶一百三十六名內三十四名每名徵銀四錢該銀
一十三兩六錢三十七名每名徵銀三錢三分六釐該銀
九兩七分二釐一十五名每名徵銀三錢該銀四兩五錢
五十五名每名徵銀二錢二分四釐該銀一十二兩三錢
二分一名該徵銀二錢四名每名徵銀一錢四
分該銀五錢六分共該前數另款解司充餉

契稅同前籍民間置買田房契價在千兩以上例應
投縣粘尾送府驗契蓋印截發分別轉報給執

牛稅籍同前

額徵官基銀一十六兩四錢七分三釐以上賦役全書
案官基改造房屋
係按開數完納佃租並非按畝科徵搭造披屋一開完銀
五分平屋一間完銀一錢樓房一間完銀二錢按年造冊
報解藩庫
並無增減

光緒籍學租銀同前

當稅銀舊額每名徵銀五兩自光緒二十
三年始奉部咨每名徵銀五十兩

牙稅銀案軍興以後牙稅無額各則亦改以現請帖者照則徵銀新章分繁盛偏僻上中下六則徵稅報解繁盛上則徵銀三兩繁中偏上各徵銀一兩五錢繁下偏中各徵銀七錢五分偏下四錢五分

契稅

牛稅

官基銀上三款並同前籍以上縣册

以上外賦

土貢

萬歷志餘姚茶先年亦有貢後以其味薄罷之貢食味則有兔雁鵜鶘玉面貍藥材則有白朮茯苓半夏芎藭乾木瓜器用雜料則有雜色皮弓箭弦翎絲顏料畢備歷日紙則有黃紙白紙今食味久廢貢而藥材器用等多類派入

額辦銀內起解觧以本色貢矣乾隆府志

坿戶口

晉太康戶三千七百五十太康地志

宋大中祥符四年戶二萬一千六十三丁四萬一千九百一十三　嘉泰元年戶三萬八百八十三丁三萬三千一百四十五戶成丁一萬二百三十四嘉泰會稽志

元至元二十七年戶四萬三千八百四十七口二十四萬二千六百九十一丁未戊申饑疫耗戶二萬一千四百四十七嘉靖志

明洪武二十四年戶五萬一千一百八十八口二十萬六千五十四　永樂十年戶五萬五千三百九十二口一十

八萬二千三百四十九　弘治五年戸四萬一千四百一十九口一十萬五千一百三十二　弘治十五年戸四萬一千八百三十五口一十五萬四千七百四十七　正德七年戸四萬一千八百四十一口一十五萬六千五百二十四是年春籍民數其秋海溢民溺死以萬計　嘉靖二年戸四萬一千八百四十八口一十五萬八千三百六十四男子一十一萬二千五百八十八口婦女四萬五千七百七十六口　嘉靖十二年戸□萬□千□百□十□口□十□萬□千□百□十□口嘉靖志

萬歷籍戸四萬一千八百四十七民之戸三千六百三十三軍之戸四千三百五十八匠之戸二千五十竈之戸一千五百七十六官之戸三十一生員之戸四十儒之戸五力士校尉之戸五陰陽

之戶五醫之戶十一廚之戶四捕之戶一百九弓兵鋪兵皁隸之戶一百一十六水馬驛站壩夫之戶一百一十二紙槽之戶一百一十二窰冶之戶十五僧之戶三十一道之戶三口一十五萬八千三百九十二（男一十一萬二千六百一十六婦四萬五千七百七十六乾隆府志引萬歷志）

國朝

康熙籍戶四萬一千八百五十九（舊有民戶軍戶匠戶竈戶官戶生員戶儒戶力士校尉戶陰陽戶醫戶廚戶捕戶弓兵鋪兵皁隸戶水馬驛站壩夫戶紙槽戶窰冶戶僧戶道戶諸名色不一今惟別以紳戶衿戶民戶竈戶）口一十五萬四千七百八十三（男一十萬五千五百八十六婦四萬九千一百九十七）康熙五十二年（案乾隆志作二十五年誤）三月十八日

上諭海宇承平日久戶口日繁地畝並未加廣宜施寬大之恩共享恬熙之樂嗣後直隸各省地方官遇編審之期察出增益人丁止將實數另造清冊奏聞其徵收錢糧

但據康熙五十年丁册定爲常額續生人丁永不加賦仍不許有司於造册之時藉端需索用副朕休養生息之意於是各直省郡縣將新增人丁實數繕造清册名爲盛世滋生戶口册是歲餘姚增益人丁一千五百一十九口

乾隆府志

雍正四年實在人丁六萬三千七口九年編審舊管人丁六萬二千六百三十四丁口新收人丁二千七十八口開除人丁一千七百五口實在人丁六萬三千七口內實在市民六千六百六十口內除原額完賦市民六千二百九十一口實盛世滋生增益土著市民四百一十六口永不加賦實在鄉民五萬五千九百七十四口內除原額完賦鄉民五萬三千五百二十八口實盛世滋生增益土著鄉民二千七百七十二口永不加賦

乾隆通志

乾隆五十六年戶十萬一千三百八十四戶男女大小丁口四十七萬二千九百十六丁口乾隆府志

同治四年戶一十二萬七千一百六十　同治五年戶一十二萬七千二百四十　同治六年戶一十二萬七千四百二十　同治七年戶一十二萬七千四百七十　同治八年戶一十二萬七千五百四十　同治九年戶一十二萬七千六百三十　同治十年戶一十二萬七千八百九十　同治十一年戶一十二萬七千九百六十　同治十二年戶一十二萬七千九百二十　同治十三年戶一十二萬七千九百三十

光緒元年戶十二萬七千九百九十　光緒二年戶十二

萬八千九十　光緒三年戶十二萬八百二十　光緒四年戶十二萬八千九十五　光緒五年戶十二萬八千一百九十　光緒六年戶十二萬八千一百十一　光緒七年戶十二萬八千六十　光緒八年戶十二萬七千九百五十一　光緒九年戶十二萬七千九百　光緒十年戶十二萬七千九百四十　光緒十一年戶十二萬八千四　光緒十二年戶十二萬八千七十七　光緒十三年戶九萬四百八十八　光緒十四年戶九萬六千十四　光緒十五年戶九萬七千二十五　光緒十六年戶九萬七千九十一　光緒十七年戶九萬七千九十一　光緒十八年戶九萬八千三　光緒十九年戶九萬八千十七

光緒二十年戶九萬八千六十七　光緒二十一年戶九萬九千六十二　光緒二十二年戶九萬一千三百五本縣煙戶册　案今册有戶無口每年戶數係吏書於造册時信手增減未爲實錄故書之以俟賢有司察焉

餘姚縣志卷九田賦下終

餘姚縣志　卷九

餘姚縣志卷十

學校

學宮在南城東南隅乾隆志宋初在治西二百步舊志言漢書黃昌居近學宮而昌故址在西南隅黃橋側則學宮疑嘗在江南案漢學制不同孔子亦未嘗通祀於天下其所謂學宮非如今之一邑一學也慶歷中詔天下縣學士滿二百人並得立學姚令謝景初建之其制頗隘元豐元年邑人將仕郎莫當以私財市地與令黃鑄移學東南隅去治一里五十步其舊址東西廣二百八步南北深八十八步今南北如故東西止四十六步通計六畝三分二釐開四衢於左右前後各廣三步以來四方學者前衢之南鑿泮池東西廣四丈一尺南北深四丈二尺東衢之盡少南跨浦爲欞星橋其西臨直街爲明倫坊崇寧中置學長學諭直學齋長齋諭各一人生員五

十八建炎兵火獨廟學不燬紹興五年令徐端禮七年令趙子潚並增治講堂齋舍十五年尉史浩於泮池之南建射圃作二亭曰觀德曰繹志淳熙五年令趙公豫重修慶元五年令施宿建直舍爲致齋攷課之所又作外門垣墉咸淳九年令趙崇簡重修朝奉郎黃震記咸淳九年冬金華趙侯爲餘姚宰修泮宮成明年春走書屬震曰教化治道之大本庠序教化之先務故董仲舒謂守令爲民師帥我朝立法守令亦無不以學事繫銜學校非守令之責而誰責世降以來爲令者苦財賦學事往往不暇省朝廷爲别設官以主之令益得以諉其責學事反日益以壞如我邑學廪歲收五百石有奇公廚至不舉煙學官至老且厭我爲此懼亟起而身任其事室蠹節費捐俸以倡學宮前序諸生繼捐廪給以助乃新禮殿增之欄楯乃改兩序以便出入而繪從祀於夾廊使免喧褻若儀門若講堂若齋廡下至庖湢垣墉壹是咸新先賢祠昔之散居者今亦創一堂於東序而合之規模顯設氣象宏大匪惟修舊殆且增飾令而後將與二三子日講習於斯願子有以發其意震惟邑之以餘姚名以其爲帝

舜舊地也設學校以教人自帝舜命契爲司徒始舜之教人也使父子有親君臣有義夫婦有別長幼有序朋友有信人之所以異於禽獸家之所以和國之所以治皆不越此五者今之學卽古之學也今之教卽古之教也今之不古若者何也古無利祿之誘今利祿誘之也然利祿何足以誘我哉人之窮達制於天而利祿之有無係於命不以求而得不以不求而喪吾惟卽父子而父子在所親卽君臣而君臣在所敬卽夫婦卽長幼卽朋友而各盡其所當然者於以從容乎義理之常而安行吾平生之素苟能此道而大者立矣則課試可也科舉可也亦帝舜敷納以言之遺意未害其爲教也雖今猶古也否則眞謂利祿之可求而得眞謂讀書可爲鉤致利祿之具疲其神於破碎之學窮其力於聲偶之文父子君臣夫婦長幼朋友五者之大倫反不知實踐而無所愧則雖游於斯息於斯絃誦於斯口談義理皆非其實亦胡取乎學校之教舜之所以始爲虞庠者豈若是其然也侯今興學於舜之鄉亦惟以舜命司徒之教人者教人人各以舜之所以教人者自勉曰舜何人哉予何人哉則旂鸞戾止於魯僖有光矣侯再書來曰是也願因以爲記遂書以遺之侯名崇簡其政稱是邑人并祠之學必有紀其詳者云　德祐二年

火元至元十四年令杜仲仁重建二十八年廉訪使王俁

按視建屋一百二十九間復置學職縣陞爲州州守高慶仁張德珪李恭學正楊友仁累修之黃溍新學詩序餘姚學正楊君請於府若州撤廟學而新之余友彥實既爲作記歸美其守長邦人士樂君之志有成而懼來者之弗嗣也復相與播之聲詩以垂無窮之思昔者魯修泮宮孔子不書而史克頌之蓋美其君而爲之師者弗與也何楊君之得於羣公者閟修若是哉記春秋之所不書法之變歌詩人之所克頌情之不可已也情之不可已而至於法之變夫亦禮以義起者也凡襲躃之密丹黝之麗紀詠備矣故予爲本詩春秋之旨系之末簡云重紀至元二年復火守汪惟正劉紹賢重建韓性記餘姚爲縣時立學縣東南一里所案越郡志宋元豐中知縣事黃鑄之所定也至元十三年歲在丙子燬於火縣尹杜仲仁創建焉縣陞爲州知州高慶仁等屢修崇之後六十年當至元二年閭里煽災學復燬知州汪候惟正經始未就是歲十二月奉議大夫劉候來知州事喟然歎曰罹火禍民舍如晨星州官署居不完力誠有不逮也惟學校之建風化之源長吏之職其可以緩劬勞殫慮爲邑人先章逢樂輸其有斤斧板築不絕聲明年十月學成禮殿尊崇講堂高朗門廡齋舍嚴邃蠲潔致敬有所鼓篋而來者如

歸士民瞻仰歎息羨其規模之宏駭其成就之速乃一相與謀勒文以永侯之績夫教學古所甚重也士不可以一日而廢學上之施教其可一日而廢哉學校教學之所生也上庠下庠之制肇於有虞司徒之職典教之官雖設於上古之時著在聖經實自虞典始餘姚在東南以舜氏得名故自漢以來是邦名世之士若嚴子陵虞仲翔狎見於史傳元夫魁八近世彌盛豈非學校之功哉考重華於數千載之上茲學之建非獨爲州之所瞻仰而已侯名紹賢字良弼淳海人便宜仲祿之孫也

至正八年守汪文璟增建養蒙齋成德齋文會堂東西二坊門爲屋八十八楹汪文璟有記文錄金石二十三年儒士黃顯以私財重修劉仁本記今天子進浙江行省方平章國珍爵司徒保釐東藩之明年爲至正二十有二年司徒檄介弟國珉樞密副使分鎮越之餘姚州又明年州之學宮修葺一新爰釋奠於先聖且落成之其學官蔣履泰耆宿鄭彝持狀來請曰副樞密公既鎮我邦伏謁先聖廟荼然就圮將圖繕修遂以規略命今都事葉某與前知州董完哲溥化學正鄭涔時則有若儒士黃顯者在列願悉出己貲力輸土木之工費一毫不假於官役既作知州王溶議復其戶稍酬之而幕賓毛永龍霖力勉成之禮殿門堂齋廡庖舍以及垣墉黝

至之飾靡不堅緻具備以厥功茂矣經始於是年二月底就
於今年正月不願著於石以垂後觀仁本載辭弗獲迺歷考
學之廢興於往牒而識之餘姚舊爲縣宋初有文宣王廟
在縣西二百步迨元豐間縣人莫將仕者割己貲買爽塏
之地於舜江之南一里所別剏新構又穿四道揭明倫之
坊以來四方之學者既南渡建炎之變井邑遭燹而學宮
歸然獨存邑宰趙子潚輩增葺於紹興初禩施宿又復廣
之於慶元之末於是作人造士文教大興莫氏之後有文
清公叔光中書舍人子純皆擢高科顯仕振名當代入我
國朝燬於德祐丙子既而重建暨縣陞爲州屢加修治而
又燬於重紀至元丙子今所存者則知州劉紹賢所建汪
文璟所闢也顧茲兵興有事邊鄙餘姚在虞守戒嚴之地
而修崇文教若此有非他郡縣所能企及也然余聞學校
之設始於有虞之尊賢尚德自水土既平夏禹朝諸侯於
會稽執玉帛者萬國餘姚獨先圜於禮樂衣冠之化漸仁
摩義淪入骨髓詩書俎豆久而彌芳雖歷世亂離奔走糜
爛而又弗即廢置此無他學校之政
實繫人心關世教拯時溺爲甚重也

明降州爲縣改學官

爲教諭一員訓導二員廩膳生二十員增廣生二十員附
學生無定員洪武二年降臥碑制書三年六月頒鄉射禮

儀永樂十一年教諭林觀上言學壞詔有司修治中爲文廟五間高五丈有奇祀先師孔子旁列四配十哲並爲王侯像祭器牲幣祝號咸具嘉靖十年詔易像以主去其封爵改文廟曰先師廟由廟甬路而南爲戟門五間甬路左右爲兩廡各十一間嘉靖二年東廡壞知縣邱養浩重建廡之北東爲神廚西爲祭器庫各四間戟門右爲鄉賢名宦二祠戟門之前爲欞星門三座臨於泮池池南少左爲射圃東西各深五十八步南廣九步北廣十步史浩二亭久廢嘉靖十四年推官陳讓作亭曰正己亭三間今亦廢廟之北爲明倫堂三間堂南之左右爲進德齋爲修業齋各三間皆宣德七年知縣黃維重建正德六年明倫堂壞知縣張瓚新之嘉靖七年作七箴碑亭於堂之北

刻敬一箴五箴解盡齋以南俱爲號房初十八間後十二間今廢皆正統四年知縣盧祀重建掖堂之右爲膳堂亦祀重修掖堂之左爲講堂景泰五年知縣詹源澤始建各三間今皆廢成化十年知縣劉規視永樂以來所建置略壞其所修復特多由明倫堂甬道東折而南並櫺星門之東爲儒學門正統七年教諭王懋改建初止一間廣爲三間萬歷間教諭錢肩選又改爲樓儒學門內折而東爲啟聖公祠三間嘉靖十三年知縣顧存仁以學倉舊址改建後有池有亭初爲宰牲亭十四年存仁改建爲一鑑亭其北爲教諭廨訓導廨一在進德齋北一在修業齋北各三間俱歲久就圮嘉靖十九年通判葉金新之令又圮嘉靖二十八年署令王實修齋堂號舍並

射圃觀德亭　原缺今據陳塏記補記曰嘉靖己酉冬吾邑令缺八當道謂姚邑物大事叢非檄郡貳往視篆不可於是節推八繼津王公實來公至三日視學既謁廟乃率學官諸弟子員周視庭宇退坐明倫之堂進諸弟子員講又行齋堂號舍周口焉則見夫柱者欲傾棟者欲撓丹青漫漶瓴甋摧圮廟廡破漏階除蕪沒喟然曰是豈足爲崇化作人之地耶亟圖所以葺之於是彙集羣材委役諸匠其費不煩於官力不勞於民其經畫則付諸學職左右之其董役則以耆老踰月而告成則壯撓植傾易敝補漏設色而飾雜織而甃雖規模無改於昔而華觀如新焉學宮之南爲射圃則修觀德之亭將俾學者習禮其東受姚江支流則柳置新牐以瀦水俾頖泮恆盈焉此其大較也既公代得還郡教諭李君時雍訓導諸君應潮李君士龍謂公興學重教之盛心不可無紀以乞言於塏塏病未能也既而士龍陞任去談君詔來代應潮陞任去汪君樟來代交謁塏也固速之塏惟學校之設先聖先師於是乎釋奠焉所以敬道也爲師爲弟子云者於是乎教學焉所以敬業也且國家之將需眞賢以爲世用而使宮牆弗稱齋舍不飭徒羣青衿之士旅進而旅退焉俎豆簡絃誦寢息謂之崇化作人者否也吏於此者或急民務苟循俗軌則不暇爲彼越俎代庖方口養高省事爲賢則又不肯爲矣繼津公慓然視爲己責而亟圖之蓋其視郡邑爲一體

政教爲一事匪直以越俎代庖自誘而已也可不謂賢乎雖然爲師爲弟子云者若以學校之修爲足具觀美而適起居則斯亦徒矣爲師者修吾之教爲弟子者修吾之學敦本於彝倫辨分於義利窮則居貞履素以化其鄉人達則守正砥節戡亂死難用無愧於鄉之前修斯則無負於公之斯舉也矣豈不敏敬繹公志用襄諸士之成焉

隆慶二年廟學圮知縣鄧林喬重修

李本記予聞事之成有時人之所助者信今於邑學之修見之矣邑學建於宋元豐初至國初又修建永樂閒又重修巍然煥然自昔以鉅麗稱其後稍敝旋葺未大壞也夫何近歲觸目皆頹垣欹榭甚至廟宇梁棟傾壓每雨潦則先師神位濯濯宛在水中即師生相聚睨不敢入有事茲邑者雖參謁不廢往往若不知也者而過之曩亦有言修者矣誘於時詘費大無所於措其言竟不信嗟乎安望其巍然煥然如昔時也予邑士夫方議各捐金以修適今邑侯鄧君林喬至行學顧瞻徘徊喟然太息曰此吾職也我太祖高皇帝以聖人人倫之至也聖至孔子而極人倫不明小民不親雖堯舜不能治天下於是詔自國都以至天下郡縣皆立學崇祀孔子又置學官弟子員俾羣聚州處挾冊而吟朝夕仰止興起其願學之志再歲三歲拔其尤以充職於朝廷惟天子使古人云學校王政之本誠然言天下之務孰有急於是者哉於是聞者躍然喜

未幾侯果徧聞於當道諸公適巡按御史李公叔和適觀風過予邑教諭程君蒙吉訓導朱君煦李君惠率諸生備陳學宮圯壞狀甚剴切李公先已閲侯牒至是侯言之尤力且引爲己任遂欣然允修之費則以鄉士夫所云佃海湖事屬侯裁處侯即覈視湖田外地五百餘畝價可得若千金已足費乃請於巡撫都御史谷公中虛報可又請於左布政使郭公朝賓右布政使莫公如忠按察使蔡公文海道副使蔡公結先後分守參議崔公近思陳公璨分巡僉事宋公繼先提學僉事林公大春水利僉事李公文續皆曰然哉宜亟圖之知府岑公用賓聞侯言即下邑計畫曰必可久是圖毋惜厭費同知李公澤通判熊公琱李公芝推官黃公希憲皆惓惓不置念既而巡按李公又自甯波同予邑親詣相度面諭侯巨細悉總之監督以縣丞郭君鎔主簿姚君濂巡檢岳致義民官僉聽委用焉肇工於隆慶二年十二月初三日越明年六月十五日將落成巡按御史周公禧奚公從憲至二公素重學校當事者益加意崇飭自正廟若廡若門若明倫堂若啟聖祠若齋舍若名宦祠若鄉賢祠易蠹朽以堅新加甃石於階垣無弗完且美者而巍然煥然視昔有加矣於乎壞之於數十年而一日克修事之成不有時乎使侯少因循如前人則上之人漫以無處答之其事亦終無成今侯必修之心爲上下所深信是以自撫按而藩而臯而郡罔不應之如嚮所謂

多助之至者非耶功見言信侯之言一一償於行學之日
矣予邑士夫莫不舉手相慶又相與造侯之庭以謝以賀
侯因屬予紀其事且以語肄業於是學者予惟孔子聖之
時者也教人學文修行而以忠信爲主苟無忠信之心則
在己不盡而循物必遵其於君臣父子夫婦長幼朋友之
閒皆有慚德矣虛文僞行適足爲當世病豈朝廷建學立
師之意哉建學以來予邑人無論取高第躋顯仕即道德
功業忠孝節義表見於時銘旂常而垂竹帛者更僕未易
數蓋庶幾於盡倫者矣故於是學有光然予所聞多忠信
人侯以忠信之心修成是學固將望今之諸生如前聞人
也諸士亦期明於倫修其身而齊其家以待國家之用至
於常變順逆出處升沈安於所遇主忠信而不渝則孔子
之道未嘗一日而不在是學語云忠信爲周烏有缺露敗
壞之時哉名卿碩輔忠臣孝子又當接迹於是學矣念子
亦由是學忝竊過分而未能踐斯言之萬一方恧焉抱歉
諸士勖哉進德修業欲及時也幸恪遵孔子之四教無負
當道諸公與侯令日
相成之心　記原缺
萬歷十一年又圯知縣丁懋遜修翁大
立重建儒學記餘姚學在邑巽隅宋禮書莫叔光狀元莫
子純故宅也四明當面如懸榜九曲入懷如秉笏三江匯
流如環帶六峰旁峙如建牙客星烏瞻二峰特起如簪筆
靈秀瑋奇篤生人物宋元且弗論入國朝而英賢彙起刑

侍劉公季箎忠襄毛公吉文正謝公遷忠烈孫公燧文成王公守仁具載名臣錄五公並學產得一人已爲世重況乎五人而簡知文皇名應列宿者翰林柴公廣敬簡知孝廟身兼將相者宮保史公琳弘正以來抑又盛矣乃今稱豔姚士第曰三科狀元也二榜四鼎甲也鄉會元魁局相比祖孫父子兄弟進士踵相接也四科而進士十六或十五也徒以科名言耳姚士重於海內獨此哉成化甲午巳郡劉公規涖邑視學宮圯敝大新之是年謝文正解元明年會魁及第亦入爲御史而公之伯子丕仲子台讀書姚學者相繼解元伯子且及第而位宗伯孫及曾玄科名奕世海內爭相傳當是時必有名御史按制上其事而碑逸其名矣惜哉萬歷辛巳霑化丁侯懋遜以進士令邑視學宮圯甚而藏無羨金令諸生請於巡按御史張公文熙檄郡守蕭公良幹發贖鍰千五百金充費侯規摹纖鉅必躬必親而用邑丞王道行提領徐倫主簿邵陞庀材鳩役以萬歷癸未十二月經始明年五月立廟廟制視昔峻偉閎麗澍中第一而廟後明倫堂堂後尊經閣左右兩廡前戟門爰及啟聖祠博士宅號房射圃鄉賢名宦祠咸與維新復役於學之前門改建文昌閣山川靈秀總歸矚覽明年四月役始竣於是署教諭舉人林君一煥訓導謝君思謙卒其弟子詒予請記予聞令者士民師帥興學爲先姚自劉令公來殆百餘年非無賢者顧財力或詘因循以迄於今侯今

以廉潔之操見知當路精明之識臨視屬僚故役不及民財不濫費成茲盛舉倘非御史張公毅然興起斯文爲任將何藉手乎予又聞之學猶殖也國家以是殖才亦士以自殖也修禮耕之陳義種之講學耨之秀穎始出鹵莽之滅裂之率成蕪穢予諸生無亦體國家興學之意御史造士之心丁侯勤事之志講學修德方駕前哲哉是舉也先後釋菜相與助成者督撫都御史蕭公廩少司馬溫公純巡按御史范公鳴謙王公世揚巡鹺御史孫公旬詹公事講巡海副使馮公時雨葉公夢熊張公孫繩學憲林公偕春蘇公濬分守參議李公一中分巡僉事周公千愚郡丞李君應張君延熙別駕楊君莊徐君霽史君著勳節推陳君汝璧而創始落成郡守蕭公良幹之功多矣記原缺

國朝順治九年知縣胥庭清重建胥庭清記姚邑文廟自明萬歷十一年知縣丁公懋遜重修之後迄今七十餘載歲月既深殿垣圮廢順治六年冬十月予受命視事謁文廟顧瞻左右由甬門至聖宮明倫堂兩廡廨舍之屬惟見荒瓦頹楹茂草敗棘衰涼滿目輒爲之歎息曰天道人事之變固無窮極何以前有所承後無所繼乎姚邑數罹兵燹饑饉薦臻當此傷殘慘痛而議及於此未有不笑其迂且拙者然予以爲極敝之時正不能舍此親上死長之義而別求爲理道於是銖銖而集之寸寸而進之寒暑三易心力既竭乃得聖

廟重修倫堂再建東西兩廡每廡十一楹西廡盡廢今補之儀門側新建齋盥二室東西齋舍既廢學師寓於民舍今重建齋各樓三楹廳事三楹更名歐治翟門人才濟濟咸歸教育經始於春落成於秋釋菜之日氣象一新庶幾告無罪於守土也

康熙六年知縣潘雲桂重修

碑記　戴京曾重修儒學

今日之良吏昔日之良士也國家願得良吏而用之舍造士奚繇乃造士莫大於重學校學校重斯士吏自託與俱重而孳孳焉所日講求以期不媿爲人弟子者庶可不媿爲人臣而良吏之善爲政以厚裨斯民非一端大較亦惟是孳孳焉以得人爲先而學校是務則甚矣庶政必賴良吏以次舉者學校亦必賴良吏以聿興焉吾邑儒學載修載圮越至於今且兩廡草立弟子列傳幾不可讀過者傷之邑侯潘公以三韓名儒來涖姚治期月政成邑人歌之有百年必世之聲焉及攷其政興廢振墜艱大不辭至於釐飭學宮以造士爲致治之本余不佞尤深依依嚮慕之古者造士之法惟禮與樂禮以節人而使之不敢有所過樂以淑人而使之有所安無所過斯於律身也謹矣有所安斯接物也無迕矣謹身善物繇是以經術經世也何有而況乎日澤於長吏之化導者深所施尤易不悖也乎周官司樂之職統於宗伯明禮樂之相爲用也而其地大則藏於成均次則庠序亦惟黨正遂大夫之賢者爲之其教尤不肅而成

至於大胥掌教諸子先釋菜後合舞夫釋菜所以興禮合舞所以興樂二者相因其爲致敬於吾先師而豫他日不悖之施者彰彰抑又可知也是故爲吏者之教士與士之奉教於長吏莫學校若也吾潘公之治姚其於政亦旣無大不舉無艱不勝矣而說者則以爲公於民讁然如一父之子無不可匿諸其懷而遇士則峻而有方士之操□□來者無敢或倖焉一時咸喻公指本於砥高節挽頹流抑□□以植之也藻鑑之下卒多嚳髦□午之役浙解額遂頒自吾姚有□□□□□□□□矣乃公意則勤懇不能已也謁聖人之宮而見兩無非復舊觀銳然肇復之若前人必待公以舉者而其餘版築丹艭之事悉因之以興□□□焉於是父老率其子弟從多士之後圖觀植杖而語之曰於都哉公而之爲是役乎如徒以爲宮牆飾觀而已亦何爲是具文而圖之且公來姚政如兩城之壞者復葺河渠之淤者盡通課稼以祈年創樓以弭盜而且戢暴卒構廊舍案無留牘獄亦遂無鬻囚□□□鄉座亦併無時吏三木□施伍伯俱寂寓撫字於催科公心尤加摯焉期月所行不惟是總不爲其具文者則今日是役學者誠進而習□俎豆琴瑟之聲若以反求之身心得其所爲無過者始可與之言禮教得其所爲有安者始可與之言樂教禮樂備而中和全去先王建學之意不遠矣修於家不失爲良士獻於廷不失爲良吏多士其無忘我今日之意可也

則他日亦以我公之所爲治姚者取法焉以治天下可也
蓋父老之言若此是不可以無記侯諱雲桂字潤公遼東
蓋州衛人記原缺
二十九年大圯知縣康如連教諭沈煌訓導方
運昌協勸捐修煌獨出己貲修啟聖宮以上康熙志乾隆志引黃宗羲南
雷文定重修儒學記唐荆川王道思以爲漢之經術宋之
道學其人才之成就皆師弟子私相授受無所與於學校
此蓋有激之言以吾姚論之則大有不然自虞仲翔之易
擅東南之美嗣起者代不乏人其出學校與否姑不具論
元末明初經生學人習熟先儒之成說不異童子之述朱
書家之臨帖天下汨沒於支離章句之中吳康齋陳白沙
稍見端倪而未臻美大聖神之域學脈幾乎絕矣高忠憲
云薛文清呂涇野無甚透悟亦謂是也貞元之運融結於
姚江之學校於是陽明先生出以心學教天下示之作聖
之路馬醫夏畦皆可反身認取步趨唯諾無非太和眞覺
聖人去人不遠孟子曰人皆可以爲堯舜後之儒者惟其
難視聖人或求之靜坐澄心或求之格物窮理或求之人
生以上或求察見端倪遂使千年之遠億兆人之眾聖人
絕響一二崛起之士又私爲不傳之祕至謂千五百年之
閒天地亦是架漏過時人心亦是牽補度日是人皆不可
爲堯舜矣非陽明亦孰雪此冤哉故孟子之言得陽明而

益信今之學脈不絕衣被天下者皆吾姚江學校之功也是以三百年以來凡國家大節目必吾姚江學校之人出而措定宋無遺之纂修元史黃墀陳子方之自沈遜國宸濠之變死之者孫忠烈平之者王文成劉瑾竊政謝文正內主彈章魏奄問鼎先忠端身殉社稷北都之亡施恭愍執綏龍驥南都之亡孫熊伏劍海島其知效一官德合一君者不可勝數故姚江學校之盛衰關係天下之盛衰也先是廟學顏敗上雨旁風一宮之外皆為茂草當事簿書之事勝於俎豆郎有畚築聊爾具文至數十年之中人才寥落科名亦且天荒夫營室無功單子知陳有咨國庠為圖元興憂道將陵忍使陽明闕里而顛悴於盛世乎晉中康侯如連以經術為吏治下車郎為此懼廣文沈君煌方君運昌佐以精誠沈君以己財首創啟聖宮康侯捐俸倡之田二尹守一繼之郡侯李公行部至姚嘉與是舉復加申飭士心奮動各捐有差董其役者諸生徐景洵邵精等謹刀布以索力拷鼛鼓以程工經始於二十八年二月落成於三十一年八月以義嘗學於舊史見屬為記念陽明之學今時開有異同余嘗移書史館諸公不執己見慨然從之夫道一而已修於身則為道德形於言則為藝文見於用則為事功名節豈若九流百家八自為家莫適相通乎古之釋奠於先師者必本其學所自出非其師弗學也非其學弗祭也今天下萬國皆有學亦復有先師如陽

明先生者乎陽明非吾姚所得私也天下皆學陽明之學
志陽明之志使吾姚江之士溝猶瞀儒嚾嚾然不能效門
室之辨有一陽明而不能有之不其悲歟諸君子振起以
復盛時人物行將於廟學卜之矣　沈煌修學記事康熙
丙辰夏余既赴試銓曹名列第六時江南同年歸孝儀允
肅居首選越已未孝儀竟掄狀頭余雖鎩羽怦怦不能罷
公車因改就教甲子冬得授餘姚學博乙丑南旋孟夏始
之任入門惟見盈庭茂草滿目蕭涼內署宛如士窟危樓
數椽搖搖欲墜覺繩樞桑戶較此猶勝矣隨謁先師周覩
殿楹廊廡皆剝落頹圮余戚然憂之因歎人才之盛衰由
學校之隆替其信然哉曩時姚江學脈之傳衣被天下自
虞仲翔之易擅美東南嗣起者代不乏人三百年以來忠
孝節烈之儒後先接踵陽明先生又以心學振興絕響其
他科名炳耀指不勝屈近今人才寥落科名寖衰毋亦學
宮之頹敗使然乎夫黌室無功單子知陳有咎國庠爲圉
元興憂道將陵且如黃冠緇流猶能令寺觀金碧廟貌巍
巽吾儕讀書譚道曾若輩之不逮乎奈前此令姚者遞更
變故不遑謀及以是因循每遇風雷雨雪時中夜徬徨寢
不安席者三載戊辰冬晉中康侯以經術爲吏治下車首
重文教然未敢遽以興作請也會當嚴寒殿之二門前廊
旋見傾倒東西廡日就坍崩至啟聖宮則已撐柱如蝟不
能旦夕留余更惕慄遂出已財修葺之佐余不及者田二

尹也市月方竣而大雪逾尺宮之藉以不傾者幾希次年春諸生好義者相顧踴躍毅然謀大工余因與諸公約借同寅方君詣邑長康侯商搉各捐俸倡之銳意經始康侯復爲文以告邑之賢達一時士心欣動捐助有差擇諸生二十有二人董厥事謹刀布以索力拷鼛鼓以程工經營逾歲度支不下六七百金土木諸工各千有餘計其中拮据之若與諸生備嘗之正殿棟梁朽者什三四悉易以美材兩廡且經改造較往時高可數尺許郎廡之圍牆昔皆士築今用輒封增輝式廊既勝於前而堅固可久又過昔遠矣時適郡守李公行部至姚顧瞻色喜過加獎譽給匾額日功隆學校更爲勸相振興之功垂成矣顧以是歲當賓興夏初奉檄科試暫輟鳩工期於闈事畢當慶落成不意秋七月洪水橫決陵谷茫茫城不浸者三版雖幸聖殿無恙而牆垣百堵一夕盡倒人心危懼方不保有室廬何暇問學宮哉幸郡守李公再詣縣與康侯共圖振濟民獲安集余因殫力盡瘁先事版築五閱月宮牆復遍他工務未遑也今年秋幸書大有邑侯乃以一簣之虧復有輸助余敢不竭蹶圖維以終其緒先是井無修學之舉往往以具文從事郎有畚築不旋踵而卽際今以精誠矢之無少漏厄諸生董率之力居多矣用敘始末以告後起郡守李諱鐸亭遠人世勳邑侯康諱如達山西安邑人庚戌進士司訓方諱運昌嚴州湻安人歲薦修學同事官縣丞田

守一江南桃源人貢典史王含光江南江都人董事貢生徐景洵生員戴德驥韓在潮邵衍鄒尚史口口邵丕基朱荃韓亮韓正觀史在約包尚信鄔佩修郭紹青朱煇垣俞公昕徐日康翁世勳張維基俞昌邵基度邵肇基　沈記原缺乾隆三年知縣趙頎募修紳士陸烈呂輝祖吳溶徐瑛沈元煇徐自俊等董其事歲久蝕於風潮兩廡及圍垣俱圮乾隆志二十七年新建文昌閣於崇聖宮西貢生張德輸百金爲倡諸生繼之　案文昌閣舊在儒學大門上明邵圭

國朝毛奇齡俱有記邵記今失

攷毛記云隋志以文昌天府爲選舉之所自出故凡科目家多祀文昌而特是幽禜所享端必假崇樀複屋俾幽也而致於顯況魁南第四尤爲文明所昭融者乎吾姚學宮在縣治東偏曩時巽方原有文昌一樓超於宮牆以爲故城阜隘是必翹然拔起足以標文巒之秀然後新城在前無所壅蔽而惜乎址之跼而瀕乎圮也今韓君友松邵君東葵兼山葺擬擴故壁架以重樓而祀司命於其巔使文光四射曠遠無礙凡都講以下同隸學籍者各自捐膏火之資以共成焫烈豈非勝事或謂文昌宮星末列祀典且非頖宮官祭所必及然而周禮以槱燎祠司中司命而王

制祭法皆以司命爲五祀之一夫五祀則士大夫所有事也不讀九歌乎登九天兮爲民正夫欲藉登進以啟崇隆而不於司命九天之登加之意焉非所改文昌閣爲魁星閣矣因於落成之際書其事而記於石

二十九年移建土地祠於文昌閣東偏舊在崇聖宮傍三十年崇聖宮圮於水諸生胡磐毛崧重建三十三年訓導署久廢訓導唐華募建屋五楹東西廂房各兩間以上鹿嗣宗聖廟志二十八年署知縣徐尙文募捐五百金議修布政司慮其勒派檄令停止是年秋知縣程明愫涖任邑人知州施毓輝等具牘布政司請由紳士樂輸愼選董事不假手吏胥以課實效得報可董事徐均邵建基翁會點施楫等監工繕修次年落成殿廡門閣繚牆規制整飭欞星門外增二石坊釐正舊時射圃二橋儒學舊有東射圃橋西射圃橋後東射圃橋尙存西射圃橋久爲顧

某所占因捐貲贖歸泮池外增樹屏牆

知縣程明愫　餘姚縣修學記

庠序學校所以明人倫倫明而民親實人心風俗攸關非僅爲子衿肄業而設也癸巳秋余調任茲土下車謁聖見門牆傾圮兩廡蕩焉殿楹半屬朽蠹詢自乾隆戊子後屢被風潮規模日壞余心惻然思有以新之而慮造次未能集事也博諮士大夫則皆欣然輸助遂相率赴會城籲情方伯得報可於是申明規約諏日興工謹簿籍簡董理節浮濫杜剋扣核勤惰明勸懲物必精良工必牢固亦既秩然有章已而猶以舉大木者必呼邪許爰謁余暨教諭邵君守仁訓導汪君師曾勸諭於四鄉乃轉相效勉爭先輸納至有身業農賈恥不得與橐錢數貫委之而去者何其勇於爲義若此哉今夫起精舍飾觀宇佞仙佛者好之畢社報賽竿木角觝百戲競作徼福漁利之徒好之而旹不免於達人之哂至於崇修學校士大夫爲之提唱無不油然感翕然應者以是知倫理素具於人心莫謂今之不古若也經始於甲午年正月訖工於乙未年十月凡殿廡門閣祠宇制惟由舊工悉從新復於櫺星門外東西添設石坊周以木柵浚泮池圜以石欄池南增樹屏壁使往來行人均於壁外取道而規模更宏麗矣縣人請記於余余敘董事者之公勤及眾庶之樂輸以告後之善保護者

張義年　重修餘姚學記

學猶水也水有清濁高下之不同而同會歸於海學有精微廣大

之不同而同期至於道昔者孔子沒門弟子各以所得於聖人者友教於四方一再傳後其流浸失然及孔氏之門者有德行言語政事文學之科子張子貢之論交與其所以教門人小子者其說固已殊矣有宋大儒閒出朱子稱集諸儒之大成同時陸子象山與朱子論說不無異同嗣是爲兩家之學者若燥澤水火互相攻擊由學術而判爲門戶明之中葉陽明子起以致良知爲宗其天姿高妙病俗學之支離直指人心之本體以相提唱一時尊陽明者以爲聖人軼濂洛闕閩而上誣陽明者謂以學術殺人明三百年以宗良知而亡嗚呼是尊陽明與誣之者皆過也今有同父之子二人其聲音面貌不能盡同也今以其聲音面貌之不同而遂謂之非同父之子其可哉且陽明之不同於朱子特其論說焉耳其不詭於聖人者則君臣父子夫婦長幼朋友之大倫也使陽明而有乖於是其辭而闢之也固宜陽明之學一傳爲龍谿泰州再傳爲海門石貧而湛然澄密雲悟之禪入之此傳之者之失逮明之末年桑海之交大節錚錚無愧爲天壤完人者若劉忠介施忠愍蔡忠襄鹿忠節孫徵君輩大抵聞陽明之風而興起者也或攀鼎湖之髯或殉首陽之節或效命疆場或行遯荒野死生患難顛沛不失其常此足以明所守之學之正有明三百年之天下雖亡而民彝不泯斯豈非良知之效也歟餘姚陽明子篤生之鄉也其縣學屢廢屢修乾隆庚

寅秋七月大風雨殿廡盡圮至癸巳冬邑士大夫合言於署布政使徐公願罄其私帑圖新之上其事於大府報可會令君程侯亦以興廢起衰爲已任是役也凡費木石瓴甓勠丞材用之需爲錢三千緡有奇自是殿而廡而門明倫之堂尊經之閣爲繚垣數百餘丈既堅且固泮池故在以櫺星門外又爲垣以屬之垣之外其居民徙其廬爲行道以通往來踰年工迄用有成鳴呼學之壞已四年而行路莫不傷之或病其工浩大而難成或慮謀之不臧而無實效今一旦爲之而其效速捷如此豈非因人心之同然而易爲之力與亦良知之一端也由是觀之人心莫不有知知之而弗爲非知也知之爲之而或便其私與不力於其事非仁且明也能擴而充之斂之身心措之倫物施之天下國家而皆宜皆實學也否則雖言孔孟口程朱直清談而已矣譬之水其在天地潤澤萬物包涵渟育其爲用至溥博也世乃有陸鴻漸張又新之徒僅別水之色味淸濁以供烹煮茗荈之用而水之功用不彰於世久矣然則士生斯土慨然想見陽明之學業事功以求至於聖人之道不難余故書之以見姚江之學學之功被於天下者皆出乎此以觀來者　張記原缺　以上乾隆志

三十九年紳士增置啓聖宮前軒三楹繚以圍牆

四十年重修教諭署前爲堂三間在明倫堂東

偏後爲樓三間在尊經閣東四十二年貢生張德復於文
昌閣下增甃石道嘉慶十八年知縣鹿嗣宗教諭高維嶽
訓導張元叔捐廉首倡協捐分修知縣捐銀二百兩東北鄉華文玉葉五封等承修大成殿幷大成門七間董事羅鏡高步瀛胡聚奎黃日杲南北兩城邵瑛樓春坊等承修東西兩廡十八間董事邵鼎涵邵升涵西鄉楊宗溥獨修崇聖祠三楹儀門三楹頭門一所董事陳濟堂東北兩鄉翁鍔胡鏘張瀛胡涵青承修周圍宮牆幷櫺星三門宮牆一座東西兩坊門四扇督修胡培幹西鄉張志緒兄弟三人承修泮池幷射圃東西兩橋督修董事邵鼎涵吳大本邵升涵吳大璋北鄉胡聚奎吳夔兩人又修儒學門三間魁星閣一座以上聖廟志
嘉慶二十二年知縣涂日耀募捐重建明倫堂尊經閣
昌黎祠暨鄉賢名宦祠並移建忠義祠於名宦祠之西修
業齋復其舊忠義祠初建於儒學左側爲修業齋舊址紳士施宸瑞洪光屋徐
以垣等董其事吳大本重修餘姚縣學記略嘉慶十有六年歲辛未邑紳者士庶僉以黌宮屋壞入

告邑侯高安熊公如洵議將集矣侯以憂去位明年定興鹿公嗣宗奉檄至又以請於是捐廉與工自大成殿以迄坊門靡不次第舉歷兩載工成而於堂於閣於祠猶有待又四年奉新徐公日耀來宰我邦遂迺勸輸起工終董厥成成則例有記以勒諸麗牲之碑比歲甲申生員羅鏡告於眾門是舉也繹易六寒暑歷更三邑宰而學師臨安高公維嶽平湖張公元叔海寧王公清棲先後督鼛鼓可謂艱於成事矣今尚無有記以文者盍先具其略以待來者可乎南城吳大本曰可謹案夫子廟堂碑唐昌黎韓氏文大而靈河東柳氏文廉而入尚已宋臨川王氏慈谿學記時公宰鄞冀學者教者之久於其道而作爲文以勵之良有司事也廬陵歐陽氏吉州學記公自言世家於吉而仕於朝贊揚天子立學致治之盛而以學之大成勗其鄉之吏與望其鄉之人薦紳先生責也二公者先其事之大任其責之重故其文遂爲學校中不可磨滅之大文近世我邑黎洲黃氏姚江學記則意專主發明陽明王子之學其言士溝猶瞀儒曤嚾然不能效門室之辨有一陽明而不能有之以爲我鄉人恐發矇振贖絕大闢係是又爲我邑學校中不可磨滅之大文矣然則自有黎洲氏之文後之重修儒學者改檐而已易塗而已必無大節目爲不可遺闕之紀載則亦第書其歲月始末及夫程工督繕之賢士大夫以爲一邑勸斯已矣記固不易作作則將遷何說復

有能如黎洲黃氏之斷斷學統爲必不可少之文哉雖然
興工之歲月始末及夫程工督繕之賢士大夫以爲一邑
勸者是亦不可不亟書也謹具記略如左略曰工經始大
成殿禮也嘉慶十七年十月東北兩鄉士華文玉等三十
五人聯名呈請踰年癸酉集兩鄉輸計得金三千八百貫
有奇物料工需相當董其事者生員羅鏡高步瀛附貢生
胡聚奎次兩廡則編修邵瑛同知樓春坊監生徐鋐邵鼎
涵吳欽諸維忠宋涵朱文瀠邵升涵邵東之歲貢生吳大
璋舉人邵黼雲訓導史璘附貢生邵立之武舉呂平蛟十
五人出貲修之殿以東曰崇聖祠以已棄建者爲職員楊
宗溥宗溥並重修文昌閣其繚牆檽星三門東西坊門翰
金修者生員翁錫職員胡佩玉監生張灜胡涵青也而泮
池則今任布政司張志緒同弟附貢生志綬監生志紋鳩
工蓺而濬之若魁星閣則附貢生胡聚奎職員胡夔所新
建也越四年丁丑始重建明倫堂尊經閣董其事者封職
施宸瑞洪光垕知縣黃徵乂訓導諸如綬職員葉樊生員
邵元煒醵城鄉殷紳金成之有蓁餘復重修昌黎祠至名
宦鄉賢忠義三祠醵金重建如前法而鄉賢裔孫能以餞
餘襲役者邵氏尤多其不待勸而至者黃文僖公後人曰
福佑孫文恪公後人居山陰者曰際澥各率其族來助特
書之嘉之也董其事者知縣徐以垣教諭吳大本監生邵
升涵葉湯任朱文瀠黃珍訓導楊慶餘縣丞邵器之凡前

諸公或以建或以修或任私橐或佽眾力要蕆事而後已始事必申請牘有案終事必報銷檔有冊此始之終之之大略也略既具楊慶餘書丹上之石

二十三年訓導王清槤於修業齋東建屋三楹顏曰校經處

餘姚縣學校經處記

禮學記曰比年入學中年考校謂校士也漢書詔劉向校中五經祕書謂校經也鄉學名校校之義盡斯已自余論之二者義相兼而用相通士得其校則道日親經得其校則道日明今之爲士者求聖人之道而不得則將於易象春秋詩書禮樂取之其散著於經傳者皆其於聖人之道各有得者也歲乙亥余奉命司鐸餘姚姚之士歲進如額肅衣冠而來謁者日益眾講幄故狹隘相其地且無以拓之越三載邦人士議遷忠義祠於戟門右忠義祠者實前所築修業齋舊址也於是邑宰涂君日耀曰君廨陋祠既遷矣我其書牓其復君齋齋以東隙地數弓叢穢薙夷積若息壤余周視其所規度以步始命闢穢墟剃輿草夷土治材迺墍迺塗作我攸宇牖戶相屬達於齋居遂乃邃軒楹飾庭除錯置奇石嘉植以爲遊息之所觀娛方落成有起而言者曰斯事雖細可以知大今之去垢以新起廢以成者乃昔之散礫糞土也令之合形輔勢拱立迴嚮者乃昔之荒榛野蔓也由斯以觀君豈不欲來學者之經明行修滌濯志慮頑廉懦立有若斯室者乎邦之士氣振而

術業隆不乂在今茲乎余笑而納之且即以校經名其處
今而後日稽月考闚奧躪庭余與邦人士共勉之矣或乂
曰然則宜書之乃書於石時嘉慶二十有三　咸豐五年三
年七月朔教諭衛管訓導事海昌王清棟記
月朔雷震大成殿西柱焦裂棟梁亦壞知縣崔家蔭訓導
章廷彥倡捐暨城鄉殷紳胡誠潘林培等集貲修復崇聖
祠兩廡靈星門亦並新之　朱蘭重修餘姚縣大成殿記自
古人才出於學校服先王之教
爲四民之首誰不尊士敬士則士之宜尊敬至聖者當何
如也聖人代天以立教木鐸所宣垂教萬世天理人心之
所以不容泯者經訓具在不可須臾離故尊且敬之者一
如尊天敬天吾姚文廟之建始於宋世莫氏其後大魁天
下世遂以人爵爲天爵之報顯而修葺之輒有所驗蘭猶
及見其盛比來有效之者或應或不應豈文教之不振歟
靈秀之不盡鍾歟抑老成殂謝後學無所稟承身體力行
之道未講也乙卯三月朔雷震殿西棟及先哲神座皆有
斧鑿痕闔邑悚懼議捐貲葺所亟時浙中方協濟鄰省兵
餉力不暇給於是邑尊崔侯學師章君倡捐且商之殷戶
得十餘家出貲若干并易楹柱蟻蝕者崇聖宮兩廡及靈
星門之朽損者更新之鳩工始於四月二十四日告竣於

十二月十七日學師章君員外郎中表翁君董其事屬蘭爲之記蘭惟世道之盛衰人心之敬肆爲之也敬天之怒無敢戲渝仰體至聖迅雷必變之心無時不恪恭震動心常存而不放道無往而不行天人感應之效無踰此者衆指蒼蒼者爲天而不知吾心所固有者卽天也惟平日屋漏爾室之中刻刻有得罪於天之懼念念有不負聖教之心忮求怨欲一私不起吾見士品日以敦風俗日以美天爵人爵之符不求而合今豈有異於昔所云耶蘭學識謭陋忝辱卿列家修既缺國恩未酬豈敢以未責諸身者責人顧於天人感應之故頗有所聞見不禁感觸於懷而慨然言之願與同邑人士共勉之爾附記捐貲名數署縣事崔家蔭捐錢壹百千訓導章廷彥捐錢五十千邑人胡誠張寶鏞楊立功戚聲潮劉鳳書邵棻陳一佐戚德慶劉月瑞徐梅史光潘林培翁學涵合共捐錢一千零九十千咸豐十一年教諭署燬於寇同治五年知縣陶雲升重建進德齋三楹齋之東教諭住房三間同治十年知縣陶雲升邑人朱蘭等因大成殿朽壞募捐重建經始於辛未春落成於壬申秋督工飭料大成殿劉月瑞任之大成殿門徐

耀庭任之東西兩廡並尊經閣胡行恕堂任之崇聖宮楊三鱣堂任之文昌閣魁星閣陳志衡任之明倫堂昌黎祠暨鄉賢名宦忠義三祠並時修復又重建進德齋後教諭住房三間光緒二十四年邑紳籌款修葺重換大成門梁柱并學內前後牆垣祠閣廨署一新之葉秉鈞重修學宮記聖宮規制閎鉅歲久重修費以萬計或隨時加葺亦以千計同治間朱侍郎蘭等重修各鄉紳富量力分任以劉封翁月瑞朱觀察朗然董其成迄今將三十年漸有剝蝕共謀加葺歲甲午以後田禾豐且貴龍山書院積有贏餘院董諸明經麗藻等酌撥五百金並集捐千金擇日興繕總其成者前湖州學博施封君繼常暨史明經悠熙史明經久成也既蕆事屬秉鈞爲之記秉鈞竊謂聖宮事宜以灑掃爲第一義憶丁亥秉鈞司鐸江山先子至署徧陟宮宇庭階如洗登堂瞻視瑩澤無纖塵詢知江學有灑掃會乃前任姚君濬常捐俸倡率衿紳集貲置產歲以其息供灑掃喟然歎曰余常遊太學觀圜橋未有如是之潔者歸而與同志諸君倡設灑掃會惟僅爲之嚆矢議仿江學籌款生息爲久遠計

不特宫牆常昭嚴肅且不至歲久失修勤費鉅款不亦盡美盡善之舉乎謹擬章程别勒諸碑

官制

教諭一員復設訓導一員大清會典

學額

餘姚縣學廩生二十名增生二十名二年一貢入學名數舊照大學二十名雍正二年題準照府學額取進童生二十五名學政全書咸豐以來籌捐軍餉歷屆加廣進額今定爲永額三十五名

學田

宋丞相魏國史公鎮越捐己帑創置府帥前後繼而成之會稽山陰餘姚三縣共湖水田二千七十一畝有奇地三

十六畝有奇山篠地一百一十六畝有奇蘋岡六十四畝有奇蕩一畝二角五十一步屋一十六間嘉泰會稽志學故有土田山林陂蕩凡八頃有奇宋乾道四年前縣尉史浩爲丞相守越市良田取其歲入以給鄉賢之後貧不能爲喪葬婚嫁者附於學謂之義田田之課入屬之縣主簿給散屬之鄉士大夫及學官惟以養士不得移支慶元五年冬令施宿亦市田養士元州守李恭括田數百畝益學者廪餼泰定初守羅也速歹兒至正中守郭文煜皆清其侵占者邑人史華甫捐田五十二畝贍學

孫元蒙記餘姚爲越支壘相傳舜庶孽所封異時爲縣國
朝陞爲州設官五品以長之其政之所施加於舊矣至正九年夏四月大梁郭侯以奉訓大夫來知州事仁聲惠政洋溢遠邇尤注意於學校首謁孔子廟升明倫堂進諸老而問焉咸言學故有田歷年既久欺弊日滋以故廪入不足春秋釋奠取給臨時稍食弗充教養失實將無以仰稱

昭代右文之意，侯喟然歎曰此吾責也是不可以緩即推擇儒士之公廉誠篤者分歷諸鄉履畝考覈或見侵於豪右或竊種於頑民或以磽易腴或以廣爲狹至是既得其實皆案籍復舊及秋輸粟於倉庾無敢後者於是節其入以爲出裒其羨以備用凡祭祀之物營繕之須師生之廩稍莫不充然有餘而非復曩時之弊矣侯慮夫久遠而復爲湮沒也則又編其畝數著爲定法刊之於梓俾凡隸儒籍者家喻戶曉更相察糾以絕欺弊其慮亦宏遠哉開元孝義二鄉有海漲塗田每歲亭民據之以專菽麥瓜蔬之利侯乃命吏疆理計二百四十有一畝悉以贍學助養士此則規措得宜而愜乎公論者也州治之南有史民華甫宋太師浩之裔聞侯以興舉爲心慨然捐田五十有一畝歸之學會歲之入得米三十有五石此亦政化所及而發於良心者也夫既有以養矣則又延聘師儒增廣弟子員以廣其教考問德業以要其成侯之究心於學校嘉惠於諸生者甚至學正趙君德莊以事狀來徵文爲記竊惟聖天子宵旰圖治勞於求賢尤重守令之選故州郡之官類多良大夫焉夫學校化所自出而興舉之責在守令誠得良大夫以作新之則教化可行習俗可美而庶事無不舉矣噫學校之所以驟由教養之缺而弗周也教養之缺而弗周以守令之弗能盡心厥職也侯刺是州而能以學校爲先務必使教養兼至而無弊抑可謂盡心厥職者哉侯名文煜字彥達始以王邸說書授侍儀司典簿累遷華要令爲餘姚其政績多可紀姑述其興學崇化之事庸示楷法且鐫其籍於碑陰俾來者有所考　自後歲久籍失止焉至正十一年十有一月丁未朔記

存田二十畝三分康熙志　明嘉靖二十七年知縣胡宗憲捐俸餘收售贖共置田若干畝納租於學以助廩餼管見餘姚縣學田記梅林胡侯南畿績溪人也嘗受尚書於其先大夫樂山公謂侯曰此政事之書也爾修於家以養其出也嘗□其義旨否乎世之言善治者惟堯與舜爲萬世所賴而士君子之欲經綸康濟以求無負於所學亦每抗志於皋夔稷契之賢其所以共成唐虞之盛者班班可考也侯曰然雖不敏請持此以往由是而舉於鄉登進士第首試益都輒有明效而大夫已逝矣及至姚等威辨分以和其人民明罰敕法俾人不犯於有司雖僅見端緒未究所施井然皆皋夔事業也尤惓惓以學校爲首政提攜譽閱動有成則而諸士子翕然宗之嘗慨然曰餘姚素稱聲名文物甲於天下邇來多士濟濟視昔尤盛常廩之外庸有貧不得養者惟養之無具是故教之無從也得并我國家或曠之典而守土者之責矣乎爰夙夜咨度謀所以爲賙郵輔翼之資將使士之有志於學校焉不得自遂者莫不振勵激

發以求成功而侯之心始慰矣乃捐俸餘收眚贖共置田若干畝所入常租納之學宮以助餼廩之不足事若眇末其所關係豈細故哉教養具舉又無忝於父師之寄以修稷契之業亦前所未有也他如綜理山川以修疆鎮纂輯湖經以利鄉民部序保甲以振武事崇重節義以勵風俗凡種種可述者皆其緒餘耳古人有言曰一命之士苟存心於愛物於人必有所濟而況侯以仁明之資有奇抱之志上植堯舜之君而下欲振起夫皋夔稷契之治歸是而往其相與之業顧不偉哉且田之所設有限未必重有所濟繼此而令者必皆賢人君子而亦相與共成夫明白俊偉之志日新月盛則其廣大之業固未可量而諸士之感義而興起者則其爲志爲學又當何如耶是用記之以俟來者若田畝之數規畫之制已署之碑陰云

記原缺

萬曆三年以修理學宮餘銀置田五十二畝三分零

陳蒸介有年記　餘姚學故有田贍士若增置以儲葺學則當新學之後六年李侯視事之四年也李侯之先鄧侯實首議論曰學所繇積圮坐費詘又憚斂會故茲屬有公地可鬻得藉手而新厥圮顧若異日何誠以所撙縮之贏市常稔田歲儲其入以時視葺贏且不竭學可永不敝議既畢協無何鄧侯內召去李侯乃竟成之國家右文作士窮徼下邑聲訓旁皇可謂綦隆然而諦觀庠校郎俊國時有敝滮之歎

則何也天下之傳舍其官而日徵於簿書久矣簿書所不
亟見爲闊遠而逾自恕陳有年曰學田何爲者也是禪教
之郛廓也夫古王者立教則固有文實矣詩於王者之所
重則雖提空文以爲之郛廓而不足以造士欲舉王者之
所重而蔑置其郛廓不之理則所重者將無所寄而能行
王教遠矣其實可考見其在身心可內循而著且祭也不
得謂之終湮而今之曰學曰學田云者良大夫方後先而
理之士方儒冠鼓篋游且瞻於其閒也不得謂無郛廓可
寄繇良大夫之舉以敬應國家右文之治而原本於王者
之教教之所重士不當如是耶鄧侯名林喬內江人李侯名
時成水八

靳二十七年援例納監田一百八十畝沒官田二畝
二分零二十八年巡撫劉元霖市田一百九畝二分零三
十年邑人駱尙志捐田四十畝共置田二百九十三畝八
分零學山七十三畝零（康熙志）乾隆四十三年知縣唐若瀛
核實學田三百四畝八分五釐三毫
田畝字號列後

羔字八百七十一　田一畝四釐五毫
羔字九百三十一　田一畝四釐五毫
羔字七百四十一　田三畝
羔字七百七十九　田四畝二分一釐
羔字五百八十　田一畝三分六釐六毫
作字一千九百六十五　田二畝六分九釐九毫
作字一千九百六十六　田一畝二分八釐七毫
作字二千二百八十　田三畝一分三釐七毫五絲
作字二千一百十九　田一畝二分六釐五毫
作字一千五百四十五　田三畝一分
作字一千五百七十五　田一畝四分五釐
作字一千七百三十一　田一畝一分
作字一千九百六十　田四畝二分三毫
作字一千五百五十　田一畝五分八毫
作字二千二百七十九　田一分四釐
作字二千一百八十七　田一畝一分七釐
作字一千九百三十三　田一畝一分一釐
作字二千二百七十七　田五畝三分
作字一千八百七十四　田四畝二分四釐五毫
闕字二十　田四畝八分
闕字十五　田一畝二分四釐
闕字二十　田三畝

闕字二十　田一畝二分

闕字三十　田二畝三釐九毫

闕字一　田一分

闕字二　田一畝八分

悲字一百七十　田一畝六分

悲字一百七十　田一畝五分六釐六毫八絲七忽

羽字一百九十一　田一畝二分

羽字一千二百六十七　田一畝五分五釐

羽字一千三百九十三　田七分

羽字一千二百六十七　田一畝四分二釐二毫二絲五忽

羽字一千二百六十三　田二畝一分九釐八毫一絲六忽

羽字一千二百六十四　田七分六釐

羽字一千一百五十一　田九分一釐二毫五絲

羽字一千二百六十四　田七分七釐

羽字一千二百六十五　田七分四釐二毫五絲

羽字一百二十　田三分

羽字一百二十一　田六分

羽字一百二十二　田一畝四分

羽字二百二十二　田一畝一分七釐三毫六絲五忽

羽字二百三十　田六分

谷字二百二十六　田二畝三分六釐五毫九絲

谷字二百二十七　田二畝五分四釐五毫五絲

谷字六　田四畝一分一釐
谷字二百二十三　田一畝三分五釐六毫二絲
谷字二百二十三　田一畝二釐
谷字三百三十三　田一畝五分
谷字三百三十　田五分
谷字三百二十九　田一畝六分一釐
谷字四百二　田二畝一分六釐六毫
谷字十九　田三畝六分一釐一毫三絲
谷字二十　田三畝三分五釐二毫三絲
谷字三百四十一　田五分八釐八絲三忽
谷字三百四十一　田五分八釐八絲三忽
谷字三百八十　田三分五釐五毫
谷字三百八十　田分七釐七毫一絲
谷字四百九　田五分
谷字一百七十一　田五分
谷字四百二十　田一畝九分七釐八毫九絲
谷字三百八十　田三分五釐五毫
谷字四百二十四　田一畝一分一釐二毫一絲
谷字四百三十　田一畝三釐一毫二絲五忽
谷字三百八十　田三分五釐五毫
谷字三百五　田二畝七釐五毫六忽
谷字三百九　田二畝一分一釐四毫三絲三忽

谷字二百八十三　田一畝一分五釐七毫二絲五忽
谷字二百八十三　田一畝四分九釐九毫一絲
谷字一百七十三　田二畝二分一釐六毫四絲
谷字二十二　田二畝八分八毫二絲三忽
谷字二十四　田三畝三分四釐三毫一絲四忽
谷字二十五　田一畝五分四釐一毫
谷字三百六　田二畝八分七毫
谷字四百三　田二畝八分一釐八毫
谷字一百七十四　田一畝三分七釐七毫七絲
谷字四百四　田一畝二分八釐六毫
堂字三百五十三　田四畝五分七釐一毫
堂字四百一　田二畝六分八釐六毫五絲
附虛字二十九　田五釐
堂字四百一十九　田二畝六分八釐六毫五絲
附虛字二十九　田五釐
堂字四百二十九　田二畝六分七釐七毫五絲
附虛字二十九　田五釐
堂字四百二　田二畝六分七釐七毫五絲
附虛字二十九　田五釐
附虛字三十六　田一畝七分九釐六毫七絲五忽
附虛字三十六　田一畝七分九釐六毫七絲五忽
堂字三百九十四　田三畝一分三釐

堂字二百九十一　田一畝二分七釐七毫五絲
堂字三百九十五　田五畝八分五釐一毫
堂字三百六十八　田四釐四毫二忽
堂字三百九十七　田二畝六分一釐六毫五絲
堂字三百八十九　田四分五釐四毫五絲
堂字三百九十四　田五分六釐六絲
堂字三百九十五　田三畝
堂字三百九十八　田六分四釐六毫
堂字三百八十六　田七分四釐一毫
堂字三百九十一　田三畝二分
堂字三百二十九　田四畝二分
堂字三百九十　田一畝八分
堂字一百五十一　田二畝
壁字三百十五　田一分八釐九毫
壁字三百十二　田一釐五毫
商字二百八十二　田四畝二分九釐一毫九絲二忽
商字二百九十五　田四分三釐七毫三絲五忽
商字二百八十六　田二畝四分一釐六毫
商字二百九十五　田四分三釐七毫三絲五忽
商字二百八十六　田二畝四分一釐六毫
商字二百九十六　田三分八釐
商字二百八十四　田一畝七分六釐九毫八絲

商字二百八十四　田八分八釐四毫九絲
商字二百九十六　田三釐
商字三百十二　田四畝五釐八毫
商字二百九十六　田二分九釐二毫七絲八忽
商字二百八十二　田一畝四分三釐五絲七忽
商字二百九十五　田二畝九分六釐二毫五絲
商字三百三　田一畝三釐
商字二百五十九　田九分八釐
商字二百五十九　田一畝九分七釐八毫六絲
商字二百八十五　田二畝三分九釐四毫
商字二百六十五　田二畝七分八釐二毫
商字二百九十六　田二分九釐二毫七絲七忽
商字三百三　田一畝三釐
商字三百八十五　田二畝三分九釐四毫
商字三百八十　田一畝八分三釐三毫
商字二百八十一　田一畝八分七釐六毫二絲
商字二百六十五　田二畝七分八釐二毫
商字三百八十二　田二畝五分七釐五毫八絲
商字二百九十六　田九釐
四字五百二十五　田二畝九分九釐
四字五百二十九　田二畝九分七釐
四字四百五十四　田四畝二分二釐七毫

四字五百五十二　田二畝
身字四百八十三　田四畝三分五釐
附虛字三十六　田三畝五分九釐三毫五絲
身字九百七十　田三畝六釐三毫
身字三十　田二畝八分
履字六百七十七　田七分九釐三毫六絲八忽
履字六百八十一　田四畝八分三釐六絲八忽
履字六百八十二　田三畝二分
履字六百八十二　田二畝四分五釐一絲五忽
履字五百六十三　田二畝一分二釐六毫
臨字一百七十九　田二畝四分二釐八毫五忽
臨字一百四十四　田三分
臨字一百四十七　田一畝三分七釐五毫一絲
臨字一百七十九　田二畝四分二釐八毫五忽
臨字一百四十四　田三分
臨字一百四十七　田一畝三分七釐五毫一絲
深字二百三十七　田二畝九分三釐四毫
深字二百七十五　田三畝七分九釐九毫
深字一百四　田一畝一分三釐
深字三百十八　田一畝二分三釐
深字二百七十二　田一畝七分六釐三毫六絲
深字二百七十三　田四分七釐三毫二絲

深字二百七十四　田一畝四釐九毫五絲
盈字一千三百　田一畝三分六釐五毫
致字一千七百十　田二畝五分五毫
被字一千一百十一　田一畝一分三釐二毫六絲
被字一千一百十　田四畝五分二釐八毫二絲四忽
被字一百三　田三畝四分九釐八毫
被字七百十六　田三畝四分六釐八毫三絲
被字七百三十九　田二畝二分八釐七毫八絲三忽
被字七百五十四　田二畝
被字一千二百五十七　田八分三釐一毫

以上共田三百四畝八分五釐三毫乾隆志案學田佃已久歲僅徵租銀七十五兩一錢八釐余適量移未及清理以俟後之官斯土者　案租銀七十五兩有奇今尚由官收解作貧士糧其田終不能淸釐也

邵晉涵南江文鈔學校官田考學校官田者何郎周禮載師所稱士田是也鄭氏衆曰士田者士之子耕而食之非其八不得與先王之所以待士者至深厚矣我邑學校之有田也自宋始舊志學故有士田山林陂蕩凡八頃有奇宋乾道四年前縣尉史浩爲丞相守越市良田收其歲入以給鄉賢之後貧不能爲喪葬婚嫁者附於學謂之義田

慶元五年冬令施宿亦市田養士元州守李恭括田數百畝益學者廪餼泰定初守羅也速歹兒至正中守郭文煜皆淸其侵佔者邑人史華甫捐田五十二畝贍學自後歲久籍失止存二十畝八三分明萬歷三年以修葺學宮餘銀置田五十二畝三分零二十七年援例納監田一百八十畝沒官田二畝二分零二十八年巡撫劉元霖市田十九畝二分零三十年邑人駱尚志捐田四十畝共置二百九十三畝八分有零學山七十三畝有零此皆載在記志班班可攷者也今年邑人請修志書余不敏承之志事因爲學鉤稽學田案之前明陳冢宰碑記及今現存檔冊實有學田學租名色鑿鑿可據者得田三百四畝八分五釐三毫悉登載志書以杜欺隱而昭覈實但學田者官田也今官胥收息問其賦出僅公款七十五兩有奇問其賦入則茫無可稽噫官司失守刁蠹朋興害已去籍之術工詭寄懸抵之弊作官田具在名存實亡其不爲剖分之瓜郎爲螬食之李矣可深慨也夫維時邑大夫三原唐君艮有司也有志興廢舉墜乃移篆錢塘未獲終藏其事余故詳攷之以俟後之官吾土者時乾隆戊戌八月望日

試院

試院在縣治東側同治十一年邑人葉燦邵堂葉墀徐兆

楨朱朗然朱壽彝朱衍緒謝光樞曹武卿以捐修　文廟餘資明年春稟縣請於治東偏地捌建試院知縣陶雲升詳準建置達善堂三間號棚六十間由堂而南橫列四進各十五間每中間作爲川堂土地堂一間在頭門內北閱卷房四間在達善堂西廚房二間在閱卷房後四週繚牆有頭門三間在縣署儀門東面西有甬道有龍門有角門

寄龕文賡餘姚試院碑記自來以名臣碩輔樹豐功偉烈者大半出身科第而自俊秀以升庠序功令必由縣而府以次攷校錄送學院然後督學使者拔其尤隸學官以儲清華之選蓋學校爲國家養士之區而縣試實士子進身之始英才入彀顧當面試瑣闈置棘今昔所同是故郡治必有試院以待學使按試惟附郭之縣得先府院而用之其在佗邑往往闕而未備餘姚雖壯縣前此常就縣署爲校試地不足以崇體制昭嚴肅也惟吾師久香朱夫子致以爲憾會長公弢夫侍養里居乃奉師命屬耆老謀興作先是重修學宮請於行省得緡錢四千爲吾師之言之也撫部慕悅名德故其應如響比及工竣而邑之樂輸者已給於用其錢猶別庋左藏皆曰是可取也

弢夫則謂邑經燹火官寮之僑寓者若丞若尉廨宇皆未復宜移以資之此役之興誼用民力慱以便童子試井是者無與焉皆曰然爰始度地於令廨東偏城隍廟西偏規爲號舍四行行若干楹東北西北兩鄉任之入自龍門墉垣四周而堂於其北兩城及南鄉任之經始於壬申仲冬朔閱一歲既觀成名其堂曰達善其亦謂由此以選者人志於達則兼善天下也於是乎體肅而公私使邑士以斯役也宜有以志歲月詔方來弢夫獨具本末馳尺書徵文於德祖以德祖之受知門下而粗得吾師文字之傳也私竊自念生士族世爲士幸而籍附郭縣附郭縣乃有二回憶丱角櫜筆就試其時試童子者兩邑亡慮三千人郡試院不能容吾會稽猶局試縣署試必歸六房作號舍有力者以重貲賃諸吏乃得占之外此循廊廡列几案向人率百錢謂之納卓賜雨之不時風雪之不蔽莫之或卹中更時難人數差減於前兩縣今既同院而試矣吾未見來者之不日益而將復其舊也安得有如吾師者慽之而又有如弢夫者任其事以唱邑之好義者共成之然則餘姚之有此院由之以進其身者其必念締造之功懷覆翊之德相與奮興鼓舞於功名之路以光邦家而榮閭里矣爰書之以復弢夫且以諗此邦賢士凡首事名在公牘者曰三品銜江蘇候補道朱朗然弢夫也曰四品封職員邵堂曰前餘杭縣訓導葉墀曰候選訓導徐光楨曰廪膳生朱壽

彝曰候選訓導舉人朱衍緒曰國子監學錄舉人謝光樞曰監生曹武卿例得并書

書院

姚江書院在南城東南隅巽水門內明崇正十二年縣人沈國模史孝咸講學於半霖從學蘇元璞因建義學祀先賢王文成以弟子配享旁祔元璞主旋改爲姚江書院案今書院中奉文成公像旁列及門弟子暨私淑諸人並有功書院者皆祔焉國朝康熙四十一年知縣韋鍾藻改建於南城東南巽水門內甬聲苑舊址邵廷采姚江書院記廷采少時侍王父魯公先生講學城南始識所謂姚江書院者先是正德嘉靖間文成王公倡明正學高達之士風趨景從而邑中徐曰仁錢緒山兩先生實羽翼先後文成沒弟子所在爲立書院案陽明書院之在宇內者七十二而浙中居其六餘姚則龍泉有中天閣故爲緒山講學之所而書院未有聞者豈傳之近且眞有其實固不必事其名歟崇禎中沈聘君國模管徵君宗聖史隱君孝咸文學孝復篤志聖學捐其舉業從事於此因雙雁里半霖沈氏宅肇

營義學蒸邑中士有志節者寢食其中月季小大會胥德行
言語政事文學俊彥咸在目擊心喻直從文成溯洙泗逮
濂洛朱陸異同並收期於躬行有所得力而已義學之制
前爲堂奉先師孔子洎四配後爲樓奉文成洎同里親炙
私淑諸賢易像爲主遵祀典也不偏奉先賢先儒宗其近
黨塾不敢並文廟也其諸門廡講舍一切草創則時與力
有不暇務作人明道而不汲汲於觀美粉飾用俟後之人
增長而廣大之始建歲在己卯越二十年丁酉重修乃額
名姚江書院云初郡城蕺山劉子石梁陶公會講證人社
姚江峙起往復相和天下學者稱越中證人祀和靖姚江
祀文成皆其地講學之祖推揚餘徽郡邑人士斐然各有
成就劉子既殉國而四先生亦守肥遯隱然金華處士之
風嗚呼運會有晦明道之在其人豈不偉歟四先生沒繼
之者韓氏孔當邵氏元長俞氏長民史氏標韓氏弟子徐
君景范康熙己酉聞韓氏講學城隅士風大振自是少降
矣近年院屋多圮舊人盡亡後生希見當年教澤之盛可
歎也歲庚午安邑康侯來宰餘姚既大興學宮復募完葺
書院侯出其祿修先師堂月吉親詣搢紳大夫濟濟蒸蒸
小子譽髦歌趨以和者人聚觀莫不愴泣方迎新主鳩工
度後樓秋大潦饑工輟會明年侯去院弟子請於新令冀
更修之竟未有緒也有撓其議者曰既作泮宮書院宜後
夫書院輔學校宋以來有之自帖括義興學校之設名存

實徵若夫求論幾深徵覈日用動靜有養德藝不遺其人其學多出書院書院得人皆學校光夫成己成物紹往哲開來者不在上則在下不在父兄先生在其子弟當仁不讓此吾黨責也況諸先生經始養士之意其惡可沒因感慨欲獻爲志其興替如此

姚江書院後記

往讀易至山風之卦其象曰終則有始天行也元亨而天下治其象曰君子以振民育德振取諸風育取諸山山風位乘則取諸蠱蠱必有事有事而後可大故受之以臨以觀物大中正下觀而化煥然更始民物一新雖天行豈不以其人哉康熙辛未黃岡韋公來宰餘姚大開義學延邑中士稽論文藝月季親詣臨之簡不率者而登其率者邑人史孝廉在官邵孝廉倡蘇進士滋怍偕同志數十輩進而請曰是藝也必求諸道道成而上上爲陽明爲朱爲程爲孔顏曾孟陽明故姚江前哲特有書院祠焉其前堂仍奉孔子四配如學宮例大居正一統不得有同異也洮管史諸先生於此擇焉已精興養作人精神不可埋沒今明府以學正四術之教迪我人士盍郎并移義學於書院斯實守先待後可傳百世公曰書院在城南涇下旁居人稠處木朽且折吾聞承儆者利用革幹父者戒用裕欲更書院於城中爽壇何如皆應曰願如公命於是公捐兩歲俸買角聲苑出佛像遷主有日而公用事解篆去羣議多惜公已而共慨然曰此一事足公不朽矣公不以去留易意手書輒趨院

寀時郡蘇二子相繼沒其子弟及司院者亟董成之四方來襄役者甚衆請於新明府楊公曰非公不能成韋公之志楊公敦厲多士嘘姚江之蘊火而復燃遂奉先師神主至陽明迄於同門私淑肇嘗前院者咸入角聲苑改題角聲苑爲姚江書院乃大召工起前庭廟後樓旁立學舍致其故瓦棟楹檻之量可裁用者而益市買其新者角聲苑直新城東南門夾右巽水北注學宮地當文明以儒易墨嘉運參會合於先甲三日之義自此姚江人士既有其地當講其學務追千聖一傳磨砥躬行無徒剽騰良知口說爲也夫學者天下爲公哲愚同歸自生民以來未有奇詭非一邑之事一先生私授矣韋公在杭州聞其事而心怡之遺書楊公拜成而命廷采爲記是歲壬午康熙四十一年其遷且十月乙酉也

雍正九年浙江總督李衛檄縣重修（乾隆通志參乾隆志）乾隆三十八年邑人楊輝祖重修五十八年楊輝祖增建廡樓十楹並添置膏火田三十六畝（姚江書院志略）

茹棻重修碑記禮凡釋奠者必有合也有國故則否解之者曰其國無先聖先師則合祭鄰國之先聖先師若其國故有先聖先師則不合也今天子稽古右文命天下郡縣皆廟祀夫子於學而先師則未頒諸令甲姚江陽明先生以良知之學接洙泗

見聞之統學術事功炳於天壤固其地之先師也至書院之設萌芽於唐盛於宋迨有明而弊且叢生原其初實古者黨庠術序之遺意俾諸生春秋習禮其中奉其鄉之先師以俎豆於不祧蓋彬彬乎與三代同風焉姚江之有南城也在明嘉靖之三十五年書院之自半霖移建也在國朝康熙之四十一年其前楹則奉陽明先生栗主以鄉賢橫山緒山諸先生配顧其地狹隘不足以容絃誦且漸蕪廢不治天下事之不能有盛而無衰於學則亦有然矣爰於乾隆己巳咸推楊封公輝祖董其事自是而塗塈之丹雘之中堂後樓以次修舉封公猶以爲不足歲癸丑拓廡樓十楹且爲陽明先生肖像以祀蓄書院於是復盛院中歲收所入舊有田三十六畝爲春秋黝堊之需今封公以其經理羨餘續置田三十五畝又劃贍產十五畝以益之凡增田三十畝用備師席膏火顧落成未久封公已謝世諸君子不忍沒其成勞而請記於余余以爲姚之人克守其先師之傳久而愈篤與夫楊封公之樂善不倦諸君子之受施不忘事皆中書法余不敏茲歲實主龍山講席兩書院之相望如驂之靳故樂爲推本經訓而序之如此

田畝字號列後

詩字一千一百九十一　田三畝一分四毫

舊志作一千一百九十一

詩字二百五十七　田四畝二分四釐

詩字二百五十九　田六畝三分五釐九毫

詩字二百六十九　田二畝七分二釐六毫

詩字二百七十　田四畝五分七釐八毫

詩字二百七十一　田四畝五分四毫

詩字二百七十二　田二畝七分五釐五毫

與字二百六十九　田二畝五分八毫

與字七百一　田七分六釐一毫

與字七百四　田二畝四分八釐三毫

當字二百一十六　田二畝三分二釐二毫

舊志作二百六　舊志作二畝七分

以上田三十六畝三分四釐案舊作三十六畝七分二釐二毫三絲今據縣册正

歸復院田紀事

建學所以造士而官學與義學廣勵其才學田所以養士而公田與私田各隸其籍上下不相侵淩即彼此不得強爲移置也姚江書院舊有田六十餘畝積久漸圯至雍正間僅存三十餘畝歲收所入董事者不免侵欺閒爲修葺浪事開消迄無簿書可稽至乾隆己巳邑人徐永侯訴其事於官詳序院田來歷邑侯左公疑其假公滋事乃召兩城紳士查覆於是朱士照徐秉節等十餘人據實具覆仍寢不理至壬申歲李公化楠宰姚欲移其

田於信成書院集紳士於明倫堂議之邵學海獨抗言不可以爲信成書院本有公產而取此益彼則姚江書院不終廢乎李公怒其言即移置其田於信成諸生姜鎬羅塤等呈請歸復批斥不准乃訴於府李公亦具文通詳被制憲批飭歸還姚江書院歲甲戌府憲杜公遵批飭縣註册永無移易自是徐子武臣秉公經理者數載旋以年老舉楊子涵庵以自代今次重修皆出是田之所積貯向使任其侵欺移置後之人又烏識所謂姚江書院耶爰紀其事以垂驗焉附制憲喀批查是田係姚江書院學會士子所捐爲先賢王文成歷年享祀歲修之用該縣撥充信成書院膏火不合殊甚仰紹興府飭速歸還姚江書院具報立案毋違此繳乾隆十七年十二月

與字七百五　地二分六釐八毫

以上地二分六釐八毫　乾隆志案院地不止一號適余調任錢塘未及細查

續查田畝字號列後

與字一千一百八十七　田二畝六分九釐二毫一絲八忽

與字一千一百八十四　田一畝三分七釐三毫三忽

與字一千一百四十三　田四畝一分三釐四毫四絲

與字一千一百四十四　田二畝四分三釐一毫七絲

與字一千八十　田二畝二分一釐六毫
敬字一千二百四十四　田一畝五釐三毫八絲七忽
敬字九百　田一畝四分九釐三毫
敬字九百八十二　田三畝五分六釐四毫六絲六忽
敬字一千五百一十四　田五畝五分四釐三毫九絲
敬字八百九十八　田五分五釐一毫五絲
敬字九百五十七　田一畝一分三毫六絲二忽
敬字九百一十一　田一畝四分七釐五毫
當字一千二百四十九　田二畝八釐六毫四絲二忽
君字三百六　田六分五釐
君字三百五　田一畝二分
定字二百八十六　地三分
定字三百三　地三分二釐八毫二忽

以上共田三十一畝四分七釐九毫二絲八忽地六分二釐八毫二忽

通共姚江書院田六十七畝八分一釐九毫二絲八忽地八分九釐六毫二忽

龍山書院在龍泉山舊爲中天閣後廢爲庵乾隆二十四年知縣劉長城建爲書院每歲延師課士乾隆志

學政李因培新建龍山書院碑記

餘姚爲浙東望縣龍泉山又一邑之望風帆還往隨江流爲屈曲指北城有山歸焉相傳爲宋高宗駐蹕飲其山之泉而甘之者是也環山之陽作廟翼翼以祀其鄉之先達謝文正孫忠烈呂文安諸公最上爲王文成祠諸生歲時習禮其間循祠而下數武方廣二畝許繚以周垣高甍巨桷則邑侯澧水劉君長城所新建書院榜曰龍山而余門下士李生祖惠適爲之山長焉考其址舊爲中天閣文成晚年講學地後廢爲尼寺劉侯人其人而斥其居以建院猶不足則鑿山而夸之視舊址加倍架樓數楹下爲講堂樓之上以矚眺諸生肄業兼樓上下及左右翼得方丈之室三十有奇稍西爲屋三楹山長所偃息也又直東五楹爲諸生庖湢經始於己卯二月落成於庚辰二月共費錢若干緍出劉侯捐俸與都人士樂輸而郡守張公遙相提倡功亦幷細云歲之三月余自明州試回登龍泉山拜文成祠爰憩是院升其樓而樂之俗學之陋也爲不能開拓胸襟發明耳目舞雩從遊而有閒則夫子善之矣居是室者江山之好城郭人民之稠密田疇竹木之參差數十里間無遁隱而又晦明風雨雜沓異變夫文成

良知之學非竟不合朱子各因所得力亦如陸子靜於尊德性著力居多諸生有門然興歎者乎則吾性中高明廣大取諸日前所見亦口矣國家建立學校愼選師儒教之旣已詳又於省會設書院延四方朝士大夫之告歸林下者以訓其鄉之俊髦德澤至深厚乃至一郡一邑亦各仰承風旨故今書院義學之設徧天下然非實意奉行亦或苟可以安而止余所聞姚邑向有兩書院曰姚江久蕪廢不治曰信成濱劍江絶卑窪三月淫潦則師生懸釜是慮豈所謂絃誦之堂耶劉侯不安其故選是高明爽塏之地又適曩日絃誦勝襄鐘鏞再煥詎曰非天星言夙駕勞苦勸相以克有成功君已擢部屬以去夫古之君子大約勞其身以爲百世利若人人及身而謀天下事其誰任之叔孫昭子之在晉雖一日必葺其牆屋去之日如始至以是心居官則可與言道矣劉侯庶幾知道者又喜李生之道之行姚之人蓋三去而三思之劉侯旣瀕行不數月生亦當謁選去余不能無望於後之人是爲記

乾隆五十四年知縣陳昶修乾隆府志**同治十一年燬於寇光緒五年重建**

知縣高桐重建龍山書院碑記

書院爲培養士子之地文學出其中經濟亦出其中不知者視爲緩圖無惑乎士習日漓民俗日偷欲求治而卒不可得治也餘姚舊有龍山書院自禮水劉君長城創建於乾隆己卯至同

治壬戌燬於兵燹肅清後屢謀修復輒以經費不足中止同治庚午陳君谿來攝是篆飭令將書院租穀派董經理除生童月課費用外餘錢存放生息積至戊寅年終共計餘錢二千五百餘千適余以是冬旋任爰集紳董共議諏吉鳩工建復舊規架樓五楹及左右兩翼樓上供文成神位下爲講堂稍西平屋三楹爲劉公祠直東五楹爲庖湢所經始於己卯二月落成於己丑七月蓋去劉君肇造之日百二十年於茲矣而土木之興前後皆在己卯謂非數有前定與攷其舊址爲中天閣固文成講學之地登斯樓也覽江山之壯麗與城郭人民之稠密其於高明廣大之旨必有證諸目前而悠然自得者諸生心文成之心學文成之學則文成之德之功亦將復見於今日當不徒以文章鳴盛已也是爲記

田畝字號列後

悲字二百四十——田三畝二分三釐一毫二絲五忽

悲字二百五十六——田一畝六分九釐一毫六絲八忽

悲字二百四十五——田六分八釐

悲字二百四十二——田八分六釐六毫

悲字二百四十三——田七分五釐

悲字二百五十——田一畝四毫六絲七忽

悲字二百七十二　田二分一釐八毫七絲五忽舊志作六忽
悲字二百四十七　田六釐
悲字二百八十二　田八分
羔字六百五十六　田三畝四釐六毫五絲
羊字九百九十二　田八分九釐
羊字九百十七　田一畝四分四釐
羊字九百三十二　田一畝三分一釐一毫
羊字九百四十四　田二畝五分八釐
羊字九百四十八　田五分一釐四毫
羊字九百五十　田三分八釐五毫
羊字九百九十三　田七分二釐五絲舊志作七釐二毫五絲
羊字九百五十四　田一分七釐三絲二忽
羊字九百五十五　田二分八釐六毫七絲五忽
羊字九百五十六　田三分六釐五毫二絲
羊字九百五十一　田三分五釐
羊字九百五十二　田一畝六分二釐四毫五絲
舊志分三號
羊字九百五十八　田一畝九分九釐二毫七絲
羊字九百五十八　田二畝
羊字九百六十　田一畝四分五釐八毫三絲二忽

羊字八百九十一　田一畝五釐
羊字一千六百八十五　田二分九釐五毫
力字二百一　田一畝二分八釐六毫四絲
力字二百六　田九分八釐五毫
力字二百一十二　田一畝四釐二毫
力字二十　田四分七釐九毫九絲
力字一百三　田三分六釐六毫六絲
力字一百六　田五分八釐一毫三絲
力字二百十四　田七分四釐三毫三絲
舊志作一百十四
力字一百十九　田一畝八釐七毫
力字一百三十一　田一分八釐六毫五絲
力字一百四十五　田一畝一分五毫七絲
方字一百九十一　田一畝一釐八毫九絲
力字一百九十二　田四分八毫
力字一百九十三　田七分三釐五毫五絲二忽
力字七百三十二　田一畝四釐四毫二絲
舊志作悲字
力字七百二十四　田二畝三分七釐七毫
舊志作悲字
師字二千五百七十六　田八分四釐四毫
師字七十七　田一畝三分八釐一毫

舊志作二千五百十七
師字二千六百四　田二畝七分四釐二毫
師字二千六百六　田二畝七分七釐一毫三絲
師字二千六百十八　田七分八釐八毫七絲五忽
師字二千六百十九　田三分三釐
師字二千五百七十八　田七分八毫
舊志作七分九釐
師字二千五百七十九　田八分三釐五毫
師字二千六百八　田一分六釐五絲
師字二千六百十　田三分七釐五毫
師字二千六百二十一　田二畝七分五釐
師字二千五百八十　田六分五毫三絲
師字二千五百八十一　田四分五毫九絲
師字二千五百八十二　田三分四毫二絲
師字二千六百十三　田一畝一分六釐八毫
師字二千六百十四　田二分八釐八毫三絲
師字二千六百二十二　田三分一釐六毫六絲五忽
舊志作四忽
師字二千五百八十四　田三畝七分五釐五毫三絲五忽
師字二千五百八十五　田二畝五分一釐六毫
師字二千六百十五　田一畝二分二釐七毫一絲
師字二千六百十六　田五畝一分六釐七毫

師字二千六百二十三　田一畝五分八釐一毫二絲

師字二千五百七十九　蕩二分

駒字三百四十九　田九分三毫三絲七忽

駒字三百五十　田一畝二分五釐二毫七絲一忽

駒字三百七十三　田三畝九分六釐五毫九絲四忽

駒字二百九十八　田二分九釐九毫六絲六忽

駒字三百六十四　田九分二毫八絲三忽

駒字四百三十九　田二畝五分一釐八毫七絲五忽

駒字一百九十　田一分二釐一毫

駒字一百九十四　田四分五釐八毫

駒字四百十五　田四分

駒字三百八十五　田二畝二釐一毫二絲五忽

舊志作三百八十三

駒字四百五十一　田一畝五分七釐七毫四絲六忽

駒字三百二十五　田一畝五分

駒字三百二十三　田二畝四分八釐五毫

舊志作三百三十三

駒字一百六十　田一畝五分一釐二毫

此號田畝舊志失載

王字二百二　田一畝八分四毫七忽

舊志作七絲

王字六百二十三　田八分七釐四毫

王字二百三　田一畝二分二釐三毫九絲六忽
被字一百六十九　田一畝四分四釐四毫四忽
被字一百五十七　田二畝六釐五毫二絲五忽
舊志作一忽
被字一百六十四　田一畝三分二釐三毫一絲
被字二百七　田一畝九分三釐四毫
舊志作四忽
竹字五百十八　田一畝七分一釐一毫四絲五忽
松字九十二　地四畝四分八釐四毫三絲七忽
松字九十三　地一畝二分三釐八毫
君字一百七十四　田六分四毫
君字一百八十　田二分
君字一百七十九　田四分五釐
君字六百二十　田九分四釐七毫三絲二忽
君字一百八十二　地八分五釐
舊志作五分五釐
君字一百八十三　地七分
君字一百十三　地七分五釐
君字二百八十四　地三畝七分九釐
事字六百十九　田一畝四分九釐四毫
事字六百二十　田九分四釐三毫
當字一千二百七十四　田一畝

舊志作一千四十七

當字一千四百五十九　田二畝

舊志作敬字

有字七百四十二　田六畝七分七釐八毫七絲

皇字一千七百四十三　田二畝五釐八毫三絲

皇字一千七百四十四　田五分六釐八毫七絲五忽

皇字一千七百四十六　田二畝八分四釐四毫五絲八忽

舊志分二號

皇字二千七十三　地五分

皇字二千七十五　地四畝五分

皇字二千七十九　地七分

因字　地十四畝

永福庵丈出路門餘地　地五畝

山五畝

案因字地十四畝係眉山巡檢司城司署廢址由周莕徐高承佃歲輸租錢

以上田一百二十六畝四分一釐七毫四絲九忽地三十六畝五分一釐二毫三絲七忽蕩二分山五畝　案舊作田一百二十七畝五分三釐四絲六忽作地三十七畝三分二釐二毫三絲七忽今據縣冊正

駒字二十　田六分三釐四毫一絲六忽

君字一百八十二　地三分

案以上二號載在舊志縣册所無今附此

乾隆四十四年通德鄉雲居庵充公田

染字九百八十四　田三畝六分三毫三絲三忽

染字一千十三　田一畝四釐六絲三忽

染字一千十三　田四分

染字九百五十七　田二畝六分二釐三毫五絲

染字九百八十二　田五畝三釐九毫四絲二忽

染字一千九十四　田七分四釐一毫六絲六忽

染字一千八十一　田三畝七分二釐

染字九百五十九　田六分四釐二毫

染字九百一十二　田二畝

染字一千五　田三畝八毫三絲三忽

染字一千六十二　田二畝九分五釐八毫五絲

染字一千九十六　田三畝八分八釐七毫五絲

染字一千九十一　田一畝四分

染字一千八十　田二畝六分二釐四毫二絲

染字一千八十九　田二畝五分七釐八毫三絲三忽

染字九百八十三　田二畝九分

染字一千一百三十四 地四分
讚字一百五十一 田六分九絲
讚字一百五十八 田一畝一毫四絲
事字四百九十八 田四分六釐六毫八絲
當字一千六百八十七 田五分五釐三毫一絲
當字一千六百八十七 田三分一釐二毫九絲
是字四百四十九 田五分五釐三毫一絲
是字五百六十 田四分九釐一毫
是字四百九十七 田六分四釐一毫九絲七忽
是字五百十四 田五分一毫三絲
是字五百二十四 田七分五釐二毫
是字五百七十 田七分三釐九毫五絲八忽
是字四百八十一 田六分八釐七毫三絲
是字五百十八 田一畝一分一釐五毫
是字四百八十二 田七分五釐六毫
是字五百十六 田一畝五釐八毫三絲
是字五百十九 田八分二釐九毫二絲
是字四百九十二 地七分一釐二毫五絲
是字四百九十三 地二分五釐七毫五絲
是字五百十七 地一畝二分五釐六毫五絲
是字五百十八 地四分一釐五毫五絲
是字五百九十三 地一分二釐七絲三忽

是字五百四十　地五畝一釐五毫
是字五百一　地二畝三毫八絲
是字五百二十六　地一畝六釐五毫
是字五百四十六　地六分三釐五毫四絲一忽
是字五百四十七　地七分五釐
是字五百三十　地六分五釐六毫二絲五忽
是字五百　地一畝一分三釐七毫五忽
是字四百九十四　地一畝四分四釐四毫六絲
是字四百八十一　地八分五毫八絲
是字四百八十八　地五分
是字五百十五　田一分四釐二毫

以上田五十畝三分六釐九毫二絲五忽地十七畝一分九釐六毫九忽

嘉慶元年上虞王懋昭助膏火田三十九畝零

邑人黃璋　龍山書院續助膏火田碑記

姚邑龍山書院背龍山而臨大江城垣深衞高峙翔然舊爲中天閣故址固先儒王文成公講學之地也每歲縣公延請山長諸生紱誦於此月之朔望次日諸生校藝山長定其甲乙量給膏帑有差舊有田四十

四畝零地一十七畝零董事收息經理嘉慶元年上虞王君懋昭又以在姚孫涇田三十九畝零助入書院以濟膏火呈縣立案距今歷五年所矣王君恐事久言湮乞余誌石并誌田之畝號於碑陰余以爲王君此舉有三善焉不自封殖推所有以利人一善也慕義若渴不爲緇流所惑加惠儒林二善也姚虞接壤無方隅之見大公無我三善也於義當書夫龍山固昔文成王公講學之地也

斯字四百二十八 田七分九釐三毫
斯字四百二十九 田一畝三分六釐七絲五忽
斯字四百四十八 田三畝六釐六毫
斯字四百二十七 田一畝五分三釐一毫八絲
斯字一百四 田一畝九分七釐九毫一絲七忽
斯字九百三十七 田一分二釐六絲二忽
斯字九百三十八 田一畝九分一釐三毫七絲五忽
溫字四百七十四 田三分一釐七毫五絲
溫字四百七十五 田二分六毫四忽
溫字四百七十七 田四分四釐二毫六絲六忽
溫字四百七十六 田二分六釐二毫四絲七忽
溫字四百七十八 田三分四釐二毫七絲七忽
溫字六百二十七 田二畝三毫一絲二忽
溫字六百一十七 田二畝四分五釐七毫四絲

溫字二百五十四　田一畝五分七釐五毫

溫字三百五十五　田二畝三分四釐八絲三忽

溫字三百五十九　田二分

溫字三百六十七　田一畝九分九釐三毫八絲

溫字四百八十　田六分五毫

夜字一千七十一　田一分二釐三毫五絲

夜字一千七十三　田四分七釐八毫七絲五忽

夜字一千七十五　田五分四釐六毫七絲五忽

夜字一千七十七　田四分七絲五忽

夜字一千七十九　田二分四釐六毫八絲七忽

夜字一千一百一十　田六分三釐六毫七絲五忽

夜字三百七十三　田三分八釐六毫八絲五忽

夜字一千七十二　田二釐五毫

河字九百四十九　田八分三毫

河字九百五十五　田二分九釐一毫六絲五忽

河字九百五十一　田五分九釐七毫五絲

河字九百五十二　田七分五毫

河字九百五十三　田七分六釐一絲七忽

清字八百六十八　田六分五釐四毫三絲二忽

清字七百六十九　田一畝七分八釐五毫

清字七百五十五　田三畝一分五釐

清字七百七十六　田一畝四分

淸字七百五十六　田一畝五分四釐

以上田三十八畝四釐三毫五絲四忽　案王懋昭助田三十九畝零今據縣册核實止此數

舊畸田

是字五百十二　田一畝一分五釐六毫二絲五忽

是字五百十三　田八分三釐三毫三絲

羌字六百四　田二分五毫

羌字六百六　田三分三釐六絲

羌字六百一　田三分六毫

羌字六百九　田二分六釐八毫

羌字六百十五　田二分四釐

羌字八百三十二　田一畝七分三釐五毫

羌字八百五十八　田二畝七分七毫

羌字八百四十七　田一畝一分六釐八毫三絲

羌字八百四十八　田一畝三分六釐

羌字八百七十一　田一畝二分

以上田十一畝五分九毫四絲五忽　案此田未知出處存查

憲捐膏火田

名字八百十九　田三畝九分九釐一毫

名字八百二十　田三畝五釐二毫

名字八百五十一　田四畝一分二釐九毫

名字八百五十四　田一畝五分

名字八百五十六　田三畝六分三釐六毫

名字八百五十七　田三畝六分六釐五毫

名字八百十五　田四畝二分六釐四毫

名字八百四十四　田二畝九分二釐一毫

名字九百二十五　田三畝五分

以上田三十畝六分五釐八毫

同治三年黃春生充公田

方字七百　田三畝五分三釐

方字四百　田七分

方字七百一　田三畝八分九釐

方字七百九十三　田一畝

方字七百六十七　田二畝五分

方字七百一十　田一畝三釐一毫七絲

方字七百六　田八分九釐一毫四絲三忽
方字七百七　田九分一釐一毫
方字七百六十七　田一畝
草字三百六十七　田七釐
草字四百一十一　田二分
草字四百一十三　田一畝四分六釐五毫三絲四忽
草字四百一十七　田六分五毫八絲
草字四百二十五　田五分七釐五毫九絲
草字四百三十四　田二畝二釐九毫二絲一忽
草字四百三十五　田一畝一分一釐四毫七絲九忽
草字四百四十一　田四分
草字四百四十　田三畝九分八釐三毫八絲七忽
草字四百四十五　田一分八釐二毫四絲八忽
草字八百二十三　田一畝三分六毫五絲
草字八百三十四　田一畝八分三釐九毫
草字八百四十　田一畝一分
草字八百四十一　田九分
草字八百六十二　田一畝
草字八百六十三　田五分七釐
草字八百六十六　田九分
方字七百六十七　田六分八釐五毫
方字四百二十一　田一分七釐

方字四十　田三分二釐
方字三百五十五　田二分二釐三毫
方字四百　田四分
方字二百九十八　田一畝二毫
方字二百九十九　田一畝九分
方字四百一十四　田五分五釐三毫
方字四百四　田四分
方字一千二百四十七　田六分七釐八毫三絲三忽
身字五百三十六　田一畝一釐二毫五絲
身字五百四十　田八分五釐
身字五百三十八　田一分五釐四毫一絲六忽
身字五百三十七　田一分六釐八毫七絲五忽
身字五百四十一　田一畝八分七釐
身字四百九十二　田一畝
方字四百三　田二畝三分四釐二毫
方字四百一十三　田一畝一釐二毫
方字四百一十二　田五分二釐
方字四百四　田二畝一分七釐五毫
方字三百八十八　田五分二釐
方字八百八　田二畝五分
方字一千四百六十二　田一畝九分二釐四毫三絲
方字一千四百五十五　田一畝六分九釐六毫

方字二百五十四　田三分四釐二毫三絲
方字二百九十六　田五釐
方字二百五十八　田九分九釐六毫
方字三百五十五　田一分
方字三百五十六　田二分五釐
方字七百四　田一畝八釐一毫六絲六忽
方字七百五　田三畝一分六釐八毫三絲三忽
方字七百八　田三畝九分三釐六毫四絲
方字七百二　田九分一釐五毫
方字七百三　田一畝一分七釐五毫
方字七百四　田七分九釐七毫八絲二忽
方字七百五十二　田一畝三分六釐三毫一絲七忽
方字三百八十二　田四分三釐
方字三百八十三　田三分五釐八毫
方字九十二　田一畝三釐三毫三絲三忽
方字九十三　田一畝三分三釐六絲七忽
方字二百三十三　田二分二釐三毫九絲
方字三百六十五　田七分
方字三百六十四　田三釐
方字三百八十二　田四分三釐
方字三百八十三　田三分五釐八毫
方字九十二　田一畝三釐三毫三絲四忽

方字九十三　田一畝三分三釐六絲七忽
方字二百三十三　田二分二釐三毫九絲
方字三百六十五　田七分
方字八百八十九　田八分五釐六毫五絲
方字八百八十九　山一畝六分五釐
草字三百二十七　田一畝
草字三百三十二　田一畝
草字三百六十　田一畝
草字三百七十　田一畝五分六釐二毫七絲五忽
草字三百八十四　田二畝
草字三百八十六　田二畝一分二毫一絲七忽
草字三百九十　田二畝四分八釐二毫
草字三百九十二　田七分七毫五絲
草字三百九十三　田二分九釐五毫五絲
草字三百九十四　田三分三釐三毫三絲三忽
草字三百九十七　田二畝五分
草字四百六　田三畝八分三毫五絲
草字四百十二　田四分
草字四百六十八　田一分
草字八百四十二　田一畝四分
草字三百九十九　田一畝
尺字二百一十八　田一畝九分八釐五毫

尺字二百六十二　田三畝一分二釐八毫三絲二忽
尺字二百六十三　田七分九釐九絲四忽
尺字二百六十四　田一畝八分七釐三毫五絲
尺字二百三十七　田八分
尺字二百七十七　田五畝二分五釐
尺字三百九十三　田一畝九釐二絲八忽
尺字三百一　田一畝五分四釐九毫六絲一忽
尺字三百三　田九分四釐四毫七絲二忽
尺字三百五十七　田二畝六分六釐八毫
尺字二百五十一　田一畝一分五釐六毫五絲
尺字二百五十二　田七分三釐
草字一百二十　田二畝九分六釐五毫七絲
草字八百七十四　田一分
此字二百五十七　田一畝八分三釐八毫八絲七忽
尺字二百五十三　地二分二釐

以上田一百二十九畝五分四釐四毫九絲八忽山一畝六分五釐地二分二釐

俞禎南充公田

龍字六十九　田一畝二分六釐七毫七絲
龍字六十九　田二分
龍字六十七　田二畝九分四釐
龍字八十三　田三畝四分
龍字八十二　田二畝一分五釐
龍字七十九　田一畝三分五釐
潛字一千二百七十　田一畝九分七釐
潛字一千二百十一　田九分八釐
潛字一千二百一十　田二畝五分二毫五絲
潛字一千二百八十二　田二畝二分五釐

以上田十九畝一釐二絲

通共龍山書院田四百五畝五分五釐二毫九絲一忽地十六畝七分三釐二毫三絲七忽山六畝六分五釐蕩二分

署餘姚縣事滿洲忠滿龍山書院加獎碑記粵自雍正紀元　詔天下未建書院之州縣一體興建所以贍養士子造就其材異日備　國家用焉然必經費豫儲始得進羣才而涵育之餘姚化洽同文書院之建早在　明詔以前

舊有學田若干畝助供諸生薪水歲久失稽攷之邑乘無從覈所自廢後此增置之產亦復寥寥不足具饟廪而資供給斯亦常廛守土者之懷已道光初年長白定公來宰是邦憫多士艱辛每歲由羨餘項內提出二千餘貫分給培育迺歷年既久積弊叢生嗣經兵燹後羨餘支絀應用浩繁嘵嘵者猶視爲弋利之場營謀覬覦轉使一二自愛之士相戒以不染指爲高於定公培士初心蕩然盡矣同治關侯官陳公痛懲陋習革除此規特留撥五百貫在龍山書院作朔望膏火之資程材按給遵行已二十餘年矣余下車伊始觀風之後舉行月課士之挾卷而來者圜列橋門惜支款無多未能偏潤祇將每課前列捐廉加獎徽示鼓勵迄今瓜期當届諸紳董冀此舉之永傳呈請立爲定額余統籌合計竊幸

承平復覩百廢俱興應得撙節各款培植士林仰副

朝廷作人之化爰酌增五百貫合陳公所撥共計壹千貫準於羨餘項內隨課支領詳請各憲奉行在案并將章程條例勸石於堂以亟久遠嗚呼人固不能無所資而爲善陸稼書先生教人讀書謂先計恆產非示利也蓋恐以謀生者墮志焉余今籌行是舉願諸生專精於斯第數未甚充心猶耿耿他年或奉檄重來當思擴厥規模補所未逮抑尤望各紳董和衷經理廣爲勸增俾肄業生童膏火所入俯仰有資庶得壹其心志以磨治而成材無愧文獻名邦之目是則余所深慰也夫時光

緒十有七年

仲春之月

文蔚書院在三山所城虎嶼山院舊爲文昌閣同治二年巡檢李協恭偕邑人陳志衡等捐貲課士於其地立今額同治四年通詳立案十二年邑考棚工竣以東北鄉餘捐緡錢六百餘千建院屋五楹同治十三年縣案

三山巡檢李協恭碑記事有成於因而功實同於創者如復舉三山所城書院是已昔之人以縣城雖有龍山書院而許之俊乂咸苦於道遠而莫從遂依形家言虎山左右瀠抱拱秀呈華宜建書院於其巔艮足啓人文偉登進焉然官無成帑民無助田經費不籌膏火不繼堂宇未刱而文教竟衰此昔之所由廢也夫天不擇地以生才國家不擇官而任化余不佞駪駪皇路未嘗學問忝權官於茲土見夫愚者尊上而向義秀者好學而興文慨然敬業樂羣之思迺屬其耆彥而告之曰百工居肆以成事君子學以致道書院之不復文獻之阨也抑余之恥也必復之宜修之飾之榜曰文蔚期之也招之徠之集之課其中先之也遠近至者數十人捐廉出已以獎以誘勸之也於是陳君兼常首捐地七十畝爲之倡詢謀僉同捐者踵接凡已捐二

百數十畝計其歲入勉供資費董其事者主其出入無偏無私此今之所由復興也知今之所以興即知昔之所以廢非今之易而昔之難也名存而實亡力齊而事擧其勢異也豈余之功耶諸公之功耳夫當烽燧之後民氣初恬即能一志舊圖復彰舊典誠所謂因而同於創者豈不難哉然書院之興育道德之華掞文章之美使于百年善成規於厥後非爲一家一人言也而陳君之子即於是年人邑庠首善之報信有驗歟然謂登學選者一擧十餘人爲余課士之效則余豈敢所願他日來課者益多捐貲者益厚繹囘增美光於前人是余之所欣望焉　邑人朱蘭碑記從古文教之興全賴好義者爲之倡一木難支眾扶易擧則又賴好義者之協力同心而後無廢之不修無修之不久吾邑龍山書院最著名前朝各鄉大半設社學故科第稱盛許山在邑之東北舊有書院廢址今惟昌黎韓公像尚存比粵寇猖獗陷浙兵燹以後更無有計及此者會晴初陶邑侯稍整龍山舊業廣勸四鄉之學者至許山距邑四十里士子不免有瞻望弗及之憾焉署三山巡檄李協恭貳尹捐俸集多士月督課於其地送縣署核批加獎每會數十八紳士陳君志衡慮卷費獎貲之不可以持久也首助地七十畝諸殷戶閭而義之給繹書捐共得若于畝約計所入以爲用數百年之舊章可以漸復顏之曰文蔚書院通詳立案刊石以垂久遠張孝廉謙來皖襄校余

聞其事而美之尤望與斯文者務其實不務其名謀其道非謀其利區區膏火之所濟予者不能無厚望受者不可有奢望君子務其大者遠者將於是納規矩焉識道誼焉修倫紀焉樹名節焉異日翱翔雲路爲國楨幹爲山之殷戸吏樂起而鄭大之則官紳之倡鄉里之助交相慰爲豈特人文蔚起抑亦風俗之大有振勵歟大學傳云未有仁而下不好義者也未有好義其事不終者也比物此志也

地畝字號列後

禮六竈張忝彭橋甲潮南三節　丁地四畝二分

禮六竈九丁甲潮下二節　丁地五分

禮六竈河東甲　丁地一畝一分

岳三退二甲界下　丁地一畝八分

岳五西退鄭大甲界下二節　丁地九分

岳三退二甲潮南二節　丁地一畝六分

岳三退二甲潮下首節　丁地一畝七分五釐

岳三退二甲潮下首節　丁地一畝四分

岳三退二甲小塘下首節　丁地二畝二分

岳三退二甲潮下首節　丁地一畝七分五釐

岳二退金家甲潮南二節　丁地一畝六分

岳二退金家甲潮下二節　丁地三畝二分

岳二退金家甲潮下首節　丁地四畝二分
岳二退金家甲界下首節　丁地五畝九分
岳二退二甲小塘下首節　丁地二畝二分
岳二退金家甲小塘南　丁地一畝二分五釐
禮六竈上向甲四下　丁地二畝一分
禮六竈上向甲四下　丁地二畝一分
岳四東本甲三下　丁地二畝
岳五中本五房甲坎南　丁地一畝
岳二退九甲小塘下首節　丁地一畝四分
岳五西退甲三下　丁地一畝五分
岳五西退鄭大甲坎下二節　丁地一畝一分
許房小竈徐金甲坎下首節　丁地一畝九分五釐
許房小竈徐金甲坎下首節　丁地一畝三分
許房小竈下房甲坎下首節　丁地九分四釐
許房小竈徐金甲坎下首節　丁地一畝四分三釐
許房小竈下房甲坎前首節　丁地一畝
許房小竈下房甲坎下二節　丁地一畝七釐
許房小竈下房甲坎下首節　丁地九分六釐
許房小竈徐金甲坎下首節　丁地九分八釐
許房小竈下房甲坎下首節　丁地九分五釐
許房小竈上房甲坎下二節　丁地八分五釐
滸房小竈下房甲坎下首節　丁地一畝二分

許房小竈徐金甲坎下三節　丁地二畝九分
許房小竈上房甲三下首節　丁地六分五釐
許房小竈下房甲坎下末節　丁地八分
許房小竈上房甲坎下末節　丁地六分五釐
許房小竈下房甲坎下二節　丁地一畝
許房小竈徐金甲三下二節　丁地三畝
許房小竈徐金甲三下中節　丁地二畝六分
許房小竈徐金甲二下三節　丁地一畝一分二釐
以上陳志衡助
仁區七畈　沙地七分
仁區七畈新下　沙地二畝四分
仁區七畈　沙地一畝四分
仁區七畈　沙地一畝
仁區七畈　沙地一畝一分
仁區七畈大下　沙地一畝一分
仁區七畈大下　沙地一畝
仁區七畈大下　沙地一畝一分
仁區七畈大下　沙地一畝八分
仁區七畈大下　沙地九分六釐
仁區八畈大下　沙地一畝九分五釐
仁區七畈新下　沙地九分三釐
仁區上九畈大下　沙地四分五釐

仁區八畈 沙地二畝八分

仁區八畈大下 沙地一畝

以上胡行恕堂助

仁區上九畈大下 沙地一畝

仁區上九畈大下 沙地三分

三山所二畈大下 沙地四分七釐三毫

三山所一畈大下 沙地三畝一分四釐

三山所一畈大下 沙地一畝

三山所一畈大下 沙地五分

三山所二畈大下 沙地二畝七分二釐

三山所三畈 沙地五分

三山所三畈 沙地八分

三山所六畈 沙地一畝七分七釐

三山所七畈 沙地一畝

三山所七畈 沙地二畝三分

三山所九畈 沙地三畝六分

三山所五畈 沙地一畝四分

以上陳贊宸助

仁區上九畈大下 沙地一畝九分

仁區上九畈大下 沙地六分

仁區上九畈大下 沙地六分

三山所二畈大下 沙地二畝八分

三山所二畈大下　沙地二畝四分
三山所一畈大下　沙地一畝九分
三山所一畈大下　沙地一畝二分
三山所四畈大下　沙地二畝一分
三山所六畈　沙地七分
三山所七畈　沙地二畝二分二釐
三山所十畈　沙地二畝六分
聖區上二畈　沙地二畝二分
以上陳宰元助
仁區上九畈大下　沙地九分五釐
仁區上九畈大下　沙地八分
仁區上九畈大下　沙地三畝二分
仁區上九畈大下　沙地二畝三分五釐
仁區下九畈大下　沙地一畝二分三釐
仁區上九畈大下　沙地一畝二分五釐
仁區上九畈大下　沙地八分
仁區上九畈大下　沙地一畝三分七釐
聖區上一畈　沙地一畝
聖區下一畈　沙地五分三釐
聖區上二畈新下　沙地八分
聖區上一畈新下　沙地八分四釐
聖區上一畈大下　沙地三畝五分

以上張寶鏞助
岳四東本七甲週下三節　丁地一畝四分
岳四西本鄭四丁週下三節　丁地一畝五分
岳二退八甲界下三節　丁地三畝三分
岳二退十甲界下二節　丁地一畝
岳二退二甲界下三節　丁地二畝
岳二退金家甲界下三節　丁地一畝六分
岳一退胡甲界下二節　丁地三畝六分五釐
以上張義彰助
聖區下一半畈新下　沙地九分
聖區下一半畈大下　沙地一畝六分
聖區下一半大下　沙地二畝一分五釐
聖區上二畈新下　沙地三分五釐
以上張崇仁堂助
柏上四勝西半竈張家甲界下中節　丁地七分
柏上四勝鄒家竈𡛟弓甲界下末節　丁地八分
柏上四勝西半竈內六甲界下四節　丁地一畝四分
柏上四勝西半竈內七甲四下上側　丁地二畝二分
以上徐順昌助
仁區七畈新下　丁地三畝
陸三東竈楊丁甲三下中節　丁地四畝
陸三東竈楊丁甲三下末節　丁地四畝五分

以上胡二如助
樂四竈俞甲界下三節　丁地四畝三分
樂三竈俞甲界下二節　丁地一畝三分二釐
樂三竈俞甲界下二節　丁地三畝二分六釐
以上韓君楨助
陸家竈承憲甲利濟塘下首節　丁地四畝
東西竈十九弓甲四下首節　丁地一畝七分
以上張文豪助
許六竈大八甲過下　丁地四畝八分五釐
以上茅吟芳助
聖區下二畈大下　沙地一畝一分五釐
聖區三畈　沙地四分
聖區三畈　沙地一畝二分
聖區下五畈　沙地九分
以上茅裕春助
陸三竈四房甲三下末節　丁地二畝三分
方東六竈東四甲潮下首節　丁地二畝
以上胡申如助
聖區五畈過下末節　沙地二畝
聖區六畈過下末節　沙地二畝
以上陳三芝助
許四竈東三十六弓四下中節　丁地三畝二分

以上茅景雲助

方二竈許甲三下中節　丁地一畝六分

方二竈黄甲三下中節　丁地六分

以上胡昇堂助

許四竈三甲迴塘內　丁地二畝

許四竈三甲迴塘內　丁地二畝

以上潘春元助

許四竈西三十六弓週下中節　丁地一畝一分　新置

許四竈西三十六弓週下中節　丁地一畝一分　新置

潔字一百二十九　田一畝四分一釐七毫五絲

潔字一百三十　田七分二釐九毫八絲

潔字一百三十六　田一畝三分

潔字一百三十八　田五分

潔字一百三十九　田三畝

潔字一百十七　田四分七釐七毫

潔字一百三十五　田一畝七分四釐五毫

以上陳仰賛助

奈字一百三十六　田六分四釐　新置

通共文蔚書院田九畝八分九毫三絲地二百三十畝一分六釐三毫

鳳山義塾在臨山衞城東門内大門連翼四間正廳樓房三間後進樓房三間後樓西浴廊三間又後進東首廚房二間同治十年衞人購楊姓屋改建歲延山長課士延塾師訓蒙撥衞城城隍塗地以充經費

地畝坵數列後

城隍塗五坵下節　地九十畝九分七釐五毫

城隍塗五坵下節　地四百三十六畝

通共鳳山義塾地五百二十六畝九分七釐五毫

社學

杜家團三管義塾在上林都向頭所城道光二十一年建廳事七楹顏曰三管義塾案向頭所城俗傳明初湯和所築建塾節略嘉慶二十三年所晏海塘下瀝地報陞築堤東至洋浦西至破山浦自三管子母隨沙按戶均分外東西兩浦水流屈曲勢難直分議

將浦旁難分之地作爲公產以建義塾迨慈北人控爭訟經十四載需費甚鉅兼之海塘屢築屢坍且又頻遭歲歉經費不敷至道光二十一年將漲地中撥出六十畝賣得地價始建義塾七間中奉王文成公主餘地花息爲塾中延師課士之資然兩浦水道疏濬之費亦於是出焉 里人何受鈞建義塾序竊思培文風莫先鼓勵士氣而奮興士氣必須建立鄉校故先王有國學有鄉學並有族師黨正教導之是以民俗醇樸賢才蔚起焉我杜家團三管自陳虞舟前輩科甲而後迄今繼起無人雖由士氣不振要亦無義塾以鼓勵之耳嘉慶二十三年晏海塘下隨沙照丁繕分外浦旁地八百四十餘畝以作公產以建義塾令承佃者每畝捐錢二千零築塘養淤墾種無加山北慈民吃互起爭訟控爭十四載三次捐錢三次築塘三次勘訊吃盡苦辛若再令捐建義塾力既不及爰議佃地中遵賣六十畝得價六百貫先爲權輿餘在該地捐足完功遂庀材鳩工刻期建造義塾七間先告落成幸免有初鮮終之譏庶幾士氣可勵文風可培矣

地畝字號列後

向頭所城內外地十四畝七分一釐

內除城隍廟義塾基地二畝三分

明字　地九十一畝八分五釐八毫
聰溫字　地一百二十八畝七分四釐
恭忠字　地二百畝
敬問字　地二百畝
難字　地一百畝
義字　地六十四畝
以上共地七百九十七畝八毫

附 廢書院

高節書院在客星山嚴子陵墓左先是宋嘉定十七年郡守汪綱於墓左建高風閣其下爲遂高亭絲風亭蒼雲亭咸湻七年沿海制置使劉黻邑人何林請即其所爲書院本范文正記語名曰高節前爲夫子祠後爲夫子燕居爲義悅堂爲思賢堂旁列剛毅木訥四齋劉黻記傳曰文以飭治武以戡亂非通言也學校不興則禮義不明禮義不明則人心縱恣亂之所由階也故撥亂致治

其機必由學乎嚴州陸子遹氏建高節書院於桐江添設師弟子員羣聚而贍養之使之明仁義之學可謂先得我心者矣桐江嚴先生釣遊處而餘姚尤先生故里客星山先生所藏也流風未泯故姚士彬彬以文學節義名世皆聞先生之風而興起者書院之制未備得非闕典耶予奉命經理浴海之期年荷聖天子威德歲稔民康干戈戢寧觀海而南謁客星墓登高風閣天日晴熙山谷幽曠夷荆蓁棘得隙地百丈發帑庀材鳩工卜吉建書院於閣左前爲夫子祠鄉賢之著以次祔享夫子燕居堂堂傍各建堂三開左爲思賢右爲義悅堂堂之前東西各建二齋左爲剛木右爲毅訥每齋舍房二十五開可容生徒二百餘員繚以垣梯以級雖不事文飾而翼然可藏修皆創建也高風閣者紹興守汪綱建於嘉定閒今漸圮朽命工飭之而閣之前左爲遂高亭右爲緜風亭皆爽然可遊息矣經始於咸熙六年十一月六日越八月而工告成其規度皆出前進士何林嚴天德而程督則縣令陳維喜也又騷定海縣人官田一百入十畝歲徵賦得五十石籍慶元府莊米得三百石充奉祀養士之需而請天德主教事天德先生四十世孫應時得程朱正傳文行奇傑克紹家聲前爲慶元府經略司總管謝事還山後學依之亦孟子師子思而私淑孔子意也咸淳七年七月十五日具實以聞制曰可

涓八月上丁前甲申行釋菜禮退會於燕居堂進諸生而告之曰諸生知今日之樂乎昔孟子語宋牼罷秦楚之師以仁義孟子沒而仁義充塞矣漢儒董仲舒知此大意亦未識仁體惟先生卓見至理以仁義之學紹孟氏之傳啟南國理學之原勵百代浮競之習故建炎之禍紹興多仗節之士有事於茲土者敢忘先生之德乎思先生之德而不知所以倡率以大明先生之學有司之過也生之於其鄉矣聚於其祠下矣養於有司矣而不能明先生之學以行先生之志諸生之過也有司之過今可以少逭矣諸生之過可不猛省而惕厲乎諸生能居仁由義備大人之事乘時而出以先生之學尊主庇民庶不負朝廷養士之恩而有司亦與有光焉諸生咸曰唯敢不夙夜祗祗服先生之明訓遂命工刻諸石以爲記　原缺　元大德三年州守張

德珪重修別建大成殿殿後爲夫子祠東西夾室祀鄉

賢至正八年州守汪文璟重修作儀門創懷仁輔義尚

道著德四齋凡祀事以山長一人領之明罷山長洪武

中千戶劉巧住營三山所演武廳取用書院材料遂就

湮廢

元胡助重建高節書院記

高節書院者嚴子陵先生之祠也先生釣嚴陵嚴陵祠之矣餘姚其鄉里也而墳墓實在焉顧可反無祠乎謹案史傳先生諱光會稽餘姚人少與光武同學既光武即位變姓名隱去遺使往聘三而後至然不屈往耕富春山卒而歸窆餘姚之陳山宋咸湻中沿海制置使劉公黻即墓下建書院祠焉表之曰高節蓋本范文正公記先生桐江祠堂之語國朝元貞大德以來雖更創治遠至正閒已梁傾杜朽矣三衢汪侯文璟來守餘姚既奠謁即欲撤而新之於是首捐俸以倡條佐士民聞者爭助其費會令下權息士木故進之越二年乃拓舊址前出數百步因其高下爲儀門大子殿懷仁轄義尚道著德四齋梯以石級夾以峻郵重修夫子舊殿以祀先生復義悅堂爲講會之所新高風閣以極遊覽之勝垣墉丹臒之功靡不畢備於是祠廟一新山川亦與有榮焉經始於至正六年八月五日明年七月既望落成董其役者權山長鉛山州教授楊瑛任簿書出納之計者州司吏胡彥壽也汪侯遺書屬金華胡助曰願記之蓋助嘗與侯同佐史事於朝而嚴先生之節又所樂道焉者乃不以褎老荒落辭輒復之曰維先生出處去就世莫能窺鴻飛龍臥隱然爲世道重竊嘗謂其非果於忘世者耳方王莽寇竊之際四海橫流生民塗炭三綱淪九法斁先生以名

節自任力挽而恢復之此其用志成功何如耶或者乃以方諸雲臺要非知輕重者謂先生夷齊之流而同其功庶幾近之蓋夷齊不食周粟師百世而未艾先生不屈光武化東都而清風至今猶存雲臺諸人果若是班乎其繫屬天下後世瞻仰衆矣而於鄉里尤勤勤焉宜汪侯作新其故山之祠也侯起家進士始佐此州有聞入翰苑著名會朝廷舉守令而侯實再至焉非其尚賢敦化深於長民之道者無能爲是役也助既爲之記又作詩使幷刻諸石祀先生則歌以侑觴云其詩曰姚江泱泱兮釣遊之鄉陳山蒼蒼兮衣冠之藏先生之風兮齊聖先生之節兮高萬乘無不在兮水行地中潮生兮潮落兮道無終窮祠廟新兮肇艮牧客星炳兮貫林谷春有芝兮秋有菊薦寒泉兮歌招隱之曲先生歸來兮白雲滿山繼自今兮立懦而廉頑陶安高節書院記略高節書院奉子陵嚴先生祠在餘姚州東北十五里重山環谷巒飛嶂躍邃林豐草蒼翠眩目書院乘山腰隨地勢前低後崇葺理嚴潔門屋四楹中建大成殿兩翼短廡殿後爲子陵祠壞衣冠像祠東西屋列秩鄉賢祠下左右爲四齋講堂四楹居祠後漢書逸民傳稱先生會稽餘姚人耕於富春釣於嚴瀨年八十終於家今其墓在書院右蓋書院因墓而立以祀先生也登墓道上東望山凹處如吻仰張天日晴朗凹外隱隱見海初

予以職在長教奉祠欲即書院齋居訓徒士類咸謂山谷荒寂不可居時老儒趙君𤩽與圓智長老乘鐵舟善勸掃一室留予有法性寺住持悅白雲者穎慧能文章每訪予一聽談易未幾浙東西學者踵至僧舍隘不能容遷姚江北宮舍每朔望向晨扃輿赴書院率士子拜謁具饍而退春秋上丁前期詣祠下行事予每往書院則出郭循田閒小路行十里許有石梁跨溪水溪陰有絲風亭以先生嘗釣遊焉故名循溪緣山有石砌闊三尺而修曲過三里當路有石基方可八丈莓蘚斑斑昔人建亭摘雲山蒼蒼之句名蒼雲亭又二里石路盡遂登山由土徑崎嶇盤折抵書院陰雨徑輒泥淖或阻潦水行者告病時新用直學潘國寶者年少好學與其二弟咸來從遊以錢五百緡修贊余拒不受因諷其贊士徑潘生慨然出錢買石隆壤於陘而甃之下接石路上徹院門環半舍茂樹尤多楊梅學產歲利供朔望丁祀教官得祿强半余始視事當癸巳九月二日所與交者前守郭彥達省掾李元中判官程邦民學正劉中可及士人仕者劉彥質鄭學可李文衎楊季常暨其弟元度趙維翰宋無逸維翰君𤩽子也文士則鄭元秉趙養直帥史王國臣澹史高仲寶方外則四明山宮主茅石田餘所識不

悉載書院奉祀養士之費劉徽括慶元府莊米二百石

定海縣田一百八十畝以充之其後郭文煜金止善並覈新舊之田得八百畝有奇士人童祥王玅眞亦各割產以贍

宋僖增地記國朝於天下祠學所謂書院者例設官置師弟子員與州學等常詔有司以閒田隙地係於官者歸之學院以贍廩稍之不足然仕於州縣者往往局於米鹽獄訟之煩能致意學校以應明詔者蓋少矣至正九年夏河南郭公來守餘姚旣於孔子廟學究其事力之所至矣復以州有先賢祠學曰高節書院者乃漢嚴子陵先生邱墓所在而建者焉先生之風誠范文正公所謂大有功於名教者故搢紳大夫即其墓所建祠立學以致褒崇之意公又慮其田租之入尙薄不足贍學士於是爲嚴雲柯海濱之地得四百十有六畝繼覈汝仇湖田又得四十有五畝悉以歸之高節之建始自宋咸湻中沿海制置使劉公黻至今八十有餘載矣守是邦而圖增其產者前後僅數人郭公又士論之所歸者山長應君仲珍前攝書院劉君彥質謀刻石記實祈文於余余因歎而言曰三代學校之法莫備於成周成周之時民皆百畝其田於其入學之費必有以自給故學官養士之法獨無聞焉後世貧富不均士子力於學者勢不能兼農工商賈而多阸於貧窶今

聚而處之學院於其口體有所養矣然自學者而言則心志之養尤不可缺養其心志而無餒焉雖併日不食亦不能病其所學者矣范文正公之讀書南都學舍往往饘粥不充日昃始食亦嘗有廪稍之賴乎至其爲治則記嚴先生之祠固以廉貪立懦爲言考范公之志聞嚴先生之風士之肄業於斯者亦可以自勵矣以况郭公之致意廪稍而內外得以兼養士亦何憚而不進於聖賢乎予既服公之爲人又重應君之請著此說以勉夫學於斯者郭公名文煜字彥達嘗仕於朝有聲矣其爲是邦治行甚優當有論著　康熙志

元戴良題高節書院詩萬丈層崖置屋牢子陵冢墓壓靈鼇繞庭雲氣皆山雨滿壑風聲是海濤隱德昔煩天使下祠堂今並客星高回頭御憶當年事幾度春陵鬼夜號　月魯不花詩遠聘羊裘到漢庭竟忘龍袞略儀刑先生不爲千人爵太史何勞奏客星瀨上嚴灘浮海白山連禹穴入雲青高風千古成陳迹惟有荒祠繞翠屏

怡偲書院在四明鄉宋修職郎孫一元建別有文會之所曰爐溪文社今廢康熙志

古靈書院在治北屯山之陽今廢危素古靈書院記至正二十三年餘姚作

古靈書院成孟春上丁行釋奠禮適航海來京屬汝南危素素爲之記古靈臺者宋樞密直學士知通進銀臺司兼侍讀判尚書都省累贈少師陳公襄所居之里也其地在福之侯官而書院作於餘姚者何蓋公嘗知明州餘姚其鄰境也故子孫散處燭湖之上畀曰大陳且百餘年矣十二世孫江浙行省左右司員外郎履常適以王事繇天台抵餘姚因與大陳族人源郎屯山之陽作家塾以奉先聖先師幷祀公焉買田百五十餘畝以贍其費聘名師以教子弟知州董完哲溥化爲之請建書院監察覈其實遂上其事於朝惟公文章功業載在史冊天下後世所共知之亦何俟乎鋪張贊述而後振耀於耳目也公之所以得顯祀於此者其扶名教表章經術非特立獨行自信不惑能如是乎當是時學者沈溺於雕琢之文孟氏之學不傳程周之說未著所謂知天盡性相率指爲迂闊而莫之講同志陳烈周希孟鄭穆始相與倡道於海隅聞者亦笑以驚守之弗變卒從而化號爲四先生云

以上康熙志

案高節怡偲古靈三書院乾隆志云明初已廢讀危記古靈元季始剏高節則規制恢宏至正中方增產

以贍士期於可大可久淹忽墜廢可知易代之交
滄桑多有依舊志著錄卷中用寄思古之情云爾

南渠書院在治西門外今廢呂本新河家乘此書院坐落餘姚縣城西二里許豐山拱後大江環前乃予門人張君科王君廷聘巡按我浙捐資命有司建造以備朝夕聚友講學之所也前豎坊曰柱國大門曰南渠書院大廳曰樂賢堂夾樓曰豐樂樓又曰江山第一樓乃仲山王僉憲所題也後軒曰後樂樂賢堂左軒曰捧日右軒曰停雲後鑿池引潮疊石爲山植以花木繚以修竹則予自捐貲爲之朝夕遊息於此雖日涉亦不爲勞也

復初書院在勝歸山劉將軍廟前明萬歷四十三年建祀胡公宗憲今廢勝歸山廟記

豐樂書院在龍泉山爲郡守李公鐸建翰林院侍讀高士奇碑記康熙庚午歲浙東水患姚邑爲甚懷山溢澤漂廬蕩野前此所未有也水災之見於傳記者淮南子之歷陽水經之武强益州記之邛都餘姚亦幾同之其所不同者天生李公以救此百萬生靈耳今使之城郭如故潢池寂然

民得保其妻子無襁負流離之苦聚落煙火耕鑿如故由公之慮患周故其見效速也慮其飢也而爲之食慮其寒也而爲之衣慮其死也而爲之埋慮其食之無度也三分其粟越三月以給之慮遠者之不能自達也身至窮閻阨巷以致之慮受粟之猶不足也爲食於路以食之慮竈戶之困也捐其正課以救荒之粟代之當其時公私赤立公又自清俸以外一介不取惟有勸分之法其至誠之所感動金石爲開莫不輸寫心力義粟流衍民以蘇息會計所發之粟其在餘姚者三萬數千餘石臧孫辰之玉磬告糴晉惠公汎舟之役方斯蔑如矣民皆曰吾儕生死而肉骨者非李公耶公念念不忘我我忍忘公耶黃童白叟數米而炊無不曰此李公以眼淚活我我儕其忍輕下咽乎洗釜然竈萬姓必念公數聲於是相與議曰周人懷召公之德常戒甘棠之伐巴東念萊公之惠不忍雙柏之焚古今以來小善小德而圖形立廟者多矣況公之大有造於我姚乎其君子曰公之恩在爾心爾死在爾子孫其功業在史官無以像爲也恐非公之所欲聞也其小人曰此非爲公也乃吾姚人之所自爲也古之人安不忘危今日之蓄姚邑之危甚矣數世而後見聞之所不及我儕子孫亦不知其祖父之阽危如此也而狡焉思逞庶幾藉公之風聲氣烈以傳其留此一線之緒者蓋非易易也遂率而成之

値來年大稔衆皆以爲公誠之所感召因名豐樂書院在王文成公祠左經始於二月初九日落成於九月初一日公名鐸字長白遼東世家其政績甚多其救災亦非一邑別有大手記之余餘姚人但述姚之私議云

黄宗羲邑侯康公救災記康熙庚午秋餘姚大水平地高丈餘山多出蛟崩決湧瀑者無慮數千處流屍如葦禾稼滌地惟時康邑侯以省試承檄當入闈校文侯痌切民災慟辭於各上臺而返於是撫君張公以姚災入告藩臺馬公郡侯李公各極力設法振濟田得邀減賦之恩民得完室家之聚姚邑忘菑頌侯者曰校士榮典也世固有嘗求之而不得者矣侯以名進士爲上臺所首屬而乃以姚菑故甘棄之如遺此眞姚邑之父母哉余曰固也昔趙公救越菑曾子固記之絲理髮櫛可爲後來救菑之準然其時僅以越州救越州耳當姚水降割野無青草室家如洗非一邑之所能自救而侯血誠所感各上官俱竭心爲姚民請命其所造於吾姚者更大此則頌侯者之所未及者也余固樂而表記之侯安邑人諱如連字修庵康熙庚戌進士　康熙志

案以上二書院乾隆志因無基址可考遂疑當初議建而未及行今據勝歸山廟記及康熙志高士奇碑記各有創建年代則非議而未行者特其時已久廢耳

信成書院舊爲劍江庵乾隆九年知縣蔣允焄改建後圮於水二十四年知縣劉長城撤其材以建龍山書院乾隆志

義學

吕氏義學在城內東北隅宋吕次姚建禮致名儒湛若爲師遠近就學者常數百人次姚曰膳之紹興中其裔仲應重建有屋五十間田五百畝有奇李光有碑今學久廢碑剝落不可讀紹興府志

通德鄉義學明黃伯川建今廢乾隆志

餘姚縣志卷十學校終

光緒重修

餘姚縣志卷十一

典祀 叢祠寺院庵觀附

社稷壇在西門外一百五十步浙江通志初在治南一里宋以後徙治西二里西石山之左洪武八年知縣陳公達爲壇於西門外今址周圍九十七步八尺乾隆志引萬歷舊志嘉靖志其制壇而不屋東西南北並二丈五尺高三尺四出陛各三級北向爲前前九丈五尺東西南各五丈繚以周垣四門丹油北向門出入石主一長二尺五寸方一尺埋於壇南正中去壇二尺五寸下陷土中上露圓尖木神牌二丹漆青書高二尺五寸博四寸五分厚九分趺高四寸五分博八寸五分厚四寸五分一書縣社之神一書縣稷之神壇之西爲神厨爲宰牲房壇之東爲庫房壇之南爲齋宿房左爲水池其祭器牲幣祝號咸具仍每里百戸各立壇祀五土五穀之神謂之里社周以土垣而不屋

案嘉靖志壇壝廟祠并邱墓述典祀記以左道屏寺觀爲外記似也惟是點綴勝區流連名蹟古今地志類列

者多本無煩矯同立異乾隆志乃因之釐爲祠祀廟觀二目相隔至二十三卷頗費披尋且其標題偏舉祠則不足以賅壇廟之大偏舉廟觀又不足以包寺院之目循名核實皆所未安今依嘉靖志以典祀標目序列壇廟一以有司春秋致祭者爲主凡祠廟不在祀典者是謂叢祠次以二氏之廬並附著於篇庶以類相從便於繙閱卽繩以秩宗典禮亦不致漫無限斷耶墓本非其屬另編次古蹟

先農壇在東郊　國朝雍正六年知縣葉煊文建立壇宇幷置籍田四畝九分浙江通志　壇有寢室殿房各一乾隆志

風雲雷雨山川城隍壇在南城南門外百步浙江通志　舊在治南一里西南隅嘉靖三十四年遷南門外四圍各一十五丈乾隆志引萬歷舊志　嘉靖志洪武元年詔郡縣祀山川明年以風雷雨師合爲一壇六年以風雲雷雨山川之神合爲一壇以祭尋以城隍合祭之壇制崇二尺五寸方廣二丈五尺四圍各一十五丈四出陛惟午陛五級子卯酉皆三級燎壇在壇圍東南餘制並視社稷之壇而不用石主出入以南門神廚宰牲齋房庫房汲水池亦皆如

之祭器牲幣則
加社稷一壇云

邑厲壇在治北武勝門外燭溪鄉洪武八年建壇制崇二尺四寸前出陛三級繚以周垣南爲壇門壇之南爲宰牲房爲廚房祭器品物咸具嘉靖志　案乾隆志壇東西廣十丈一尺西北深十五丈一尺又有鄉厲壇每里各一今久廢

關帝廟舊在縣西門內明洪武二十年千戶孫仁徙置龍泉山嘉靖志嘉靖閒邑人參政管見郎中錢德洪葉選拓而新之康熙志原注三公分祀廟側并祀胡總督宗憲許副使東望李知縣鳳周知縣鳴塤錢德周管完　明翁大立記靈緒山西故有關公廟江山環抱信神明所都曩歲倭奴寇姚猝爾幾陷禱於公廟卒以卻賊於是當路暨邑父老議恢廟制而鄉先生大參管公見比部錢公德洪水部葉公選自祖父來嚴事公者錢遺弟冠帶鄉賓德周管遺弟侯門教讀完董其役葉則捐負郭田若干畝爲士庶倡經始嘉靖丙辰六月積二十四年規制始宏解州當

陽恐偉嚴不若是錢管二君心誠勤矣姚人見倭奴殲遁
既如彼管氏錢氏葉氏奕世甲科又如此僉曰神所陰佑
率以五月十三日走廟下肸蠁精禋冠蓋塞塗鼓樂震川
谷是役也厚助者呂公本胡公宗憲許公東望邑令李公
鳳周公鳴塤李公時成陳公勣邑丞周君賓贊是役者儒
士朱杰義民錢撫之　葉逢春記吾姚故有關祀甚顯民
有所祈輒應如響然稍圮隘會有欲毀之者神卽立報以
奇禍於是先君後皋府君同石峯管公緒山錢公復創新
其廟貌先君前後所助計三百餘金蓋所捐獨羸矣初大
王父友菴府君夜忽夢神云歲無齋主若能主吾齋吾令
若後昌比覺驚異晨起卽振衣往廟所試守者如所夢卽
齋歲以爲常先君憶神往昔故殫慮奉持不惜喜捨以隆
神祠當神誕期則先君輒雞鳴具衣冠攜家長幼具齋肅
拜壽晡始返朔望必謁祠虔如也先君居常語小子輩曰
神爲漢之心人覩如皎日至扶漢之功則夫人莫之白也
夫當威震華夏時卽以操之用兵如神者亦擬遷都以避
焉此其勇略與淮陰定秦下齊張設相伯仲當是時三國
一時號稱名將者豈少乎而能若是震疊赫鑠希其萬一
耶特有幸有不幸耳夫淮陰以敵不用左車計而成神以
敵聽閒吳計而敗然卽以孔明之智而不及爲謀豈非天
乎世以成敗論人遂以寡謀病之則左矣假令吳不乘間
則公旦夕指揮中原恢復舊業功不與淮陰埒哉若其品

則又神龍狡兔之祖雲壞矣此神之功至今未白也或問曰神之神歷數千年而愈顯諸神莫與侶則曷故余應之曰世言剛直爲神仲尼云吾未見剛者謂人之生直神生乎大節獨秉天地本來之精故神若此而他未之遠也又曰神與聖異乎余應之曰剛而不迴直而無曲爲神剛而能濟直而能委爲聖故聖之教不磨而神之靈不磨其神之謂哉其神之謂哉

錢德洪碑記漢武安王廟在邑城龍山之西麓龍山一名靈緒派出天姥由西浙渡曹江迤邐烏膽蛾眉諸峯以至姚龍山止焉鍾靈毓秀環轉如龍則王廟萃茲山之勝久矣晉海賊孫恩寇姚遙望山麓隱隱皆王兵遂驚走則王神顯茲土之靈亦久矣是王以山神始依山以王而靈益顯國初信國公湯和經營姚邑新其廟而祀之自後姚民奔走承祀正德以來歲久傾圮嘉靖間邑侯欲徙諸爽塏民人情洶洶是夜王威大振居民驚駭事遂寢嘉靖癸丑倭奴猖獗陷臨山城甲寅攻觀海衛石堰懷石康公清事王惟謹夢王以手招之曰寇至康遂羣一境人入城境賴以全城賴知備賊尋寇候清門守者以藥矢斃賊賊始遁丙辰兵備副使許公東望鎮姚賊自樂安湖突拒西城許練似王扶其首者三亟起巡城諜者已報賊及西門矣許率兵禦之賊遂奔潰於是許感王默佑姚恃以無慮也謁王見廟宇傾頹歎曰以王之忠義英靈若此廟貌可無新乎即延石峯管公見緒山伯兄德洪後

皋葉公選謀曰吾欲新王廟敢請鄉先生子弟眞誠才幹
者董其役眾咸以德周管完對周慮任重懇辭夕夢王赤
體廟門外若他往狀周踞請曰當道方徼福於王王欲何
之亟呼道人同扶入廟王顧周色喜詰朝周念茲異夢始
承命許公授俸金若干隨命邑侯李公鳳祀以少牢啟土
蓋嘉靖丙辰六月之吉也周與管完相度機宜鳩工經始
士民咸需貲供役而適府吳公成器林公御成邑侯徐公
養粗皆捐俸樂助焉舊址窄隘今闢殿後至呂氏山殿前
至官街左院右椽建正殿五楹殿前軒一左右廊各三廊
之前旗臺格爐各一殿後爰舊像名舊儀所殿右塑觀音
諸像匾曰三教堂降階樓軒及平屋中亢論祭文及太傳
鋐渠呂公碑記右爲集義堂以備齋供左爲僧房以便居
守又左右爲鐘鼓樓及階爲儀門木階爲山門內豎碑記
外蕭儀仗匾曰天下英靈闢王廟蓋成祖王音也門右土
地堂內立始事諸公神位門外月池仙橋橋之前爲浩然
亭大司馬見海翁公文也甬道題坊曰武安王廟左萬世
英靈右兩城保障王舊像勿稱覓樟樹兩株欲以大者肖
王像夢王曰小木陽大木陰小可也驗之木果有奇偶之
分遂用其小殿中銅鼎三事約重八百餘斤前誌後銘示
世寶也邑侯李公時成父延誌鑄優月刀重百餘斤示莊
麗也於是都人士登斯祠瞻斯像舉欣欣然喜每歲五月
十三日世傳王誕辰自邑侯周公鳴塤鄉之薦紳大夫以

至士庶靡不齋心虔祀先是大司馬胡公宗憲總制兩浙提兵過姚胡舊邑侯也登廟祀王捐俸助美通邑爲紳爲之祝曰樹動封侯在此一舉胡曰吾年已五十奚敢望哉得籤五十心灰富貴過人之句及汪直授首卒償前願此固王陰相之功豈偶然哉予惟王之廟貌遍寰宇豈惟姚爲然然姚之民獨奔走奉祀無寧日者此曷故哉當道感王之靈都人蒙王之庇而思以報其德譬之水由地中行掘地得其泉也是役也始於嘉靖丙辰成於萬歷壬午予忝成其事知其詳謹第如右以垂不朽云萬歷壬午季春 國朝同治元年燬九年邑人集捐重建謹案關帝文昌 國朝並升中祀春秋兩祭同文廟二仲丁祭關帝增五月十三日生日祭一次並用太牢龍泉山廟爲有司致祭之所縣東關帝廟規模稱是至民閒尸祝城鄉所在多有廟宇不能備載他祠廟放此

文昌閣在龍泉山緒山廟上明萬歷閒邑人朱宇道建宇道由順德令致仕歸築曇華庵於龍泉山上以娛老旁有隙地因建閣祀文昌 國朝乾隆閒裔孫錞集子姓置常產春秋致祭道光七年錞兒子文治有序 同治元年燬光緒十九年邑人就其

址集資重建謹案祀典同關帝增二月十二日生日祭一
次並用太牢今地方官致祭於城隍廟東廂
之文
昌殿

國朝朱承勳登龍山文昌閣小飲次鄒古岳韻靈緒重攜
手分題興又酣松濤來屋北煙火帶城南客靜時將醉山
寒夜欲嵐詩成同
步月拂塵再清談

呂祖閣在縣東二里驛下廟後乾隆三十九年邑人任口
徐口兩生應省試病目禱
於韶光寺孚佑帝君而愈迎歸借同人購地建閣五間咸
豐十一年燬住僧明通就故址結茅供像同治六年積香
火錢四百千建平屋五間光緒五年建復用香火錢四百
餘千不足朱觀察朗然以百千助成之謹案會典祭孌
元贊運純陽演正警化孚佑帝君唐進士呂嵒於江蘇
清河縣至嘉慶初年改爲直省通祀惟祭品不用牲牢
案關侯文昌呂祖國朝並稱三大帝尊崇
同於文廟今編次典祀謹以三大帝冠也

城隍廟舊在縣西二百步今移在縣東北二十步嘉泰會
稽志

元至元二十五年明正德七年皆新之元汪文璟重修城
隍廟記略城隍廟

在州東北二十步故老相傳宋淳熙間封崇德王至正二十二年加封崇德昭應王越三年九月命下而知州王侯瑢來莅是州者二年矣政簡而役均民安而吏肅水旱疾疫有祈於是神無不輒應侯於是樂民之和感神之德而侈上之賜也乃捐俸以率其僚屬父老大修厥廟易其朽蠹破壞而增其未備者於是門廡殿寢內外一新復於殿左搆龍王祠飾觀音像以便祈請從民志也工既訖父老請記於余余嘗承之是州當是時朝廷以六事責守令勉勵之詔日下恆懼無以稱塞上意以爲政煩而訟夥使小民失職其責在己至於水旱癘疫螟螽之不時其責在神在己者不敢不盡其心在神者不敢不告焉以是三年之間幸而無有災害以戕其民蓋嘗列神之功以請於朝未報也至正十九年分行樞密院都事謝侯理以分省之命總制州事留心民隱於時邊圉未寧軍旅擾攘屢禱之神輒告民賴以安連歲夏旱無不應祈而雨乃并列前事以請遂有加封之命王侯能寬易不擾以臨其民承事不怠以奉其神故廟修而神歆其祀神悅而民受其福比於黷祭諂祀者蓋不侔矣傳曰明則有禮樂幽則有鬼神禮樂者所以治民之本也不知修其本以治其民而區區焉飾土木陳牲牢以儌鬼神之福是謂捨本務末非知爲政者也今王侯莅職既久政化既孚而後從事是廟以昭上之寵以報神之貺先成民而後致力於神其於爲政可謂得矣

詩不云乎嗟爾君子無恆安息靖共爾位好是正直神之聽之介爾景福因父老之請爲書其事而竊取古人賦詩之義以終其意焉廟修於至正二十五年四月十有五日成於十二月一日明嚴時泰城隍廟贍田碑略正德間城隍故祠以歲久就頹邑宰張侯瓚謀新之時公帑乏羨冀得緇流之有戒行者句施而難其人衆咸舉吳山寺僧文顯是爲日彰上人至則首出衣盂長物以倡一時施者響應不踰年而落成侯嘉之遂俾守焉初有司歲必差守祠者一人自是罷差矣上人既頓錫因語衆曰吾非田無以安此然不可復望之檀越終當自置耳迺以所攜餘資與其徒德錦勠力一心凡世俗治生計苟無妨於律儀者皆不鄙而爲之亡幾何果克置常稔田三十餘畝有畸計直幾二百金乃列其田之疆畔衡縱上於縣請給符牒以禁將來之鬻并邑令顧侯存仁嘉歎亟命給之復稽舊籍而免其丁役焉於是上人喜振祓詣予請記顛末

嘉靖十九年通判葉金於廟之東南隅建屋六楹爲齋宿之所嘉靖志萬歷十五年知縣周子文改建廟後設東西廡知縣黃玠繼修浙江通志國朝順治三年廟火里人重修以僧董其事同知王應升命每里

輸銀三錢助之康熙志 乾隆二十一年修四十年改兩廊爲樓乾隆志 道光十九年里人募捐重修咸豐五年增建寢宮同治三年修十二年建符官殿光緒十二年知縣高桐以振捐餘款重修並建前川堂案廟西北當祕圖山麓咸豐初年邑人開山建觀音閣五閒未幾四鄉土匪肇事形家以爲鑿損鎮山土脈所致毀之亂旋定附志以俟方來

龍神祠在廟右

風神殿在廟頭門右邑舊無風神廟道光閒瀕海各鄉連歲颶風潮之患邑人徐君望思答神佑首購地建廟咸豐十一年燬光緒十三年生員徐清澂監生徐英等重建

臨山城隍廟明洪武時祀於福田寺中嘉靖中地三十七年參將戚繼光建廟於衛治內東山志臨山衛志廟闊七丈五尺深二十五丈前後殿宇三所 國朝康熙四十六年衛人徐孟昭等重修並助廟山竈塗地一坵案徐姓等所助之地濱海塗漲添築先後積有七坵董事鄧春等議以頭二坵

地六百五十畝作廟產餘地作義塾義莊兩項公產光緒二十一年稟縣通詳立案

滸山城隍廟舊在城西南滸山志明洪武時建袤九丈後延三丈正廳頭門各三間圮乾隆三十年重建乾隆志嘉慶十六年修滸山志光緒十二年重修

桑王廟在燭溪鄉康熙志原題梅山殿咸豐十一年燬里人胡熊等重建一在雲柯鄉康熙志原題郡王殿案神諱憲保號仲才行九俗稱桑九郡王邑之燭溪鄉人舉唐進士官御帶其事蹟略具後斷塘廟下同治八年由上虞移縣以神禦災捍患屢著靈異壬戌十月又助克復上虞城虞邑紳耆王槃等稟縣詳省題請勅封桑王之神令每歲春秋地方官捐廉致祭于城隍廟內舊志廟列道觀謹爲改題移載如右

助海侯廟在縣江之北二百三十步地名鄧家嶴以其有功海上故邑人祀之嘉泰會稽志國朝戴建沐修廟記姚邑之北鄉瀕海沿海百四十餘里

皆植木棉每至秋收賈集如雲東通閩粤西達吳楚其息歲以百萬計邑民資是以生者十之六七然而七八月間風雨稍不節則波山濤岳齧岸吞沙纍纍花桃桓墊於焉夷之室是姚民之紓困繫乎棉地棉地之豐歉繫乎海潮也明甚歲甲寅余令茲土咨詢民間出棉之厄於海潮者積四載矣方今候届麥秋去西成之日無幾邑人之望木棉者甚於望田禾日此而再厄風潮民力尚可支乎固皇皇焉無所禱也余惟稼穡艱難先疇是賴蠶桑課績典祀有歸而木棉之衣被天下者獨無神專司之哉抑知木棉無專司之神而海潮有專司之神海潮有專司之神卽木棉有專司之神矣邑有助海侯廟在治西偏志乘稱侯有功海上而不詳其人邑都人士相傳謂宋慶元間邑令施公名宿者創建石隄民因祀之然公爲姚邑施氏始遷祖而施忠愍題額則款以里人施某或又傳爲元時判官葉公名恆者亦謂以海隄功祠祀然攷廟名則先見於宋嘉泰會稽志二說皆有疑義要其煌煌禋祀垂千百年而不廢者侯之捍禦海隄大有造於茲土也必矣夫海隄之設所以衞民地也彼以木棉爲生者不於是乎禱而曷禱耶且事神導民令職也向之祀典缺如大抵皆習焉而不察余雖不敏敢緩其事乎廟止三楹規模未備亟捐俸金鳩工而加葺焉其一切崇奉禮儀悉與寮寀共相參議立春祈秋報之規定粢盛犧牲之品自茲以往守土者歲歲舉行

無怠厥事維侯有靈庶幾風濤奠定財貨殷阜俾邦之人咸知邀福於我侯而入鄉之民命百萬之利樂奕世永賴焉豈不休哉工竣乃刻石而記其端委如此案右記錄自廟碑年月已泐戴侯宰縣在乾隆六十年重修當在乾嘉之閒

名宦祠在文廟之右明嘉靖十四年知縣顧存仁建浙江通志乾隆三十九年重修乾隆志康熙志祀二十三人吳朱然朱桓梁劉杳陳沈瑀宋謝景初汪思溫趙子潚施宿元脫脫李恭汪文璟郭文煜宇文公諒劉輝葉恆陶主敬明劉規胡瀛張瓚邛養浩周鳴塤馬從龍譚璋又鹿嗣宗聖廟志補祀五十二人吳呂岱晉孫統山遐唐王翃宋李穎士湯宋彥李子笏楊龔璋史浩沈煥元傅常桂德稱明陳公達唐復都祀黃維張禧張宏宜朱豹賈宗錫顧存仁胡宗憲張道鄧林喬陳勛丁楙遜葉煒汪起鵬董羽宸梁佳植袁定王正中羅鈇楊元臣張勛劉希賢莊天恩黃墀馬應龍國朝胥庭清康如璉趙預蔣允焄張松陳九霄沈惺周助瀾朱呂祚范承謨李之芳王隲楊宗

鄉賢祠在名宦祠後明正德二年知縣顧綸重建浙江通志乾

隆三十九年重修乾隆志 康熙志祀百一十八人漢嚴
光晉虞潭虞喜虞預虞愿唐虞世南宋
陳橐胡沂趙彥㦥孫應時王逨莫子純莫當方山京盧亮
莫叔光孫子秀唐震元石明三明趙謙錢伯英錢古訓劉
季篪李貴昌許南傑戚熙毛吉陳詠朱縉史琳謝遷倪宗
正王華黃珣孫燧陳雍韓廉王守仁牧相徐愛錢德洪夏
湝聞人銓黃濟之翁大立宋冕胡東皐胡鐸于震嚴時泰
楊榮黃肅黃驥孫堪陳克宅徐守誠邵煉魏有本張逵邵
蕃龔輝金蕃管見周如砥呂政呂本孫陞孫墀陳陞孫鑨陳
孫鋐張岳陳有年諸燮邵陛葉逢春姜子羔顧蘭顧遂陳
熺陳煥陳墀徐建周思允陳觀胡安鄒墀鄒名徐紹卿朱
宇道朱錦施信鄒學柱朱瀛達徐震胡從政周思宸魯史
邵有良于重華管宗聖陸一鵬陸恆戴晟戴王言俞灝俞
介孫鑛黃尊素葉憲祖施邦曜孫嘉績熊汝霖鄭光昌邵
元凱國朝鄔思武鄔景從聞人炳 又鹿醐宗聖廟志
補祀二十五人宋虞亮倪思元岑良卿明邵宏譽邵基邵
貫陳叔剛韓應龍韓明嚴迪邵維銓邵秉節胡時化蘇萬
傑蘇元璞馮本清戴廷曜孫應奎國朝徐景瀚楊榆椿
楊煥斌高允中黃
宗羲高士奇高興

忠義孝弟遵會典並題孝弟祠在儒學左側雍正五年知縣葉煊

文奉文爲　本朝忠義建浙江通志乾隆三十九年重修乾隆志

嘉慶二十二年知縣涂日耀移建名宦鄉賢祠之右入祠

名氏具忠義名氏錄

吳大本重建名宦鄉賢忠義三祠碑記祠祀之得立於學宫者三日名宦日鄉賢日忠義祀鄉賢舊已明正德二年丁卯重修於學之戟門右堂三楹越二十九載立名宦祠則自嘉靖十四年乙未始洪維我　國朝文德覃敷崇倘名節雍正五年奉　部頒立忠義節孝兩祠邑嚮有奉裁姚江驛基則祠節孝而忠義例得附於學宫遂仍修業齋故址築而新之春秋奉祀事三祠之名由此立祠以下邑士夫衆庶瞻仰楹桷相與跂足翹首低徊留之不能去夫人無論智愚賢不肖莫不被澤而知感説德而生慕卽去之千百世而不改者也然則又何爲俎豆之地衣冠之庭卒之傾陊其垣墉草萊其庭隅耶是固有說祠也者所以爲報正所以爲教也特患無有人焉提耳而告之爾告之以忠孝告之以廉節而后告之以俎豆衣冠則其教易明抑將崇奉而修葺之也其爲事亦易集歲丁丑奉新涂君日耀來宰我邦先是癸酉邑人輸金錢新　文廟而三祠如故涂君慨然曰是又曷可緩哉於是規度其地勢聯合

其肸蠁還忠義主於名宦鄉賢之右比而三焉不數月而祠成且曰祠既立齋不可不復我以舊祠還之齋僉曰善是役也邑司訓王君清槤總其成余與邵君升涵昕夕襄厥事續購木材助繕最多者朱君文濙祠嚮無專主醵金監立者葉君湯任與其事者徐君以垣邵君器之黃君珍楊君慶餘例得並書

名宦分祠

永澤廟在儒學之旁元州判官葉恆築隄捍海民思其功請於朝廟祀之元王至廟記至正廿有七年詔封餘姚州判官葉恆爲仁功侯賜廟額爲永澤侯字敬常四明人以國子高第釋褐官餘姚餘姚北際大海當潮水之衝齧者六十里有司役其民楗籠竹木而築土石以爲隄風濤不可測或始成而即壞壞則內移以爲隄歲或三四焉民之力日益罷財日益耗而並海之地日益削矣侯至治是隄乃曰欲去此患非石隄不可然爲費固鉅但併其數爲土隄之費則石隄可成矣於是請計田出粟擇人以司之而侯則往來相度苦心勞力而督治之越三年爲至元改元之歲而隄始成嘗具其事請國子監丞陳公旅爲之記以刻諸石矣是後侯入官翰林轉職太學卒於鹽城縣令則去州已十年州民皆欲建廟祀侯而未有

卒其事者又越十有五年而浙江分樞密院經歷鄭公珩以分省命來督州事民以廟事告公公遂白諸分省而率其民即州學之旁建屋四楹以祀侯又合民之詞以請於朝故有追封廟額之命命下則鄭公已去州太守李公樞乃屬州人王至記其事繫以詩曰海於兩間爲物最鉅洪濤奔衝士不能禦猗嗟葉侯官此海陬禦海以石紓民之憂維茲弘功曠古未有侯嘗廟食百世非久心乎斯民繼有其人民爲報功廟食是勤煌煌侯封奕奕廟額昭我民情自天龍錫民之報侯垂厥後廟就廢謝文正公遷議復子孫斯廟斯祀與隄永存之嘗徵費於官而事輒中罷鄉人私祀於開元鄉之龍王堂嘉靖志

元柳貫詩范公桑子初成岸坡老湯村自課傭爭地誰能驅海若抱薪吾欲訊河宗講求水利收遺策計較民功得上庸屢製區區淩霧雨鞠藭酒熟記頻供

蔣景武詩葉君海上築長隄盡遺湖陂作稻畦越嶠天低橫蠣蝀謝塘水落走鯨鯢已無漁子來垂釣卻有農人去抱犁歲歲叢祠拜公像祇應遺愛在羣黎

謝滑詩築海隄幾萬咫築者誰葉公是隄既築得寧居民非侯其魚乎昔祠屋今已圯嗟我侯忽不祀侯不祀民忡忡乃肖像龍之宮潮汐來

龍爲御剿不收侯砥柱侯與龍同厥功賽春秋鼓逢逢民思侯永無斁陵可遷隄不蝕 王嘉閭詩北溟滄波幾千里南山倚石空嚛嚛石工未刻厥水犀石精化作萬丈青虹蜺青虹墮地飲水不肯去即作葉侯捍海之横隄隄蟠三萬二千尺盡是南山倚空石葉侯驅石石應有神坏土丸泥眞戲劇舊時天吳上平地幾處桑田爲海海水潮去汐去二百年海波還變爲桑田隄成侯去民安土祠下年年聞社鼓餘姚編民十萬戶仰覩葉侯如父母侯之去兮不可留柱爲楫兮蘭爲舟侯之來兮神來遊芹香酒旨羅庶饈石隄捍海終不朽侯德與之同永久南山蒼蒼北海茫茫餘姚之民兮思葉侯不忘

三錫祠在龍泉山祀總督胡宗憲乾隆志引方輿路程考略後廢康熙志同治十年朱姓集貲建復乾隆志案云嘉靖志稱葉判官築隄之功宜百世祀胡公先莅餘姚有政聲後爲總督復至餘姚受倭寇之降功亦不可沒云

戚少保祠在臨山衞城內翁大立戚公生祠記東南自倭患以來所在助勦予嘗注意將才願推轂矣然以予所知總兵北山虞君久立戰功今已請老副總兵劉君顯庶幾才將以入赴南樞東南事當屬

之誰哉或曰寧紹參將南塘戚君平居輕裘緩帶折節下
士循循如儒生而臨敵敢勇身先士卒有烈丈夫之氣訓
齊部伍按紀律稍不入約束卽戮以徇衆而分財讓食不
有其有有廉士之風自入浙中身經百戰斬馘幾萬級蓋
勞苦功高無如君者然君未嘗言功舟山之役與賊並壘
凡可挑戰撓敵靡所不至而賊竟遁去臺諫按之君未嘗
辭罪今年引兵出天台大著奇捷旁郡藉以安堵東南將
才無如君者予曰然予爲山東布政時聞君賢嘗試盧口
君不以書答舟山之役臺諫論其逗賊已褫職予嘗疏薦
之遂承新命分守台金嚴等處君不以書謝昨君過姚江
意其顧我飭廚人炊黍待之君以海上旁午不暇舟而去
蓋君以古道待予賢於人遠矣又聞前年賊入岑港君謂
其內子王氏曰吾爲封疆之臣分死汝其徒居毋爲賊所
辱王曰君爲忠臣我獨不能爲烈婦君不爲生靈計乃爲
我計卒弗從予嘗異之會都閫周君粟庠生陳計毛府輩
來言濱海士民已爲君作去思祠矣予以君之行與其內
子之言皆可傳遂爲記君名
繼光字南塘登州衛人也　光緒二十三年里人集貲重
建徐致祥戚少保祠重建碑記前明海寇毒東南尤酷微
戚少保平之少保滄海居民歲歲被抄尚有子遺哉迄今數
百年閩浙各郡縣多有少保祠以報功德禮也臨山在前
明爲海口要害少保初治兵官參將駐臨山城臨山舊無

城隍廟少保倡建於今所百姓即依廟立參將祠不知傾圮何時巋然祇城隍廟矣然縣志暨東山志記載鑿鑿也夫少保功在信史德在人心奚斤斤於一方血食獨念王壯武曾文正之創湘軍也束伍之法實採紀效新書以平髮逆流澤長矣浙雖號稱文弱而少保當日用此邦之人削平劇寇可知天下無不可用之兵在將得其人激之以忠勇而已今日者海氛復熾甲午之役沿海戒嚴居民震恐能無望如少保之忠勇者君子聽鼓鼙則思將帥之臣然則血食一方亦一方之人心感於中而不能自已者光澤張大令縉雲治餘姚甫下車慨然云此守土者所有事也諭士民興復之鳩工庀材有嚴有翼祠成易參將之名顏曰少保祠予嘉大令之善導士民爰作記貽之刻石以彰其事抑願大令與士民謀所以久遠者俾歲時報賽閱數百年如一日焉不更偉歟　代理餘姚知縣光澤張縉雲

重建戚少保祠碑記

餘邑形勢北枕浙海爲前明用武之地昔少保埽靖倭氛東南再造遺澤在民初官參將就臨山衛爲駐節之所建城隍廟於蒼山北後人即依廟立參將祠祀少保借未列祀典日久祠址蕪沒迄無有挪議規復重新廟貌者歲丁酉余權斯邑篆按部至臨追緬遺烈亟用慨然因思籌集捐貲爲崇祠妥祀之計商諸臨紳之夙有鄉望者余遂牒諸大府報可經始於去秋九月庀材鳩工不數月而事蕆在事者撥鳳山義莊款爲春秋致

祭曁歲修費報功崇德禮也闡揚先蹟
有前學使嘉定徐公碑記在不贅述

鄉賢分祠

嚴子陵祠唐時在治東北之嚴公山康熙志嚴公廟在雲柯鄉嚴公山子陵二十三世孫絳州刺史浚請於唐元宗立之白雲峰有平石闊數丈刻嚴公山三大字苔蘚侵蝕而拔拂可觀後徙祠於客星山廟遂廢後以其墓在客星山乃徙祠於墓右案乾道七年史浩知紹興府事告縣令蔡憲於客星山墓下建客星庵詳浩碑記寶慶會稽續志則云普滿寺山即陳山有嚴子陵墓舊祠堂在廊廡間嘉定十七年郡守汪綱徙建於法堂之左不知客星庵與寺廊之舊祠爲一爲二孰先孰後殊難詳考宋咸淳七年沿海制置使劉黻邑人傅林卽墓左建高節書院大營其祠請於朝置山長一人領祠事元知州張德珪汪文璟劉輝郭文煜相繼修葺殿亭齋舍甲於州縣之學宮後漸不治明弘治中參政周本立祠於靈緒山巓

以便瞻謁正德八年同知屈銓重修嘉靖三年知縣邱養
浩徙於千佛閣左有堂有寢有門有翼室嘉靖志未幾又徙
今址在龍泉山龍泉寺東上知縣顧存仁林仰成修之有林仰成重修嚴先生祠
堂碑記錄金石萬歷三十二年浙撫尹應元重修有洪啟睿重修嚴先生祠墓并
建坊碑記錄金石國朝同治元年燬光緒二十三年裔孫嚴天
懷等於其崇孝堂宗祠公款內撥資重建由嚴氏稟縣請載志案祠入
防護錄春秋官爲致祭

唐洪子輿嚴子陵祠詩漢主召子陵歸宿洛陽殿客星今
安在隱迹猶可見水石空潺湲松篁尙蔥蒨岸深翠陰合
川迥白雲徧幽徑滋蕪沒荒祠羃霜霰垂釣想遺芳掇蘋
羞野薦高風激終古語理忘榮賤方念高可尊山林情不
變

國朝倪繼宗客星祠詩雲臺功業古今稀不及先生
一釣磯家在舜鄉甘側陋名垂漢史轉光輝淸風一派來
明月高節千尋達紫微漫道客
星驚帝座羊裘原是勝龍衣

趙考古祠在江南城內舊建初寺址嘉靖中知府湯紹恩建祀瓚山教諭趙謙有司春秋祭乾隆志引古今圖書集成職方典咸豐十一年燬同治初趙氏後裔建復案祠入防護錄

明呂章成詩荒碧頹紅臥短牆行人指點舊祠堂衣冠幸藉磨礱古書卷長留誦讀香誰向春秋留盼去縱非風雨使人傷殘碑撫罷空回首燕雀何年返故梁

毛忠襄祠在治東汪姥橋東五十步即舊天妃宮址爲之嘉靖志祀忠襄公毛吉有司春秋祭浙江通志　有倪宗正祠堂碑記錄金石咸豐十一年燬同治初毛氏後裔建復案祠入防護錄

孫忠烈祠在治西靈緒山之陽即舊千佛閣址爲之嘉靖志祀贈禮部尚書孫燧嘉靖二年令邛養浩建有司春秋祭通志　有明黃芳祠堂碑錄金石祠右別爲三孝祠祀公三子都督堪尚

寶卿墀文恪陞康熙志咸豐十一年燬同治初孫氏後裔建復案祠入防護錄

謝文正祠在龍泉山祀明大學士謝遷有司春秋祭浙江通志前有褒忠祠祀公元孫贈太僕寺丞志望乾隆府志引萬歷志咸豐十一年燬同治初謝氏後裔建復案祠入防護錄

國朝邵琳詩江夏論常侍伏闕辨冠曷忠獻驅守忠簽畫不踰夕正色立廟堂異代見標格祥麟簇錦張威鳳曉霞擘達彌見訏謨動伐昭節策城狐信難移奔蜂突見螫南岡竟徒步東山理游屐眷眷魏闕懷耿耿葵衷赤終看羣小誅始見君心格孫枝接淸塵沙場留毅魄保障重鄉閭忠讜傳世澤遺像肅層巒勁色昭松柏

海日祠在新建伯祠東祀文成父尚書王華乾隆府志引萬歷志咸豐十一年燬同治初龍山書院撥貲建復案祠入防護錄

陽明先生祠原作新建伯祠初擬建於龍泉山未有定址以公嘗

講學於龍泉寺之中天閣嘉靖十三年乃寓主其所以祀之嘉靖志十四年提學徐階因爲建祠有司春秋祭以門人徐愛錢德洪配享乾隆志引舊浙江省志國朝順治八年知縣胥庭清重修王爾祿重修陽明先生祠記予讀先生之書十五年始而疑之既而信之既而難之終而復疑之何疑乎嘗勘此中惺惺之體隨發隨止無間一斷亦無轉折靜中如此到聲色貨利中耳雖聽目雖見卻一毫不令引去一如作見入井怵惕天機忽發急迫往救類若斯者皆不著一分意思直上直下如天地之一陰一陽自然屈伸往來當陽之生萬物俱發然未嘗爲一物之不暢遂多與一分陽和當陰之生萬物俱斂又未嘗爲一物之未衰落姑緩一刻嚴肅此所以謂常此所以謂不息釋氏於靜處動處日用應緣處皆不成斷滅亦如斯也著一番作用則爲多事因此疑先生之在軍中用閒用諜用謀用疑不相似矣若以釋氏耑於靜處著力然彼亦無閒於動靜也所謂要之不可以治天下國家者或在斯乎是可疑也何信乎良知一說自白沙開其先先生繼其後途徑簡易卓然大明學人每疑其近禪流爲誹謗殊不知聖賢所得世界內心一學切從世界內起見以安人安百姓爲性分如來所

得世界外心一切從出世起見而以超三界出輪迴爲性分性分微别旨趣各異正在此良知耳故云無知無能無善無言而不能云無心佛氏與先生之學於此判然矣是可信也何難乎先生之言曰良知一也以其妙用而言謂之神以其流行而言謂之氣以其凝聚而言謂之精眞陰之精卽眞陽之氣之母眞陽之氣卽眞陰之精之父苟吾良知之說明凡若此類皆可不言而喻吾嘗求之易矣夫乾其靜也專其動也直是以大生焉坤其靜也翕其動也闢是以廣生焉大生云者神之馭氣也廣生云者氣之攝神也天地四時日月有所不能違其理是已但見其理而不見生物之氣亦如形色是天性而不知形形色色有千秋萬古不變之氣所謂妙用者其能與鬼神同變流行者其能與日月并推凝聚者其能與天地同久乎且精不固而氣何以全氣不全而神何以運是誠難也何終疑乎吾嘗參近溪先生語矣實入此門必先辨必爲聖人之志志意堅定方能尋眞師友遇眞師友方得眞口訣眞實口訣卻與於今書本講說得半句不容妄言塞住路徑寸步不得前移困心衡慮方得慓悟吾苦參三年而始有見也因知思路絕處乃是知體現處眞平生夢想所不到之境白沙亦云大道本無階級以疑爲階級大疑則大進小疑則小進於明處更求進一步方是能疑因知明白得甚爲人道之障必一無所知昏悶無聊而重關始可破蘇庸夫所

謂以一念光靈持守不失皆是講良知者之病非無見也
夫疑而難者見先生之學不可及也信而終疑者尤見先
生之學不可測也予服膺先生十五年於順治之辛卯過
姚江始得瞻禮先生之祠龍山之巔先生一再布函丈於
斯矣登斯堂如見其人焉乃兵燹洊更鮮有脫屣而升者
先生之道寧有晦哉邑令胥君永公不欲以文章名世也
更進而求先生之道遂成予志修先生之祠以倡明此學
祠成復屬予爲記夫尊其人在明其道搆堂以爲宅設位
以爲依陳俎豆以爲享遂足以尊先生乎予不敢自欺以
欺人以欺先生也歷敘予之疑而信信而復疑若曰是乃
所以尊先生云爾因爲之額爲之聯更爲之銘皆以道予
向之疑而信信而復疑者也其額曰只是良知又曰其道
光明其聯云千重鐵壁非舍死拚生決不能草草透過一
點珠明到山窮水盡乃忽覺頭頭現前又云學問不見本
源正緣這明白得作障聖凡初無分別只須向昏迷處透
闇其銘曰日月照臨四時運行災祥感答天之光明儒者
得之以靈以誠與曜同明與時偕行天人并推無體無迹
孔曰太極周曰無極先生篤生鑒精含貞視以無形聽以
無聲簡易明白云胡有晦一經沈埋遂數百載闇見日益
障道日深良知二字千聖之心今古相傳一點嫡血認識
作性紛紛有說象山之言得師而尊身任斯道何須鳴冤
宸濠危矣死而不死讒機四發哲人何恃顯忠遂良河漢

同章是此一靈終古不喪維予小子未抉密旨鑿空杜撰知爲理便回心自叩不墮箋疏眞吾逼露一往成虛無思無爲無無前無後常感常寂非非放非守物我云同只是情根影子非實萬劫之因誹俗者競曰尺日咫視迹適趾喪尋丈矣哉哉廟祠棟隆崇基登堂知拜問此爲誰赤舄蟬纓有春風兮祠則輪矣蕝綿制禮王子新之胥子成之日白山明實先生思

咸豐末燬同治初龍山書院撥貲建復　案祠入防護錄

明錢德洪詩雲埋五嶺路悠悠海上羅浮入夢愁山月淒涼歸鶴夜霜風颯瑟淚猿秋百年著述圖書在千載經綸草迹留忍伐祠前蒼峽樹春秋配食薦神羞

吳易詩文成王佐才星嶽氣突兀資神道無餘童稚挺英越訪客絕塞游曠騎角馳射睥睨山川勢志蓋燕然磧縱橫五千家既長稍折節空濛九華雲浩蕩南屏月以茲洞儒宗奧義大闡斥精微續聖系餘緒贊帝業運籌羣盜開飈焱百巢滅神龍無安翔金翅縱高掣逆旗薇西江妖星射金闕公時擁上流安危視縣髮隻手提天綱雷轟走飛檄指顧縛元凶九廟初安帖煌煌再造勛不得身獻捷帝閽紛狠狐八荒置牙纛非公爗威名乾坤免顛疊控制仗兵符中樞洵雄哲吁嗟營青蠅功大賞故阨論道羅豪賢恬澹謝矜伐崩迫戎馬際講席每不輟中興劇南顧元老再秉鉞六宇蛟螭蘀千年銅柱坼漢儀慴百蠻灑淚思田碣威宰赫

遺劍伏波慷慨謁乃知非常人洞達神爽接我生世未遠恐懼壯猷歇戡靖竟何人中原日流血

國朝桑調元詩姚江遺像肅崢嶸辛苦龍場負盛名飛艦到江吳濞縛麾戈入高鬼方平象山講學推高座諸葛行師列舊營千載武宗輝廟號多緣新建大功成

莊綸渭詩憶昔西江倣北平鄱陽戰艑集如雲誰擒雪夜吳元濟御仗書生虞允文露布疾馳成諫草講帷新論領儒羣嫉賢相國今知否兩廡千秋有此君

永賴祠在龍泉山祀呂文安公本有司春秋祭康熙志

袁煒李公生祠記嘉靖乙卯倭夷大犯海上淛守臣並走驛馬詣闕告東南急少保南渠李公嘆曰茲禍內訌外構其櫱未易刈也古者禮失則守在險吾姚通四明口轂口口東連大海倭艘乘颸抵耶洋即頃刻薄境內有如賊欲窺臨安掃眾出姚江姚人不能嬰城守則會稽失其外蔽而全浙聳矣吾邑治江江北故有城而江南居民以數萬計學宮在焉士之抱俎豆而講業者羣聚於其閒曾未有縈帶之衛又轉輸之所待也一旦賊至棄江南而守孤城非計也若欲收人徒盡保城力勢又不能容壘子曰城有五不守而食少人眾與夫蓄積在外者居三焉如是雖有孫田翟麤不能善其後矣爲今之計莫若亟城江南使兩城並扼形勢相爲應援則備禦之長策也或曰頃嘗繕舊城人罷甚

矣如新役何公曰吾能不勞民又曰費當不貲將奚出公曰吾能不費民於是條畫移總督今宮保胡公公斥官帑佐城費而用民之力輒以緡償之城成而民不知勤寇亦覘知不敢近姚人曰是孰爲之非少保公之賜乎夫受其賜而忘報非情也於是諸生暨里中諸父老相率詣有司言請得卜地龍山立祠肖公像以無忘衛民之功祠成邑令徐侯養相謂煒慈人也於姚鄰邑其辱公教爲深以書請爲記嗚呼倭奴之禍滋蔓矣自兵興距今十餘年蹂躪凡若干邑大都無城最先破有城不繕繕而不完則又破如吾慈玩寇弗城焚劉虜獲罹厥慘毒固炯戒也初公爲城議時衆譁然以不便言公聞之不爲動曰葵猶衛其足而吾不能爲邑里長久畫可乎他非所恤也蓋公之識遠故防於未然衆人之計近故暗於已著自古懷高世之見者恆蒙非於衆負獨知之慮者多見謷於民豈惟公爲然哉乃今功成論定食德者思報懷惠者歸仁豐堂儼像而尊奉之視疇曩之頑梗何如也雖然茲豈公之所欲哉顧姚人以公澤垂來裔功著金湯吾儕世不能忘人人想見其風采而公方秉鈞持衡揖讓人主之前衮舄還姚未有期也邑之人士憑軾結轍北首燕路者得造階庭被容接而巖居野處之徒無由瞻望威儀以躬致其感乃獲登斯堂而謁公像豈不慰所思於萬一乎若公訏謨密勿光輔中興而勳名殷燿[illegible][illegible]名諸賢則公之像又當丹青於麟

閣之上煒也幸從公後庶幾猶及見之案乾隆府志作大學士呂公祠攷呂氏家乘云永賴祠乃士民爲議築新城之功舉以報公面城建坊曰人民永賴門曰懷德堂曰熙寧上山石門曰呂公生祠山半曰大觀軒軒後爲祠堂肖像其中其左自建一樓爲子孫讀書處據此實爲當時生祠故名永賴也 咸豐十一年燬同治初呂氏後裔建復 案祠入防護錄

明孫鑛遠覽樓詩假館容身暫登樓縱目偏亂山秋染露遠水曉迷煙咫尺囂塵避尋常嬾性便經旬忘盥櫛隨意友陳編又轉信治堪隱方知病得閒藤牀從坐臥石磴緩躋攀隔水燈仍出依林鳥盡還禪宮昏色後偃梵滿秋山又曉起披衣立當窗小艇三停橈依近岸接網墜潭迹豈揚波似心應食力甘此時名利客徒覺羨魚慙 又壯邑城雙峙奔流江九迴閈閎接地起艑艫逐潮來爽氣三秋勝雄觀百里開可憐枯旱後田野半蒿萊

黄忠端祠在新城保慶王廟左祀黄忠端公尊素有司春秋祭乾隆志引浙江通志祠初建在西石山 明陳子龍黄忠端公祠碑記在昔天啓之季士有正直耿介危身奉上與諸君子死於奄禍者曰姚江白安黄公諱尊素字眞長別號白安其先江夏人漢太尉瓊

之後也徙於四明者十有六世遂爲姚江人公少而卓犖自命好讀經史不得志以周易誨授茗雲閒學者日衆舉進士授寧國府推官清白自勵盎無餘粟持法斷斷不畏高明土豪强宗無所縱舍章程條教咸爲後法秩滿應召單車就道不謁權貴遇御史大夫鄒公長揖而已鄒公顧獨重之曰此必骨鯁臣也甚相稱譽授山東道御史當是時奄寺保媼凶德參會表裏亂政饕誣之士陰相附麗公與楊公漣魏公大中正色立朝清心疾惡以進賢退不肖爲己任時老成去國相繼於道公上疏請留又以災異請誅魏客以應天變中旨予杖蒲坂韓公力救免又合臺省疏諫中旨傷政體公爲之倡又繼應山獨劾逆奄辭甚峻急適萬郎中以諫杖死公又首疏力諫廷杖非制時臺省皆入閣會議內侍數百人環譟訴詈公厲聲叱之曰內閣禁密地郎司禮非詔不敢入汝儕何得亂干法紀衆乃引退此則李校尉氣懾常侍盧尚書持戈閣門不是過也中州出玉璽廷議開大明門迎之行受璽禮百官表賀公引宋哲宗元符改元及宏治中故事以祖宗有成憲當法事得中格嗣國事彌壓黨禍煩興南樂涿州相繼柄用轇轕屢起大獄緹騎四出諸君子檻車載道矣姦黨李魯生曹欽承誣奏公以媚奄削其籍奄意尙未滿又授書其黨奄使李實劾公及周公起元等七人里居講學爲不法有詔逮治使者至吳爲百姓擊死失其詔書公聞變即間道走

京師自詣獄許顯純等雜治之榜掠數百五毒備至公慷慨正色辭氣不屈卒以奄旨害公於密室其事祕莫能詳也自公入獄至遇害京師地震朝天宮災皇宮廠地裂殺民數千風霾四塞大淫雨不止災變之多近世所無也明年皇帝即位誅元兇斥殘孅贈公太僕寺卿賜祭葬有司建祠於餘姚縣西寶石山之陽歲以二仲祀之中牢夫公忠以事君諒以取友貞以立身清以範俗正而蒙難殉國忘死記所謂以死勤事能捍大患公蓋兼之矣是宜在祀典敬表貞珉永昭景烈

國朝康熙閒徙黃竹浦徐乾學爲記二十九年再徙今址巡撫張鵬翮重建黃忠端祠堂碑銘康熙庚午七月餘姚大水漂沒民廬以千計黃忠端公之祠在黃竹浦者亦沉焉於是搢紳大夫門生故吏各捐貲襄事遷其祠於新城南門之左按有明之亡由於天啟年逆奄魏忠賢煬竈借叢擅作威福其時造符命頌功德者徧天下雖昔之獻諛新莽至於四十八萬七千五百七十二人不是過也又以嚴刑黑獄鉗其不附己者公三疏劾奄清言勁論朝端倚以爲重故一時君子執利刃以齒腐朽過分涇渭驅宵小而合之陰謀日固公雖毅然守正不阿獨以爲乘墉鬩鼎之奸豈口舌可除務在潛消而默奪之故阮大鉞發難去國公挽之以濟時艱而左忠毅不可大鉞因呈身逆幕爲其謀主楊忠烈二十四罪之疏未

上公諷之以楊邃庵之事忠烈不能從及萬郎中杖死公勸之去以韓文劾瑾之事明之忠烈遷延不能決遂及於難魏廣微以奄宗得相魏忠節將劾之公曰南樂之父允貞清流也彼恐墮其家聲猶有顧忌今若訐揚幽昧國猶之痈無不噬也忠節不聽廣微遂取宦籍姓名一一指摘之以授逆奄奉爲聖書流放殛殺皆由此出汪文言之獄逆黨定謀以入楊左公授書於鎮撫劉僑單辭不及而獄解僑頗洩其語於是逆黨謂諸公徒負氣易與耳惟黃某深沈有遠慮必爲吾儕患俟公出而復捕文言楊左六君子始不免焉乙丑冬詭言繁興謂三吳諸公謀翻局用李實爲張永主之者公也逆奄聞之偵者四輩至吳茫無蹤跡逆黨徽前汪文言事忠公益深固譴呵李實使之出疏自解而七君子逮焉嗚呼自古邪正不兩立小人之奸詭百出結黨援憑城社以肆其毒而君子獨挾其直方之氣不能藏器待時委蛇觀變何怪乎宄爰而雉羅禍其身以及於其國也公當逆奄之亂慮深計遠調其水火欲使金錢銅鐵無凝鑄鼎向使楊左諸公協從其計則傾否扶危之事猶可冀幸於萬一而禍當不若是其烈矣其奈爭號莫濟一木難支卒以身殉之豈不悲哉公沒僅一年而逆奄與其黨皆駢首縶足以委於荒煙蔓草間向之氣燄薰灼蓋已澌滅而無復有存者而公以忠懷亮節垂芳於青史推重於寰宇即今將七十載邇以支祁鼓浪祠宇湮流其

卜地襄工以竭蹷而不憚勞費者是秉彝好德人有同心
公之靈爽豈以生死爲存亡乎祠既成乞言於余余素景
仰公者故樂道其事以想見其爲人乃碑而銘之曰滉瀁
姚江理學是衍德業文章聿推新建繼此者誰黃公莫先
公生不辰貂璫逞亂棄鼎寶瓠一日百戰嚴嚴黃公犯顏
直諫并戒同列旁燭隱患哀哉貞士或殛或竄鴟鴞爭鳴
卒及於難廟祀歷年俎豆於粲淫潦稽天助虐　雍正十二
闕宦遷而新之桷楠輪奐傳之永久精誠靡散
年總督李衛檄縣重修乾隆府志引俞志祠舊在黃竹浦康熙二十九年大水堂寢漂沒尊
素子宗羲遷今地後宗羲歿遂祔焉慈谿鄭寒村梁嘗問
學於宗羲其子生員性緣父雖意哀黃氏家窶不能供歲
時祭五十六年爲買田四十餘畝知府俞石卿立石記之
嘉慶癸亥鄭氏跋祀田記云碑移藏文孝曾孫家田畝
仍入通德三都黃文孝祀戶光緒閒
裔孫炳垕助田六畝　案祠入防護錄

施忠愍祠在驛東祀明殉節左副都御史施邦曜有司春
秋祭　國朝順治十年賜官地七十畝以爲祭田浙江通志康
熙志祠舊爲蕺江書院祭
田係鯉子湖久廢爲阜
咸豐十一年燬同治末施氏後

齋建復案祠入防護錄

明劉宗周詩淮南一別燠華寒再拜班荊話屢酸國難敢忘嫠婦緯時危轉憶萘根盤身擔風紀綱常重節自生平問學安白馬巖前池草綠永存規矩奉輸般 呂章成詩先生講學在躬行所至居然大有聲國難定知身不辱心虛還使道常明三編裁就垂邊步十目吟中見法程此是良知眞實際嗚呼忠介郎文成

駱總兵祠在雲樓鄉祀明總兵駱尙志案春秋官為致祭

四勿祠在蘭風鄉祀宋侍御史蔣峴有司春秋祭乾隆志案祠志云公四世孫良翰由奉化遷餘姚肖像祀之祠舊在祠南湖芩池高阜正德庚辰易今址

倪文節祠在城西北隅祀宋侍郎倪思乾隆志

案以上二祠不列祀典以寓賢而私祀於鄉者姑附於此

忠義分祠

鳳山義烈祠在臨山衛城隍廟之東祀咸豐辛酉同治壬

戊殉粵寇之難者男女二百九十餘人分設神龕里人春
秋致祭

義烈祠在東山鄉湖地里人戚炳輝等捐建祀咸豐辛酉
同治壬戌殉粵寇之難男女數百人並附祀節孝籌置祀
產以爲時祭歲修等費

節孝祠在奉裁姚江驛基雍正五年知縣葉煊文奉文建
浙江通志乾隆四十一年修乾隆志嘉慶七年邑人洪維鋆又修
並禁墾祠旁隙地知縣定育碑記從來節由孝全與忠義並重顧完貞者事所恆有而其事較難
蓋無成代終任艱鉅以垂芳潔豈一朝一夕之故足以光
地道哉欽惟我　聖朝重熙累洽聿臻喜起明良之盛風
化所　覃端自女貞閨幃之以節孝著者烝烝焉繼踵相望
於是　頒詔以廣諮詢建坊以昭褒獎而又　敕崇祠祀
有事春秋洵共貫敷天立隆振古典至優且渥也餘姚之
節孝祠始於雍正五年前縣葉令煊文奉文創立因姚江

驛舊基爲堂三楹外繚周垣內設壇坫褒時爰循屆今閱八十餘年矣畛畦曠僻開風凜霜蝕江山如昔安得廟貌維新嘗展謁往來竊有志鳩工而未之逮本邑職員洪紳維鍪克紹家聲眷懷潛德今秋具呈以捐貲重修爲請慨余素志亟嘉予之數月來易其棟楹梁桷板格以及蓋瓦級甎而閈閎以高丹雘是飾竹苞松茂鳥革翬飛不可斯干詠歟不寧惟是斯干也左絢鳳山之采右浥蕙江之流宅幽薦寒固無遺憾惟右偏與尼庵鄰尼即司是祠啟閉掃除其牆外隙地皆歸尼蒔菜茹工既畢洪紳請余一言余不敏爰敘梗概以勸貞珉用闡利永貞之義焉是爲記

道光十九年邑人朱文治重建置田二畝零陳大信助田三畝九分零朱文治記自古婦之守節猶臣之盡忠子之盡孝也我姚節孝祠雍正五年裁汰驛基奉

旨建造以厲風俗厥後屢修屢圮嘉慶八年有洪君葆南捐貲重建緣基地陰溼一切木料以及神座栗主被白蟻侵蝕日漸傾頹已不蔽風雨矣余愀然不安者久之遂集眾議重行建造於原址寬展數武屋後加築圍牆則神龕寬敞風雨不致逼近爲一勞永逸計祠下賢後裔因踴躍樂輸共計錢八百五十千文重建各費用錢八百千零餘錢置悲字號田貳畝零以作每年祠祭之費是役也葉口亭吳養愚翁小鳳金道南諸君不辭勞瘁閱半載而落

成嗣有儒士陳大信之室徐氏請旌設長生位入祠以此祠須營歲修因爲之創助朔字田三畝九分零此後如有樂助者亦照此刊入碑中庶斯祠之不朽矣

咸豐十一年燬於兵光緒九年方橋劉氏建復後堂十七年邑人葉綬同蔣魁耀蔣懷清建復廳宇又增益之

黃葉春碑記我姚節孝祠建自雍正五年燬於咸豐十一年粵寇之亂時倪君杏江被擄見賊毀宇及主慨切哀免移置於倪祠未幾倪祠又毀委主於地手瓦土而掩之明年寇退以事白祠董刼餘無從募建復移諸慈力庵暫置光緒九年方橋劉氏復後堂三楹向之移之者得還故所然中廳大門猶焦土焉日久座盈後來者幾無位置祠董葉綬謀復廳宇而增益之力薄寡助恆慨然以有志未逮爲憾會蔣君魁耀洎姪懷清並以表揚母德請 旌入祠蔣固好施因勸之倡且總其成慨諾之乃鳩工庀料於原址改建爲樓而加廣焉葺園牆大門鋪甬道前後明堂平以石舊之餘屋惟東偏牆外側披一所置爐竈亦被賊毀今改造小屋三開厨房而外並可安置雜物經營完善寬廠倍昔是役也計需洋銀玖百叁拾壹元貳角柒分馮君景周助洋捌拾元孫君瑞芳助洋柒拾元盧君樹蕿助洋伍拾元崔君維堯助洋伍拾元黃君繼發助洋叁拾元其餘陸百伍拾壹元貳

甬染分皆出之蔣氏叔姪經始於二月落成於八月凡六閱月而竣事其間謀入謀出督役監工葉君綬身其任工既竣屬爲之記非施厥勞亦以誌有志竟成之說爲足徵而愧君忍勞忍辱曲全栗主於刀鋸鼎鑊之中其苦志蓋不可沒與

入祀姓氏具列女姓氏錄

節孝分祠

貞烈祠在治東南隅石鬼橋之西正德八年建祀姜榮妾

寶氏嘉靖志

明倪宗正碑記寶烈婦燕人我邑姜仁甫之妾也姜判江西瑞州郡正德辛未夏華林賊攻破郡治虜寶以行時姜署印賊至授寶而出以禦賊寶藏印於密被虜至中途顧有盛姓者父子在虜語賊曰盍遺其父報諸官以贖我賊如其言寶密語盛以印所在達於姜至花塢鄉給賊曰我渴欲飲諸井遂投以死賊駭顧而去事聞廷議於時死節女婦所在官司立石旌善亭以記姓氏大尹劉公守達嘉寶之烈奉行唯謹君子曰女婦罹變以一死潔身其於一婦之道完矣如寶知郡印爲夫生死受夫寄不敢忽於一死潔身之際從容保護以還所寄雖古忠智之士不是過也嗚呼賢哉

祀廟

東嶽廟在縣治東大黄山嘉泰會稽志在縣東三里宋政和四年知縣廖天覺建通直郎顧復幾捨廟址建炎間燬市舶使史應炎捨今址復建嘉靖志爲邑迎春之所康熙志國朝道光二十九年重修並濬洗心泉同治十一年知縣陶允升集資重建光緒十八年里人重修並改建正殿嘉靖志每春二三月開日初昏無風雨時自廟前跨江南北有神燈燦爛如星更月乃熄俗謬傳三月既望爲東嶽神誕期此其下降之徵云康熙志三月二十八日爲嶽神生辰前十餘日結社禮拜者至十萬八國朝黄宗羲春社賦見風俗黄百家神燈賦朱一是神燈記並見山川案東嶽廟東嶽殿之在各鄉者不可指數萬歷府志所謂嶽廟各邑皆有而餘姚獨盛也今依舊志錄此餘不備載他祠廟放此

虞公廟在鳳亭鄉之石龜吳國虞翻之墓也嘉泰會稽志案今久廢

湖頭廟在鳳亭鄉湖頭山額題漢虞公祠

石孝子廟在四明鄉孝子名明三元後至元中建嘉靖十九年提學副使張鏊行通判葉金修之嘉靖志

緒山廟在縣西二百五十步嘉泰會稽志　嘉靖志在龍泉山　宋李泳記有祝史黃廷獻來告曰餘姚縣緒山祠祀典始於東晉咸康暨本朝崇寧間徽廟一夕夢禁中火有神人撲滅已而致恭曰臣越之餘姚緒山神也黎明有司不謹燬及內庭得暴雨乃已上驚異有旨下本道搜求靈蹟宛然邑上其事敕加咸寧應夢之號宣和方臘之亂二浙搖動綠林數千起剡中椎鼓鄰將及境八情洶洶有異雲截道若不可進衆覩雲中鬼神兵幟可駭皆褫魄遁去至是安堵乾道三年玉牒趙彥仁緯與邑者艾有事祠下視棟宇歲久而像設湮闇風雨鳥鼠之所穿漏相顧歎息發心裒貲爲倡與和者成之凡錢貨工材之委應期皆至裒於春成於夏功不勞而廟貌一新嘉其始於克成卒相有休況於嚴邑之鎮每事必禱頻歲以來陰霽時若疵癘潛伏生物豐厚而民獲奠居也自東晉以來歷千百禩神之靈既在天陰覆而顯相者可謂盛矣余嘗禱請屢獲響報望乎鬱蒼之林嶙嶤之

居鞭霆駕雨神職是柄疇所貧奉罔敢弗從是用揭其威
德曜於金石採諸謠語綴成頌歌俾巫覡修祀之次婆娑
按節以歌之則神之休光民之歸嚮盡善盡美永永無窮
其可誣也歌曰山迷茫兮日曛水瀰漫兮奔雲牲鮮肥兮
酒齊奉元幄兮靈君初獻歲有秋兮多穰物茂遂兮時康
民何報兮嘉惠薦時修兮芬薌亞獻坎侯作兮嚶嚶靈晏
娛兮將興鳥鴦下兮人後移於西門月城內　國朝康熙
散月晶晶兮中庭終獻
九年復徙舊址康熙志　咸豐十一年燬同治四年里人重建
南雷瑞應王廟在雙雁鄉嘉靖志晉咸甯閒建舊廟在大小雷山因
溪水泛溢流木至此遷於今所旁有古大木特異木根有
穴可容數人穴有小潭或云神龍居之嘉泰會稽志　宋熙甯閒
歲旱知縣林迪具酒與神對酌禱之有蛇見木杪甘澍隨
至後歲旱輒禱蛇見即雨邑人請賜廟額曰孚應　嘉靖志　元□
□修廟記略至正六年夏五月不雨土田暵乾農夫告病
餘姚守汪侯辰良與其監州帖侯士溫同知海君朝宗李

君誠齋判官張君彥荼楊君嗣宗以及官屬議於庭曰吾守茲土時値歲旱民用愁苦其咎在吏吾不可不爲民請按州志四明之山有北麓於州爲南山曰大雷小雷其神曰南雷之神起晉咸康閒得祠祀南有大樹數百圍空中可容數十人下窪爲徵泉泠然居人或見異蛇緣上天必雨謂爲龍云凡民有災沴妖孽旱蝗水潦之災禱之無不應宋宣和閒羣盜方臘寇縣民號於神賊且至毒蜂徧野賊懼而遁神數爲民禦捍災患連著顯蹟宋嘉定初敕賜廟額曰顯應實爲大神五月丁亥率官屬畢出請禱還及州而雨終日民猶以爲未足丙申守自往禱屏車卻蓋叩頭自稱無狀願爲民請祠人爲卜曰神嘉守意今雨且大至是日天無雲赤日赫然頃之雷雨作三日而後止甌窶汙邪皆生美禾是歲爲有年民甚德守乃曰非守之仁不能以動神非神之明不能以致雨今祠撓茀葺何名報神我將修樹祠廟刻石於門以昭神功且以彰守之仁眾皆曰然訖成因屬余記余用民之請辭以銘其麗牲之石使覩無極銘曰餘句中開四明最大維北有麓靃如雲會其山雷山其神南雷珍木青煒樹羽翠旗龍來蜿蜒雲符雨徵秀含靈嶽陰覆青櫺僊闞薇日雄峰造天瑨房菡萏碧樓嬋媛神君來侯霓裳螭翳夾其兩驂籥雲上下徒御控搏雨在其槖玉虎流珍滿盈交作雨我百穀薦歲屢豐於皇加錫下報龍功姚有仁侯亟爲民請事神有恪操澤之

柄施行大田美稼如雲首薦粢盛惟以報神案今廟在治南十二里四明山志云廟遷樹拔非其故處知徙建久矣他如治南五里之南雷老廟南雷新廟皆其分祀者也

石頭廟在縣西二里其初山瞰大江有石入江流多爲舟楫之害故立廟於其所邑士莫若鼎鑿去其石今不復爲害云嘉泰會稽志　嘉靖志西石頭廟在西石山

舜帝廟在雲柯鄉歷山嘉泰會稽志　嘉靖志舊廟正殿重檐周廊有寢有廡有中門外門繚以周垣康熙志隆慶閒居民張許二姓相爭析廟爲二其西偏改祀太白龍神　國朝康熙十年知縣潘雲桂重修乾隆志道光二十八年里人修之咸豐十一年燬光緒四年重建

宋林景熙詩老斷薰絃萬壑幽三千年事水空流衮衣剝落星辰古野廟淒涼鹿豕秋孝友風微惟古井神明胄冷尚荒邱九疑回首孤雲遠老眼斑斑楚竹愁

禹廟在治西北東山嶴嘉靖志洪嶺東南宋時山發洪水里人汪普遇立廟鎮之乾隆府志今移鎮洪橋北一在全佳橋西

明馮蘭詩禹迹徧九州地遠祠亦古椒荔野人心社頭聞土鼓　倪宗正詩雲山阿里禹王祠桐葉藤花亂竹枝翠壁檐廊題歲月青山風月記童兒摩挲鐘鼎圖魑魅瞻仰軒墀半蒺藜試問神蛙還作雨擬參舊社謁龍池　楊鑑詩省方會說狩南州覲向塗山會列侯鳳輦已無歸國夢龍顏空有下車憂萬邦黎庶安溝洫千古椒漿奠冕旒遺像豈應空谷裏田翁野薮薦時羞　國朝謝起鳳詩洪嶺飛湍淵窪哀禹王祠壓浪花堆中宵風雨空庭集舊穴龍蛇廣殿回九鼎曾聞騰寶氣雙珪何處沒蒿萊年年香火春秋社野老村醪奠一杯

九姥山廟在四明鄉祀秦將王鄞

國朝黃宗羲詩并序四明山古祠相傳其神王翦余按秦王命王翦驅山塞海百靈勞役奔入此地因名鬼藏山是由王鄞而譌傳也告之者曾正其祝板亂溪老木鎖遺祠蕭條門榜漏碑題巫覡迎神稱王翦蕭然像設如熊羆吾聞秦王觀滄海巨浸稽天塡塞之鄞也笞撻役鬼神狡獪脫籍來藏茲塼埴偶人鎮空山至今尚足戢蛟螭按據姓

名補神絃事雖荒唐庶有稽斯民方苦阽危亡深林
澥地寡安居豈能託鬼與其藏奉薦祠下胡勝悲

漢高帝廟在白山山類蛇且有白蛇祀以厭之 嘉靖志 或曰
蓋信國公建用以斬蛇山王氣 乾隆府志引萬歷志

明李安世春晩登白山詩迤邐平岡古廟尊繚牆留得夕
陽痕兩灣江水碧如玦十里菜花黄到門舊社枌榆經歲
改城南雞黍幾家存不須再
誦通天表泗水悲風更斷魂

漢光武帝廟在治山鄉客星山

正順忠祐靈濟昭烈王廟在緒山廟下 嘉靖志 嘉泰會稽志即廣德軍祠
山張王神也慶元四年建祠山廟甚盛江浙
閒多有行廟祭者必誦老子且禁食彘肉云久廢 康熙志

謝安廟在治西北之東山安嘗棲遲於此後人立廟祀之
與上虞東山之祠並稱云 嘉靖志

清賢廟在鳳亭鄉祀晉高士許詢

賀墅廟在雲樓鄉祀晉賀循

勝歸山廟祀晉劉牢之其後爲禪院康熙志　修祠宇記明楊文燫邑北負勝歸山而城晉劉牢之擊孫恩歸屯於此故名山產岩石邑人業而採焉形家以爲非宜嘉靖間胡公宗憲來令吉邑捐貲贖之慕義者有檢契歸官而辭其値凡山蕩田地若干畝於是鎚鑿之患絕山之麓故有祠祀牢之邑士遂就其前建復初書院祀胡公歲久漸圮僧如清過而念之謂非仗三寶力無以廣福利拓營宇於是謀建禪院銖累寸積誓以必成工始萬歷甲午幾二十年乃告竣事首爲山門次爲復初書院次爲劉神祠祠後爲佛殿殿後爲禪誦堂屋凡數十間是役也清實竭半生心力夫以牢之之義烈胡公之顯赫通邑士大夫以爲酬功報德之所歲月未幾不能保其數楹之祠宇而清以一衲不啻擴而大之事有不可泯沒者故爲之書於石萬歷乙卯孟冬

國朝吳溶勝歸山題劉將軍廟詩橫戈盤槊萬夫雄電捲妖氛靖海東此地鐃歌曾奏凱於今栖鳥倘旌功松梢薇蒂摩晴日石簀玲瓏透晚風我向殘碑重拂拭蒼藤迴合夕陽中

梁武帝廟在縣東七十里上林湖嘉泰會稽志　嘉靖十年重建

嘉靖志

蕭帝廟在縣江南之東南五里竹山嘉泰會稽志

保慶甯邦王廟在今南門橋之左舊在江南之東宋紹興間知縣陳時舉以今廟所多火乃徙廟厭之以祀孔大夫嘉靖志隋大業中爲陳杲仁裨將討東陽賊婁世幹降之唐光化二年吳越武肅王上其事封惠人侯加封今額乾隆志引永樂府志咸豐十一年燬同治間重建光緒間被火旋即建復

案嘉泰會稽志云廟舊在縣江南之東紹興五年知縣事陳時舉因江南數有火災徙在縣南門之側去縣八十步乾道九年知縣事留觀頤重修然則廟初徙在江之北今江南之廟址疑宋以後再徙者

越國公廟在四明山嘉靖志唐乾符間翰林學士汪亮建以祀其祖華嘉靖十九年裔孫惇與其弟克章重修康熙志

國朝同治元年燬十一年後裔重建

斷塘廟在治西北六十里蘭風鄉斷塘村康熙志原注桑神兄弟生於姚仕於唐成果於古虞羅巖祀頂顯靈於宋助濬黃河有功建炎間敕封王侯先代立廟於石山奉祀甚盛蘭風地界海隄潮齧爲患明初推官周公復築蘭塘以抵怒潮但塘逼海際坍塌靡定非神鎮之則隄難永固由是里民邵百常馮雪湖等擬將顯順侯顯文侯文學侯黎陽郡王四神徙建於斷塘耶龍之上平陽一門地傑神靈自昔迄今民居樂土呼號祈報捷於影響里人邵鴻恩等頌績於邑侯李公成龍載志

擔山廟在梅川鄉祀吳越錢武肅王

天后宮其舊址爲忠襄祠里人宋氏移建於大黃山南康熙志同治十年朱閣學蘭集款建復案神爲五代閩王時都巡檢林愿女閩之莆田人歿而爲神元至元中賜號天妃攷會典祭於福建莆田縣湄洲及江蘇淸口惠濟祠並濱海各縣今廟係民間建造以祈報者官不致祭故列於此

千將軍廟在縣東北冶山鄉嘉泰會稽志光緒十九年重建案嘉靖志康熙志作千將軍廟

驛下廟在縣東一里咸豐十一年粵匪燬光緒初年里人翁學濂朱朗然集貲建後殿舊名六府廟廟後爲呂祖閣東後爲同善堂廟前俗謂之東碼頭

猛將軍廟在蘭風鄉祀元指揮劉承忠案承忠神勇元亡自沈於河世稱劉猛將軍攷會典祭於各省府州縣今廟官不致祭故列於此

總管祠在廟山祀元忠勇校尉張寧三乾隆府志

馬將軍廟在孝義鄉祀明指揮僉事馬元忠東山志

謹案會典祭金龍四大王宋浙人謝緒於江蘇宿遷縣及濱河各縣祭靜安公宋張夏於浙江蕭山縣祭東漢孝女曹娥於浙江會稽縣通禮祭靈德侯王元暉於浙江鄞縣邑各鄉之龍王堂張神廟它山殿孝女殿實祀

諸神凡如此類載之典祀既疑於其地列之叢祠又嫌於其名他若四明之楊賢鳳亭之崔君開原之孔長官東山之顔將軍亦復姓氏僅存源流莫致至於一鄉之社一姓之祠則香火各有主者非闔邑所當通祀今據舊志所載及事蹟有關本邑文獻可徵者以時代次列其餘並從蓋闕以爲限斷

叢祠

張仙廟在南湫康熙志

碧霞宮在鳳亭羅壁山頂俗呼高廟爲祈嗣之所明魏中丞有本建康熙志

明邑人呂元泰山元君行祠碑吾姚光祿正魏君乾亨大司空淺齋公冢嗣也嘉靖癸丑以祈子重繭走泰山乞靈於碧霞元君祇奉香火南還建祠於邑西南羅壁山之巔而虔祀之既果連誕四子衆益以爲神遐邇皈依水旱疾疫禱無不應而陰隲嗣續尤奇驗焉自春及冬駿奔對越者轂擊軫接絡繹繽紛庭宇至不能容於是廟祝募緣檀越樂施乃於庚午鳩工庀材徹其舊而拓大之有寢有堂有廡有門揭虔妥靈允爲祝釐之地魏君謂創建伊始屬言爲記予亦嘗登泰山謁元君德神之貺又同所出謹書而勒之石曰元君著靈泰

山稔矣祠者率天仙玉女之而闡於其所自出惟平原管輅獨謂炎帝長女元君畢遐生而靈異知天地盈虛陰陽消息未笄而發墓在泰山恆出雲氣狀彩倏變士人神之禱輒應爰奠祠於山元君後世大長公主謂也諱畢遐詭傳碧霞帝口元君弟也初姜姓太岳佐禹封呂遂姓呂氏主祭者呂氏嗣云夫輅明易善筮名重三國言豈妄歟然則元君爲炎帝女也審矣予系出尚父俱炎帝後紀祠開闢非予其誰或疑泰山爲五嶽之宗靈應宮肇自宸建費需內帑壯甲寰宇今茲塊然神其享之乎予曰不然元君具坤順之德主司后土慈仁廣大視天下蒼生皆其赤子雲車風馬陟降上下詎以崇卑而軒輊其間也哉矧是邦實虞舜庶封之地禹王覲后之鄉淵源炎帝者也茲山秀拔幽閬昔人卜遷偂之金谷尤爲東南勝處安知非元君顧歆而昭答肸蠁棲遲不擇者耶予既述其概并詳神之系庶他日麓秩祀典勿踵其詭也乎隆慶壬申仲秋立石

國朝邵晉涵姚江櫂歌年年朔社碧霞居羅壁峰前散彩雲更約明朝看金谷雜花如染草如薰

玉皇殿在大黃山頂康熙志 明萬曆間吏部蔣頌平修 國朝康熙時火燬聖佑鄭燦臣捐建咸豐初徐呂妻黃氏募

建案殿之建始無攷相傳創自趙宋至明萬歷間邑人蔣曲瀾之妻張氏早年喪夫撙節積貲買胡姓地建茶亭於山之北麓傍穿雁井復於殿外四周買胡姓山與族山捨爲殿產自是廟始著附志備攷

藥皇殿在東門外昇仙橋東咸豐十一年粵匪燬光緒二年闔邑藥業捐貲建復

三官殿在西城下其一在滸山康熙志

眞武殿在後水倉康熙志

藥師殿在方家畢康熙志

地藏殿在孫家境康熙志

鄧公廟在四明鄉冠佩村香祖筆記康熙十五年餘姚有客宿山神祠夜半有虎跪拜祠下作人言乞食神以鄧樵夫許之明晨伺於祠外果見一樵過之逆謂曰子鄧姓乎曰然因告以夜所聞戒勿往鄧曰吾有母仰食於樵一日不樵母且飢死生命也吾何畏哉遂去不顧客隨而覘之鄧甫采薪虎出叢篝間鄧手搏

持虎尾盤辟久之虎不勝憤乃震吼一躍拔尾負痛遁去鄧逐而殺之客逆勞之鄧曰感君高誼盡導我至廟下旣至大詬以死虎示神曰今竟何如遂碎其土偶鄧一躍上神坐瞑目而逝鄉人重爲建祠額曰鄧公廟

葛將軍廟在通德鄉姚家埜蜀山紀聞餘姚姜氏有狐妖禳之不去禱於葛將軍葛將軍者姚人所奉以驅妖者也夢神語曰當有忠臣除之勿煩吾兵衞也旣而熊公汝霖過宿書室夜見一物來觸以硯擊之翌日庭中得死狐妖遂絕

寺

龍泉寺在縣西二百步東晉咸康二年建唐會昌五年廢大中五年重建咸通二年賜今額嘉泰會稽志宋建炎間燬高宗南狩幸龍山賜金重建元至元十三年燬元貞改元重建有彌陀閣千佛閣蟠龍閣羅漢院上方寺中天院東禪院西禪院鎮國院喚仙亭更好亭龍泉亭自山麓至絕頂

殿閣儼然背山面水爲一邑佳處嘉靖志寺額三字作歐陽率更體或云即歐書今漸蕪廢所存者惟山門大雄殿中天院而已大雄殿爲習儀之所殿後近搆觀音閣乾隆府志引萬歷志後燬光緒閒重建案寺有唐虞世南碑錄金石

唐孟浩然疾愈過龍泉寺呈易業二上人詩停午聞山鐘起行散愁寂尋林採芝去谷轉松蘿密傍見精舍開長廊飯僧畢石渠流雪水金子曬霜橘竹房思舊遊過憩終永日入洞窺石髓傍崖採蜂蜜日暝辭遠公虎溪相送出　方干龍泉上方詩牛斗正齊羣木末鳥行橫截眾山腰路盤砌下兼穿竹井在巖頭亦統潮海岸四更看日出石房三月任花燒未能割得繁華去難向此中甘寂寥　施肩吾贈龍泉洞塵上人詩八十山僧眼未昏獨尋流水到窮源自然其得龍神語擬作茅庵住洞門　僧圓邛寄白雲師詩自從相約問寒温吟得詩成欲共論一山犬自驚行客過幾回風雨誤開門又占得荒畦半畝餘一犂春雨自耕鋤偶然吟得梅花句旋折松枝就地書　元呂同老龍泉寺納涼詩靡靡市塵盡杳杳泉石閒灌木蔽榛莽爽籟彌空山飛雲納餘輝丹臒粲以繁巍然青蓮宮倚此碧玉闌

化人淡無爲趺坐觀塵寰支笳杳不逢玄蟬噪其閒昔賢憩游地習井潛龍蟠詠歌之所傳百世猶不刊我生悅超曠危磴重躋攀歸隱諒未能遡風發長歎　羅子厚次韻躋攀出氛埃盤旋竟幽閒悠哉秋郊雲吐納州南山去去暮江遠靄靄晴林繁往來多魚艇西風起微瀾山靈若我侯宿雨淸塵寰神功憶宣和夢兆舉恩閒處士詫星逼荊公表龍蟠新詩麗以淸前後同不刊顧我緖章綬逸步安得攀徘徊依寒巖懷古空長歎　黄溍贈詞上人詩舜江東下艤官船幾聽潮聲往復還老去未知重到日夢中誰識舊游山秋風飛錫來天外滄海遺珠出世閒爲問兒童强健否龍門高絕許誰攀　明徐漢詩龍山蟠踞幾千年半屬豪家半屬禪再過千年能有幾肯留一榻與僧眠又青山無主仗誰賒願得寬閒要種茶來此題詩便煎喫到頭依舊與僧家

應天鎮國禪寺原題應天鎮國禪院據嘉靖志改訂在縣西一里龍泉山上唐大中五年何延竦等建號聖德禪院咸通十五年改賜今額嘉泰會稽志　嘉靖志廢　案邑中諸寺嘉泰志類多稱院其改題時代均無考矣

建初寺在縣南二百步嘉靖志在西南隅稱江南寶地晉太和元年建號

平元寺唐會昌廢周顯德四年重建吳越改興元寺大中祥符元年改賜今額嘉泰會稽志今廢爲趙考古祠嘉靖志

圓智教寺在縣南一里嘉靖志在東南隅齊永明元年建號禪房寺唐天寶四年改大法寺會昌廢咸通元年重建大中祥符元年改賜今額嘉泰會稽志建炎燬紹興末重建洪武間廢永樂元年復建嘉靖志後廢爲邵中丞宅康熙志案宋孫應時南驛記嘉泰四年令趙善湘得浮圖智崇之屋一區於縣南之圓智寺改爲南驛是紹興重建之後其間又有改易矣孫應時記餘姚挾江爲邑凡部使者別駕之巡歷幕屬椽曹之問事貴人重客之東西行者雖憩津亭受賓謁實舍於舟舟多大艫寢處自如不便以便安華潔之居責於邑故邑有津亭名驛非驛而未嘗乏之事惟吏於是邑者始至與罷去無所館率僦寓民屋淹日閱旬其葺故迎新當預徙者至一再月公私病之久矣趙侯清臣爲縣之三年得浮屠智崇之屋一區於縣南之圓智寺吏白是無主後法當入官乃增作廳事三楹繚以藩垣榜曰南驛驛出入稍回遠然

北近江於艤舟亦宜專爲邑官到罷寓家之地而屬予記之予惟侯於是驛有三善焉博惠官賓匪謀其私一也不溷民居觀聽且宜二也因廢爲利不勞不費三也來者繼今合知侯心無姑息他客使久擅斯宅無徼福浮屠俾規復其廬凡居者一日必葺毋遺後以岌岌則侯爲永有德於斯邑侯宗室近屬昆弟皆以文儒自奮聰敏豈弟多善政可紀是驛蓋其細云

侯名善湘官奉議郎

地藏尼寺原題地藏尼院據嘉靖志改訂在縣西南一里嘉泰會稽志不詳始建歲月元至元十五年重建嘉靖志康熙志廢

普滿寺在縣東北十五里嘉靖志在岩山鄉之客星山周顯德六年建號靈瑞塔寺大中祥符元年改賜今額嘉泰會稽志嘉靖志廢今其址爲月德庵惟山門尚存普滿寺額而已案寶慶續志寺有一銅牌刻建隆二年建此塔并屋舍稱越爲東都蓋是時尚屬吳越與前志所載歲月不同

嶼山如意講寺原題如意院據嘉靖志改訂在縣東北三十五里嘉靖志在

龍泉鄉之嶼山晉天福六年建號保安院大中祥符元年改賜今額嘉泰會稽志嘉靖志廢

勝果寺原題勝果院據嘉靖志改訂在縣東北三十里嘉靖志在燭溪湖紹興七年右從事郎張昉乞移應天府勝果院額建嘉泰會稽志

積慶教寺在梅梁山宋資政殿學士史巖之建理宗御書積慶教寺賜之尋賜爲功德院嘉靖志乾隆府志引萬歷志清流當門景物幽勝寺前石碑理宗書積慶教寺四大字上　國朝順治間重修康熙志有巖之碑銘錄金石又作行書賜史巖之四字鈐以玉璽

國朝黃宗羲積慶寺詩亂山草蓋三間屋曾有先朝御筆排古蹟至今留贔屭流年只好抹皮鞭松濤欲泛禪牀去寒葉已將佛跡埋卻爲一番多話舊反來牽課道人懷

王後昌過積慶寺詩夾道松篁密禪關向夕陰山僧憨似鹿石瀨響於琴訪勝乘清興探奇愜素心亂梅飛不盡餘片點衣襟

西福昌教寺原題西福昌院據嘉靖志改訂在縣東北三十五里嘉靖志在梅川鄉之烏山周廣順元年建號烏山資福院大中祥符元年改永安院政和元年以寺犯陵名改賜今額嘉泰會稽志

西洋寺在滸山城二里許案康熙志誤爲福昌寺之改名

普濟教寺原題普濟院據嘉靖志改訂在縣東北六十里上林湖山之西麓俗謂之西山寺山勢迴抱地學者多稱之以爲可亞四明之天童唐大中元年普光法師建號上林院大中祥符元年改賜今額嘉泰會稽志國朝康熙初重修其天王殿有永錫庵墓田碑時宋景定四年也道玘祖賢二僧爲其父母創庵割田以給僧有云與普濟院湖光其挹豈永錫之廢已久而寺僧誤置之此與或普濟已非舊基反承永錫之址與康熙志元岑艮卿捨產淨髮記略浮屠氏之教祝除毛髮焚棄冠環帶裘以自絕於俗甚者入山林踐荆棘臥息虵虺袒裸雪霜或刲割屠劊焚燒烹煮以其肉飼烏鳥

蚊蚋曾莫之恤彼學佛者必如是而後道可成乎何其自苦如是耶豈絕俗而後志益堅毀體而後行益力歟然則釋氏於一身倘且視爲非有身外之物宜一切無所愛吝矣竊怪乎世之學佛者崇侈其宮室廣置其土田事有常規養有常具用有常背役有常僕凡所以爲身謀者動無不周視絕俗毀體以自苦者異矣今夫窮鄉僻壤寺之小者亦不下數十人而凡爲僧薙髮者必有常供實賴常貧以給之今普濟寺尙缺焉至元六年二月寺僧時凱始慨然捨其山田若干畝於本寺以專償其費且伐石請記庶幾山田不至於湮沒焉厥後聞者嚮應僧法恩等亦各捨田歸之常住以給公用之先是僧拱北允慈所嘗捨者其數併刻諸石茲不書噫佛之道難矣苟能稍究生死之際樂深山絕世之居安菜根草果之素於其身外俱無所有庶幾得佛之萬一焉或者託迹空門視常住爲己有痛眾自肥以私己親曾不知其身且爲幻況肯捨私有以濟眾乎斯人以之徒聞凱師之風亦可以少媿矣凱之志有可嘉者是不可以不記師慈谿人嘗游武林名山歸老普濟寺凡其所有皆捨之祠廟此其餘也鄉里咸稱爲淳謹好善者

宋陳堯咨詩山遠峰峰碧林疏葉葉紅凭欄對僧語如在畫圖中

明岑黼詩每憶蟠龍山上寺白雲深處布袍行長松萬箇似人立秋水一湖如鏡平抱子黃猿垂澗飲哺雛蒼隼護巢鳴十年故舊惟公在林下相逢眼倍明

東福昌教寺原題東福昌院據嘉靖志改訂在縣東北七十里嘉靖志在上林鄉唐長慶四年建會昌廢大中二年重建吳越給永壽院額大中祥符元年改賜今額嘉泰會稽志　宋孫應時記略余里舍之東二十里其鄉曰上林其溪塢曰游源有佛氏之居曰福昌院者唐長慶四年僧重曜創之而毀於會昌復於大中其始曰永壽院錢武肅王名焉至宋紹興初僧惟岳更其殿而大之法蓮者爲輪藏而屋之體修者募其藏之書皆未就而死其徒中暉等五人相與謀繼其後鄉士寒畜無所貸旬中暉獨苦心强力寸累銖積不弛不亟四十年而畢成今其藏宇囷囷隆隆金碧玲瓏函書滿中殿則翼翼鱗鱗周楯重軒像飾一新蓋費緡錢二萬焉里中長者嘉其勞屬余記之噫佛之入中國千載矣其宫室滿天下窮侈人力或百倍於兹儒者病焉欲排而去之未能也余思之矣蚩蚩之民其心思智慮耳目精神不能自主也而主於習習斯信信斯久久斯化矣古者禮樂達於天下民朝夕習而化之而後世之民不復知禮樂爲何物矣今通都大邑以及窮鄉荒聚必有佛氏之居爲之依歸則猶三代黨庠遂序之所也其鐘鼓儀物諷誦講說則猶三代絃歌鄉射之具也儒者不能以道得民而佛氏得之將誰責歟古今道術之變關乎

天地盛衰之運將誰能任之歟然則佛之徒盡心於其法者余方歎且媿焉奚暇訾也乃不辭而爲之記初與中暐併力者日從立從本從德宗鑒其佐之者中秀中闓慶元丙辰二月記

化安講寺 原題普圓院據嘉靖志改訂 在縣南三十五里 嘉靖志在通德鄉 後唐清泰元年建號化安院大中祥符元年改賜今額 嘉泰會稽志 明洪正間寺僧不法陸氏毀之 國朝康熙六年黄忠端公夫人姚氏捨地重建以爲功德院 康熙志黄宗羲化安寺緣起記化安寺在餘姚通德鄉之剡湖廢於弘治正德間碑碣無存縣志云化安講寺後唐清泰元年建宋大中祥符元年改賜普圓院宋會稽志云普圓院在餘姚縣南三十五里後唐清泰元年建號化安院大中祥符元年改賜今額然則稱化安講寺者元以後事也其見於他傳記者宋史陳橐列傳橐字德應餘姚人以權刑部侍郎謝事歸剡中僑寓僧寺日羅以食處之泰然初讀宋史以剡中爲嵊縣及考城冢則云宋侍郎陳橐墓在化安山廬舍遺址猶有存者所謂陳園老梅偃仆尚是數百年以上物始知剡中之郎爲剡湖僑寓僧寺之郎爲化安寺也元虞集狀餘姚州判

黃茂云附近有化安樂安二寺府君皆捨田山於僧永爲子孫藏修游息之資州判者吳草廬高第弟子予之九世族祖也宋元僖詩集五月十四日過應平仲書塾其夜至明日雨不止有懷藍溪許月山化安真淨源天晴獨跨蹇驢來準擬書堂一宿回野色幾年違白首雨聲半夜落黃梅南山樹對高僧立東浦花隨處士開親舊有懷難晤語出門流水沒蒼苔南洲洽雨軒集有送坦達中住姚江化安詩云深居亦嬌俗用世非我期徘徊越隴阪所重遺明時商颸薄江渚蘭蕙幸未衰爲言采芳者何以遺所思宋元僖召修元史溥洽爲建文皇帝薙髮皆明初宗匠而真淨源坦達中與之相友其非聊爾人可知由此推之其前其後此寺必多名流勝士不以負販一拂子爲重輕者其姓名徒付之山高水清而已可不惜哉自先忠端公賜葬化安山予每遇諸家文集干涉此山者即鈔之以爲故事其所得於寺者僅如此寺廢雖久把茅而處者不絕具德禮江月某冰懷某皆出而有聞於世予以吾母姚太夫人之命割地數十畝展其幅員於是佛殿粗具昆山歸莊爰書寺額山門法堂一切未備然可由是而踵事也夫先州判捨田山於方盛之日吾母捨地於已廢之後何黃氏與茲寺有夙契也嗟乎世之言久遠者無如於佛而盛極之寺院數百年已不能必其如故然猶可諉之成壞之理獨怪自後唐至於有明歷年不爲不久名流勝士不爲不多

不能以鐘鼓之力延其餘響反若因陳侍郎而有此寺因陳侍郎之寺而有此眞淨源坦達中區區之名氏不然姚江如此寺者何限又孰爲之推尋哉佛氏所謂久遠者果安在耶陳德應徜徉其先忠端公旁薄於後茲山當與天壤俱敝自此雲水邁止易以垂名幸矣

明倪宗正游化安古寺詩落日青山盡疎林黃葉飛野亭詩客散古寺一僧歸白雲溪上路新月竹西扉雙猿先入定爲我護禪衣

白雲教寺原題慈聖院據嘉靖志改訂在縣南七十里四明鄉嘉靖志在晉開運二年建號白雲院治平三年改賜今額嘉泰會稽志宋樓扶圓通殿記余在南湖聞姚江之慈聖院有世奇者出儒門作殊勝事山窈而深號泉石嘉處唐閩中高僧巘雲披荊而廬講餘白雲時時入戶晉開運閒錫是名四山豐茂居民因藉以聚國初義隆又宏茲賁治平二年賜今額嘉定十三年不戒於火獨法堂及所奉大士像僅存後風雨飄搖堂圮而大士像壹架儼然異哉僉議建寶殿十載弗成奇自諸方回慨然作而新之端平三年孟秋告成高深皆十尋廣七尋瑞相端嚴諸天拱護金碧照爛入如化城仍塑三佛

以爲過去見在未來種子觀音讚歎越所未有予雖未登斯山識斯人特知其曾參野雲持身玉雪不肯出世而能作出世間事決知其以財爲法以法爲財運平等慈者也淳祐四年仲冬記

宋王商翁詩幽人何處住古寺白雲高問路不知遠到山方覺勞半窗看竹石一枕聽松濤我亦清幽者烹茶讀楚騷

元黃義貞白雲寺詩巘雲寶刹誦瑤編屋上靈雲每見連知是蒼穹相表異郤將瑞氣日纏綿絪縕像護清虛界潔白光涵兜率天老我欲過金子覈細探靈蹟恨無緣

明眞講寺原題明眞院據嘉靖志改訂在縣南三十里靈源山嘉靖志在鳳亭鄉東晉支遁許詢講道之所後唐長興元年建號四明院治平三年改賜今額嘉泰會稽志元元貞初後至元間再新之嘉靖志康熙志久廢

宋樓扶記越多名山水經晉人游覽處又輒不同過姚江而南村以許稱郎元度所居里里有古道場道林訪許時嘗講經地二家金蘭遠今語尚氷雪坐靈源面鳥瞻一峰高入雲表作航海者指南舊號四明治平中賜今額寥寥數千載跡昭八昏危而不持鼓鐘幾於泯響嘉熙三年春白雲堂僉舉妙銛主斯席始至憮然曰晉韻綴遠台宗其

可墜乎廢興有時吾惟圖其新首倡以躬闡之者咸用勸助願力宏固不數載化蕪礫爲寶所內外粲整凡教肄所當有皆種種盡完開門授徒法音演暢止者安便觀者跂駭莫不歆豔其成而誇其難噫事無難易存乎其人推尚志乃克濟向使居其前者用必稍如銛何至盡廢踵其後者用必又皆如銛此山當大振慨世之人安陋習簡糜爛一律甚或瘠衆自肥視常住爲何事銛之事舉其果難矣或謂其飾塔廟崇肖像特爲福耳獨不聞積土聚沙刻雕移畫惟植一因皆成佛道之語事卽理也理之所存徧在於事刱集心而營隻手而成匪若叢林巨刹措賦入之羨勢家要第倚聲援之重己信而孚於人也則又豈不甚難矣哉余善潜山僧文珣道所以然相與嘉歎余未識銛盍歸而語諸室廬宏矣器用備矣學者萃止攄其英而教育之毋徒爲觀美人傑地靈今無異昔安知不有風期高亮之士如林公者才藻新奇華爛映發十地頓悟三乘炳然神驗不混凡櫪淩霄肯作近玩試譯厥旨淵乎異時艤櫂間徑倚崧龢泉清風朗月悠悠我思又安知元度輩不在人閒耶

明宋元僖序略吾鄉靈源山物元上人所營有軒曰入翠曰逍遙有室曰觀樹有篷曰雪篷有閣曰怡雲曰西閣西閣之前有隙地植茶曰苦茶原植薇曰紫薇坡曰離卉林曰邑蕉亭閣之右徧有大沼豬山泉而溢賁垣下入溝溝廣四尺泉流甘而絜經閣前不絕通溝植蓮有

小木梁跨其上曰白蓮港港之前有地可游息曰琅玕塢塢之左偏有小屋可宴坐曰桐陰舍其流循舍下注石竇以出而豬於垣外曰白鷺池其曲曰鸂鶒灣殿閣池館皆曲極其妙時海内兵興桴鼓之聲達於境内明眞當萬山之秀而物元覺構之勝又可賞適故一時文人名士多避地於茲物元者名如阜精修梵行洪武四年以高僧徵至京館於天界寺無疾而逝

普安教寺原題普安院據嘉靖志改訂在縣南十五里嘉靖志在雙雁鄉之横溪晉開運二年建號興安院治平三年改賜今額嘉泰會稽志景祐四年重建嘉靖志其後久廢國朝康熙九年郡學使景從重建助建僧恆如康熙志今爲準提閣

吳山正覺寺原題正覺院據嘉靖志改訂在縣南二十五里嘉靖志在雙雁鄉唐天祐元年邑人郡詧捨山建會高麗僧永乾游方至此乃請居焉爲開山祖晉天福中吳越文穆王給昭覺院額

治平三年改賜今額（嘉泰會稽志　嘉靖志廢）

超果教寺（原題超果院據嘉靖志改訂）在縣西南十五里（嘉靖志在鳳亭鄉）唐天祐元年建號越安院治平三年改賜今額（嘉泰會稽志）相傳爲晉郗愔之宅後燬明嘉靖間佃其故基移像設於莫家湖側（康熙志）崇禎辛未僧心融募資重建於筆竹嶺西北（有康熙丙子邑人邵渻書碑）國朝康熙間僧道銓復恢大之（有知縣劉俊碑記）今人呼重建者爲外超果其古超果寺爲裏超果（案裏超果在羅壁山下寺前有郗家池）

國朝呂迪天台僧梅谷住持超果寺詩招提遠隔一牛鳴乞食頻過王舍城詩好洵無蔬筍氣畫高唯與竹松盟偶談雪瀑石梁勝欲借青鞵布韈輕聞道了將超果願仍尋一萬八崢嶸自注梅谷善畫松

雲頂聖壽寺在雙雁鄉元至元十九年寶業禪師建庵其

地衆尊慕之爲建此寺嘉靖志久廢明崇禎末僧冰懷重建四明山志

護聖廣濟禪寺在燭溪鄉泰定二年建至正二十年燬尋復之正德二年燬嘉靖四年僧文剛重建嘉靖志旋遷西石山後西石山一名斷山亦號斷山寺寺側有藏經閣閣之南有樓曰南樓景物超勝爲名流勝士讌集歌歎之所自明呂文安至　國朝朱承勳呂迪輩往往挈侶登臨著之篇什今改名接待寺延納十方行脚稱叢林焉道光二十一年燬僧幻堂募貲重建案幻堂名毓清風雅能詩邑人士多與之往還卒葬於寺後

元曇噩廣濟寺記略佛眼禪師無門開公以口宗的旨鑪鍾一世天下學者風趨景從所至輒屨滿焉而士大夫或解帶以謝鈍機留衣以志別思天子御便殿聽所舉唱其道德聲聞如此噫偉矣時履齋先生吳丞相潛以制置沿

四明飲渴尤甚亟走疏邀之衆謹擁以行舳艫銜尾下次舜江舜江之人道滿道安道賓輩方居士服習苦行郎州西二里所繕廬託居井飲以待游衲檀越道昌王氏捨地就出資力以贊實寶祐丙辰也明年丁巳鄉貢人趙汝琌趙若琇請於朝錫額廣濟而庵焉己未公過之爲說偈定緒住持曰茂師之狀曰寺蓋成於道安師而備於茂也地址夷亢坦宇完壯謹香燈時鼓鐘至元甲申道安師始講枯海源師雜染蓋公大弟子也庶幾得其循序云道安師傳其弟道正師道正師傳如悟師敬益師淨岦師卒以次傳益大闡四傳而彼帝師璽書爲寺額加護聖二字皆公存神過化之妙萬世之原不忘所自也哉

明楊珂詩安禪久臥松間榻訪舊還攜月下琴八向寂寥秋易感病兼消渴暑難禁風生梵宇鈴聲入花落香臺露氣深淡泊賴公眞性在曇摩相得會渠心

九功教寺在縣西十五里嘉靖志在燭溪鄉　齊建元中越州刺史榮穎捨宅建嘉靖志僧眞法師建號休光寺唐會昌廢大中十二年重建周顯德五年吳越武肅王修改今額嘉泰會稽志　宋宣和

二年駐寇犯境被火尋復嘉靖志嘉靖間徐御史毀之重建乾隆志引紹興府志

國朝程鳴訪友九功教寺詩野寺煙深春氣濃石橋橫處度孤蹤紅披芳草斜陽路綠映澄江隔岸峰午夜燃藜分佛火幽人趺坐習僧容予來也結禪關契寒借袈裟聽古松

天華禪寺在開原鄉在縣西北三十五里嘉泰會稽志題建福院梁天監元年建號天香院隋大業元年燬周顯德二年重建改天華院宋大中祥符元年改覺明院崇甯元年改賜建福院洪武間改今額嘉靖志康熙志廢

洋浦觀音禪寺在開原鄉之道塘宋寶祐四年建嘉靖志後名洋浦庵康熙志國朝乾隆四十五年僧廣濟重建嘉慶十七年咸豐十年里人楊邦渭玢瑞再修今稱東雙寺

樂安教寺原題寶積院據嘉靖志改訂在縣西三十五里嘉靖志在雲湖
晉天福六年建號保安院大中祥符元年改賜今額嘉泰會稽志明洪武三十四年重建嘉靖志
廣教教寺原題廣教院據嘉靖志改訂在縣西北四十五里嘉靖志在東山鄉
晉天福六年建開山僧嘉靖志作匡白大師於土中得石佛五尊奏
請賜號瑞明大中祥符元年改賜今額嘉泰會稽志咸淳時重
建又名東山寺乾隆府志國朝同治元年燬光緒七年重建
福田寺在臨山城內康熙志
廣安教寺在縣西北五十五里嘉靖志在蘭風鄉唐乾寧三年建
號報恩寺尋廢漢乾祐二年重建大中祥符元年改賜今
額嘉泰會稽志明重修寺額廣安禪院上虞倪文貞公書國

朝乾隆六年閒人繼眉再修光緒十六年僧善增募新之

靜凝教忠寺在縣西北五十里嘉靖志在蘭風鄉之姜山本號姜山院嘉靖志作唐時建會昌廢晉天福二年重建改報國興福院大中祥符元年改靜凝院隆興元年李莊簡公家請爲功德院增教忠二字嘉泰會稽志嘉靖志廢

正覺萬壽禪寺在蘭風鄉元至元閒建號正覺庵延祐五年賜今號嘉靖志康熙志廢

從山普明教寺在雲柯鄉之從山洪武閒改今額嘉靖志嘉泰會稽志題普明院在縣西北十五里漢乾祐元年建號松山報恩院大中祥符元年改賜今額萬歷甲辰重修國朝康熙三年燬於火九年重建康熙志有文昌閣極宏敞元黃溍記略餘姚江支流由州署之西罄折北出二十里所水踰堰而入復支爲兩又北行五里所有山隆然突起

兩水開拔郡志是日松山或日是蓋名從山從山者言衆峰離立水外東西拱揖其勢如相從山之南麓普明寺在焉僧法炬爲予言山之未有寺也里人陳氏居之有以身爲僧而以家爲寺者是爲支通法師山之初祖也寺建於唐天祐號報恩逮宋祥符乃錫今額而俾以甲乙次相授黄牒故在可考歲寖遠而繕治弗繼華榱文璧或委爲土梗吾徒懼焉相與殫晝夜之勤日綴而月緝迄今餘二十稔未始資毫末之助於人而仆者起缺者完像座華廡鼓鐘食飲之物纖悉必具凡爲三門而斲石爲楹以樓扁榜於其外者炬之父舜若深及安也爲室以禮六時者安及炬若觀也爲輪藏寶經其中而屋其上者炬父子也惟吾浮圖氏廟塔在人閒廢興相尋如漚起電滅茲山之香炮燈炷閱幾成壞而不與劫俱化蓋吾祖之蒙被其肖肩者深且厚也然其言行於僧經佛史一無所登載所度五弟子亦莫之有聞焉獨近代夢庵華禪師爲山陰陸公游方外交又卒隱而不曜願有述俾後之人知吾徒所憑藉爲久遠者皆前人之遺體而吾祖尚託以弗泯也頃予始至其處見其池深而木寒甍棟戶牖隱顯煙際意以爲此仙聖之宅必有化佛靈僧寓跡其閒而炬言如此飛鴻印雪爪趾宛然固無俟予擬諸形容也姑敘興復之槩使刻焉

院

法性院在縣東二百三十步晉天福七年邑人於古大寧寺基上建有大士像隨潮而至父老迎置於院改觀音院大中祥符元年改賜今額嘉泰會稽志元改爲天妃廟今改爲忠襄祠

嘉靖志　宋孫應時法性院記餘姚之佛廟三十有五獨法性舊爲禪刹址縣之東岸江之陽瞰嚴灘揖南山門廡翼翼殿堂耽耽浮圖崇崇像設嚴嚴稱其地勢爲邑壯觀里中父老顧瞻太息而謂予曰子知其廢興之詳乎建炎庚戌是寺毀於兵大士有靈棲塔僅存餘皆瓦礫之場也名僧行持茇舍以說法其徒羸糧僦宇而從之耳歲累月積寤寐茲役然亘遇者立經藏葺浮圖矣清敏者營庫庵矣了可者清譽者啟丈室作山門矣其大且難者睥睨逡巡莫敢任也今長老廣惠實行足以孚眾強力足以習事不弛不亟以漸以久大士之殿雷音之室次第之奏功蓋甓丹堊內外畢飭前所未備一如其志蓋自湻熙之甲辰迄嘉泰之癸亥居二十年而後登茲人觀其今之成豈謂其舊之墟哉寺之田裁一頃僧鉢猶不足惠募於人則有長者董遷捐膏腴五十畝爲之倡非輕界也賢惠故也惠於是剎誠大有功匪今斯今計及無窮善不可沒是宜得書伐石請予予其許諸予曰凡天下之廢興

成壞莫不有數存乎其間數必有其時時必有其人是剎之廢興數也亦時也廣惠人也夫數與時難知而人不可不自盡人事果盡則數與時皆合矣士大夫任國家之大事如惠之勤勞愈久而不懈矣乎功業不建則日時數然也非誣天歟噫七八十年之間燬而未復者可勝惜哉吾於惠有感焉遂爲之記寺名所起與其大士之靈則文昌樓公之殿記在

羅漢院在縣東一里三十步梁大同初建號棲開院唐會昌廢周顯德四年高景淮重建改賜今額嘉泰會稽志　寺有沙門知白古羅漢塔記已亡嘉靖志　今改萬峰庵乾隆志引方輿路程考略

極樂院在縣南一里漢乾祐元年建號彌陀院治平三年改賜今額嘉泰會稽志　今嘯隱庵即其故址康熙四年建康熙志

明宋元僖過極樂寺寫懷詩紺園草樹綠淸颸朝暮涼當暑出闤闠棲此獨徜徉過客適邂逅遨游山水鄉晤語廣居下隱憂忽遺忘況復霖雨餘市津來未航豐年足慰意撫運念平康樂土亦何遠伊誰望西方

報先院在縣南五里宋紹興三十一年主奉吳王祠事乞移東京報先院額建嘉泰會稽志　嘉靖志廢

嘉福院在縣東北四十里嘉泰會稽志　嘉靖志在龍泉鄉嘉宋建炎閒建紹興閒賜額褒忠禪寺嘉靖志　康熙志廢

正法院在龍泉鄉元至正十五年建嘉靖志

長慶院在縣東北三十五里嘉靖志在梅川鄉唐長慶四年建號柯城道場院會昌廢大中二年重建天祐六年吳越改今額嘉泰會稽志　嘉靖志廢

明宋元僖詩古寺歷塵劫空山見淸秋木葉日夜落海氣東北浮滌煩愬微迹望遠增隱憂行吟瓦礫閒盡觀焉可求草露豈常溼巖雲亦暫留轉思學仙者脫身事長游在世爲自苦起滅同浮漚

禪慧院在縣東北七十里嘉靖志在上林鄉之白洋湖上晉天福七年建

號精進院，治平三年改賜今額。嘉泰會稽志

隆慶院在縣東北六十里，嘉靖志：在上林仙居山。梁大同元年建，號上林院，唐文德元年改仙居院，大中祥符元年改賜今額，俗謂之東山寺。嘉泰會稽志　宋亡，邑之搢紳羣至寺中哭臨，元季兵興，衣冠避難多所萃至。嘉靖志　今名仙居庵。康熙志

元岑安卿詩：東山景物吾州移，蓮宮璀璨浮春暉。過湖人騎白雪馬，待客僧立青苔磯。花邊飛杯酒一斗，石上解衣松十圍。最愛東岡老禪伯，夜窗爲我談元機。明宋元僖詩：湖曲藏深院，山空出遠鐘。心迷佛場選，詩入碧紗籠。僧老看孤榻，兵餘憶舊松。自憐花竹畔，獨畏酒杯濃。

清果院在縣東北七十里，嘉靖志：在上林鄉。晉天福七年建，號鹿田院，治平三年改賜今額。嘉泰會稽志　嘉靖志：廢。

雙林院在縣東南四十里，唐天祐元年建，號雙桐院，治平

三年改賜今額嘉泰會稽志嘉靖志廢

悟法院在縣西南六十里嘉靖志在四明鄉梁天監元年建會昌廢大中元年重建號四明寺天祐八年吳越王改東明禪院大中祥符元年改賜今額嘉泰會稽志明崇禎間移建梁衙溪口康熙志今名東明寺

黄宗羲蚤發東明禪院詩鐘聲破山靄繩牀卷餘夢霧交猿路迴泉亂魚心縱斷虹方鬭日春禽有賸弄灰暖梯木田樹廣貧居棟世亂繞息心何免泉石諷

庵

新庵在東門外澄清橋折而北康熙志

福星庵在大黄山元至正十九年建嘉靖志康熙志久廢

客星庵在治山鄉客星山宋乾道七年史浩知紹興府告

縣令蔡憲建有史浩記錄金石　互見前嚴子陵祠案舊志均未載此可知庵廢已久今客星山有光武廟其後有客星庵恐非故址矣

妙蓮庵在龍泉鄉元泰定元年建嘉靖志康熙志久廢

小正法庵在龍泉鄉元元統二年建嘉靖志康熙志久廢

崇福庵在龍泉鄉石堰康熙志　同治元年燬尋重建

項峰庵在通德鄉元至大二年建嘉靖志康熙志久廢

鹿宕庵在四明鄉元至正十八年建嘉靖志　明崇禎閒僧高源重建康熙志

至善庵在四明鄉元至正十五年建嘉靖志康熙志久廢

知止庵在四明鄉宣家嶴僧智遠創康熙志

香象庵在四明鄉僧達誠建康熙志

指月庵在四明鄉高地嶺明崇禎十一年僧語石建康熙志

維摩室在雙雁鄉西嶴沈國模讀書之所有瀑布七八尺名爲石淚康熙志

玉泉庵在燭溪鄉洪武四年自悦建嘉靖志康熙志久廢

奉虞庵在雲柯鄉之歷山元至大三年建嘉靖志萬歷間里人陳大生重建　國朝順治五年重修改甯善庵康熙志同治元年燬十二年里人張謙等重建仍易奉虞庵額

孝義庵在孝義鄉道塘僧妙行建康熙志

觀

廣福觀舊在祕圖山下相傳第七代天師嘗游縣遺衣冠於治南五里之杉樹堰久而成觀宋天聖中邑人即山下

建祠祀之號聖祖院熙甯二年用治平德音賜額壽聖建炎二年燬縣以舊弓手營易其址拓治所今在縣治東五十步紹興二十五年重建（嘉泰會稽志道士張襲明重建）三十三年改今額成化間燬尋復（嘉靖志）國朝乾隆間改爲紫竹庵

思眞觀在大黃山宋開禧元年建（嘉靖志）今廢（康熙志）

祠宇觀初在大蘭山劉樊昇仙之後弟子立祠宇以奉其祀陳永定中有敕建觀因其舊祠故曰祠宇唐天寶三年遣使禱祀病其險遠敕道士崔銜處士李建移置潺湲洞外一名白水宮宋龍虎山三華院吳眞陽（原注號混朴子）游歷至此止焉徽宗以凝神殿校籍召不起政和六年詔大其觀建玉皇殿榜其門曰丹山赤水洞天封劉綱昇元明義眞

君樊氏昇眞妙化元君而眞陽授丹林郎禁樵採蠲租賦紹興間丞相張浚表眞陽爲眞人許歲度道士一人分甲乙傳次嘉熙初理宗禱於會稽之龍瑞宫竣事分金龍玉簡藏焉元毛永貞檄領觀事重爲修葺築石田山房於其側江西薛毅夫來訪永貞首爲賦詩至京師告於名士各爲和之永貞又爲二圖其一曰原建之圖其一曰唐遷觀之圖刻於觀中明永樂十三年詔道士朱大方復繪其圖以上後廢 乾隆志引紹興府志

唐孟郊送蕭鍊師詩閒於獨鶴心大於靑松年迥去萬里表高棲四明巔千尋合抱樹百尺倒挂泉絳雪爲我飯白雲爲我田靜言不語俗靈跡時步天 施肩吾憶四明山人詩愛彼山人石泉水幽聲夜落虛窗裏至今憶得臥雲時猶是涓涓在人耳又寄四明山子詩高樓只在千峰裏塵世望君那得知長憶去年風雨夜向君窗下聽猿時

元張翥題茅鍊師丹房詩犖确初開百畝荒四明山麓結丹房種來玉子雙雙白斸破雲根片片方洞裏有仙惟服髓岡頭無客重尋羊知師日誦黄庭罷祇挹飛泉漱齒香

寺院庵觀總載

四隅有報本庵 同知邵圭建 法雲庵 俗名羅庵 適庵 西門外邵太常秉節建 滴露庵 仁壽橋今改關帝廟 井頭庵 候青門 潮音堂 孫埭橋 解園 南城之西以上康熙志 紫竹庵普覺庵 俗名樓庵 定光庵 俗名杜庵 子孫庵清福庵 俗名邵庵 慧日庵大悲庵三勝殿 以上東北隅 曇華庵 前從化縣知縣朱宇道建 紫雲庵子勝庵財神殿 以上西北隅 杯渡庵 今改關帝殿 廣福庵 俗名草庵 慈力庵寶勝庵 以上東南隅 般若庵萬壽庵新庵三官殿觀音閣 俗名西門廟以上西南隅

龍泉鄉有田谷庵 康熙志庵有鐘刻云田柯庵疑舊名田柯 普照寺 乾隆志 虞

山廟陳山西廟荀㝹廟石大郎廟龍泉高廟湖西門廟河北新廟河東新廟孤山廟西隩廟陳梁山廟錢王廟橫山廟田王廟魏墓廟竹山廟田北廟西通天廟中通天廟東通天廟剡㝹廟軀龍廟翠屏寺崇福庵雲息庵祇園庵永甯庵雲隱庵舊妙蓮庵址法雲庵紫林庵月燈庵福田庵劍山庵

梅川鄉有妙喜庵今山庵又作金山庵積善庵眞淨庵光緒十八年重建法華庵同治八年重建擔山庵以上康熙志寶林寺西洋寺福壽庵光緒二十二年修寶鏡庵永樂庵賜福庵聖福庵大悲庵添枝庵僧普聞重建福昌庵紫雲庵篁山庵西蓮庵鳳棲庵道光二十四年光緒六年再修一錫庵吉祥庵彌陀庵雲林庵同治六年重建以上乾隆志

上林鄉有慈雲庵石人山庵泗水庵興善庵勝山庵以上康熙
志宿向庵永福庵一在一都一在二都福昌庵以上乾隆志
通德鄉有旋井庵葉家嶴庵黃箭山頂庵今廢龍聽庵今水
庵石公橋庵朱洞橋庵以上康熙志雲居庵大覺庵一廢為姜姓墓舍一
在九壘山下名九壘大覺庵寶勝庵萬峰庵勝福庵以上乾隆志豐臨廟鹹
池廟新墅廟三王廟一在嚴梅潭東一在隱鶴橋東剡湖廟洋谿廟福星
廟墓林廟桐下湖廟永安廟新安廟大彰殿南園寺世忠
寺葉庵按察使葉憲祖捨宅俗呼茅篷普濟庵大悲庵普順庵福順庵福
田庵獅巖庵別峰庵永福庵廣福庵磊隱庵福星庵金剛
庵蔣庵萬福庵萬壽庵繼隆庵永錫庵雲駐庵竹隱庵
鳳亭鄉有三溪口楊庵般若庵茭池庵高露井庵石壁隩

庵今廢賽天童在萬家墺今廢卞庵今廢以上康熙志廣福庵清隱庵東嶽
殿以上乾隆志二崔君廟檀樹廟資豎廟清檀廟豐市廟舊名楓樹
廟大廟翠塢廟龍王堂廟烏桕樹廟黃墓靈廟新黃墓林
廟雷山廟鎮江廟正覺寺金福禪院淨土庵甘露庵一在一都
一在二都廣積庵崇聖庵慧雲庵清賢庵獅隱庵萬竹庵清福
庵秀水庵永凝庵祇陀庵古峰庵迴龍庵羅壁庵憩梅庵
惺善庵圓覺庵水月庵聖峰庵聚福庵化成庵三清觀
四明鄉有藥壺山碧雲庵康熙志永和庵今圮雪峰庵隱雲庵
以上乾隆志石君廟丁山廟丁唐廟明山廟西明廟稠樹廟上
菁廟仙聖廟翠塢廟石洞廟祖南廟百丈廟楊賢廟龍神
殿乇山殿水月庵蓮峰庵清隱庵廣濟庵望月庵廣福庵

雙雁鄉有顧庵魏堰尼庵雲麓庵草庵僧克歸建百草居在三溪口蓮花峰庵法雲庵以上康熙志正覺寺正定庵雍正元年建高峰庵柏子庵韓庵嘉慶二十三年光緒十三年修鏡澄庵乾隆三年僧普本建正化庵乾隆二十二年建松隱庵八仙庵紫雲庵以上乾隆志它山廟南雷老廟南雷新廟橫溪廟左溪廟興福廟興隆廟新興廟山隍廟泰倉廟白石王廟青山廟紫龍廟財神殿觀音堂青雲寺望梅庵河西庵一皈庵永福庵一在金隩一在大羊山會龍庵碧雲庵太平庵

燭溪鄉有水築墩宏福庵康熙志廣濟寺平王廟以上乾隆志

開原鄉有蓮芳庵道塘庵以上康熙志孔長官廟八堡廟皇土德祠沈墅廟皇封橋嶽廟彭城廟方橋嶽廟東嚴廟

雲樓鄉有永福庵康熙志在江口壩大家廟孟將軍廟韓七郎廟

馬渚高廟義井廟臧墅廟吾容廟丁墩廟文武殿龍王堂

觀音閣鎮湖庵崇福庵方家庵湖頭庵迴龍庵西山古祗

陀庵寶靈庵

東山鄉有湖地戚家庵康熙志東山寺彌陀庵以上乾隆志顏將

軍廟童家山廟江長官廟小青山廟善性龍王堂沙埭龍

王廟西石山廟騎龍廟東嶽廟一在泗門一在臨山衛所張神廟一在泗門一在湖埭一在臨山衛所一在倪家路泗門龍王廟龍圖廟姚仰廟圖南廟

三官殿萬慶寺百齡寺問日庵絡蘆庵甘露庵九蓮庵寶

蓮庵寶勝庵寶林庵寶華庵

蘭風鄉有海會庵康熙志馬雪湖後八建雍正間僧述文重建並蓋路亭五間乾隆時僧本修

紹興大典　◎　史部

擴充之嘉慶九年馮氏重修聖顯廟桑郡王廟蘭皋古社廟王侍郎廟

永清廟永慶廟楝樹廟豎塘廟牛欄廟永興廟五豐廟鸚

山廟崇福廟迴龍廟金經廟東西牟山廟如聖廟金山廟

西蔣廟協德廟涎陝廟東嶽廟竺山廟廣福寺鎮北庵淨

水庵鎮龍庵在一都一在三都化龍庵靈芝庵天一庵清修庵一在

一都一在三部頭墩庵悅來庵普濟庵在一都一在三都牛欄庵白衣庵

醒路庵三勝庵寶福庵來勝庵西蓮庵毓秀庵五豐庵正

覺庵大乘庵普明庵太平庵

雲柯鄉有般若庵乾隆志今改六度庵萬壽庵報塘庵永修庵眉舒

庵大塘茶亭不二庵在黃沙湖以上康熙志海月寺凝福庵福田庵

永明庵正覺庵永濟庵在歷山西麓祀宋縣令謝景初吉施宿元州判葉恆同治間重建

祥庵清隱庵以上乾隆志朱九郎廟藥皇廟東西上墟廟陶墟浦廟一松山廟從山廟樸木廟林井山廟盧成廟歷山東西廟黃山廟廣墅廟眉山廟嵪山廟石姥山東西廟雙龍殿鎮海殿九龍殿潮神殿東嶽殿五聖殿朝北殿天王殿準提閣渣溪寺法華寺華藏寺開天寺普濟寺大義禪院永順院潮音院紫雲庵陸家庵蓮花庵客星庵水元庵問禪庵廣濟庵長春庵省非庵大覺庵雙嶺庵復成庵寶藏庵圓通庵伏虎庵柯庵德修庵李庵長生庵法雨庵香林庵友竹庵千花庵廣福庵在大古塘南一在塘北萬福庵在大古塘南一在塘北永清庵幾霞庵鎮海庵大悲庵大勝庵永甯庵敬勝庵普覺庵保生庵祇園庵回香庵祖師庵在潮塘一在永福利濟四塘

庵在界塘一在二新塘下增福庵德師庵小路庵白龍庵大成庵永和庵祥雲庵崇福庵益善庵大義庵永新庵逢源庵普成庵萬嵩庵性水庵廣惠庵衙口庵勝福庵西坂庵寶勝庵覺海庵覺華庵津渡庵觀音庵積善庵福源庵迴龍庵善慶庵太平庵福緣庵仁壽庵崇福庵

孝義鄉有甘露庵碧雲庵大乘庵語庵以上康熙志蓮池庵乾隆志

治山鄉有禹廟客星山廟兵馬司廟張仙廟抱君廟虞將軍廟穴湖廟井頭庵法華庵淨土庵安淑庵西林庵龍福庵

餘姚縣志卷十一典祀終

光緒重修

餘姚縣志卷十二

兵制

案舊志兵事附見災祥官弁營汛各制附見職官衙署職官又僅載　國初經制大嵐都司臨山守備其各汛駐防把總外委等未盡登載營汛兵額附見衙署額數亦與省志互異今據同治以來兵籍之移并裁減者增志兵制兼采通志舊志隸以前朝兵事編次如左

縣城汛

守備一員舊設都司一員同治十一年裁臨山衛守備移駐

把總一員

外委一員

馬步戰守兵丁一百三十五名同治九年減兵增餉案內分撥兵丁四十九名

舊右營分防各汛內有管大汛一十一處管臺口小汛二十二處兼駐劄餘姚

縣都司一員隨防把總一員協防外委千總一員馬步戰守兵丁共一百四十九名原係千把輪防康熙四十七年爲題設大嵐官兵一案內將原防臨山衛都司移駐專防仍隨帶輪防把總一員兼管餘姚縣新舊兩城游巡梁衕中村北溪等汛乾隆通志

縣城汛駐防把總一員外委一員官舍九間營房四十間在今城守署左右一帶皆是兼管郁家灣接待寺曹墅橋下壩四汛兵船在督司額設之內乾隆志

舊都司署在臨山衛康熙四十七年平大嵐山寇張念一以紹協營都司移駐縣北城之東北隅設官署營房房有頭門五間廳二間土地祠二間儀門三間堂三間前廳三間書室三間內室三間廚房三間巡更房二間

外照牆之東營房二十五間專司城守管轄山海上虞等汛額馬步戰守兵一百六十二名乾隆志咸豐十年燬於粵寇

梁衕汛

把總一員同治十一年移駐周家路本汛歸併中村汛管轄

戰守兵丁三十七名今裁

舊守梁衕汛兼顧夏家嶺丁家畈口次把總一員係千把輪防協防外委把總一員馬步戰守兵丁一百一十九名乾隆通志

梁衕汛營在四明梁衕鎮官舍九間兵七十七名乾隆志

中村汛兼轄梁衕汛北溪汛

把總一員

戰守兵丁三十四名同治九年減兵增餉案內分撥兵丁二十名

舊防守中村汛兼防杖錫上馬剛分水口次把總一員係千把馬步輪防

戰守兵丁七十名乾隆通志

中村汛營在中村洞橋頭官舍九間兵六十七名乾隆志

北溪汛

把總一員同治十一年移駐會稽白塔洋本汛歸併中村汛管轄

戰守兵丁二十七名今裁

舊防北溪汛兼防雪竇西嶺口次千總一員係千把馬步輪防戰守兵

丁七十名原係寧波城守營汛防康熙四十七年改歸紹協七營管轄乾隆通志

北溪汛營在大嵐之北溪官舍九間兵四十四名乾隆志

臨山衞兼轄夏蓋山周巷汛夏蓋山係上虞地界

千總一員舊設守備一員同治十一年移駐縣城本汛以周家路汛千總移駐

協防外委一員

周巷汛外委一員

馬步戰守兵丁一百四十五名同治九年減兵增餉案內分撥兵丁五十四名

舊駐劄臨山衛守備一員協防外委千總一員馬步戰守兵丁一百五十九名原係都司駐防康熙四十七年將都司移駐餘姚原防滙海所守備移駐專防兼防荷花臺顧家臺黃家路口次方家臺夏蓋山等汛內黃家路口次係康熙五十六年題請添設并題裁周家路一臺乾隆通志

附

舊防守夏蓋山外委一員係臨山衛守備管轄戰守兵丁二十九名乾隆通志

舊防守周巷汛兼防滸山道塘埜橋崔家臺趙家臺勝山臺把總一員千把輪防馬步戰守兵丁七十名乾隆通志

守備署舊在瀝海衛康熙四十七年移駐臨山衛城內

官舍十四間兼轄黃家路謝家臺方家臺五車堰口等

汛額兵一百名　周巷汛營無官舍兼管墊橋臺道塘

臺等汛兵二十五名乾隆志

觀海衛兼轄滸山汛

把總一員

滸山汛外委一員

戰守兵丁一百八名同治九年減兵增餉案內分撥兵丁二十八名

舊防守觀海衛兼防曲塘臺東山臺旗山臺下寶臺淹浦臺古窰臺松浦臺千總一

員係千把協防外委千總一員輪防以上外委千把總仍馬入有馬戰兵額內

步戰守兵丁共一百三十九名乾隆通志

舊防守澥山所外委把總一員戰守兵丁三十四名原係下把輪防康熙四十七年爲題設大嵐官兵將原防把總移防瀝海所改歸左營管轄將本汛併歸周巷汛經制把總兼轄乾隆通志

澥山汛營無官舍兼管崔家臺趙家臺勝山臺等汛兵二十五名乾隆志

周家路水師汛

千總一員同治十一年移駐臨山本汛以梁衕汛把總移駐

戰守兵丁四十九名同治九年減兵增餉案內分撥兵丁十八名

周家路水師汛營在周巷北二十里利濟塘南官舍營房共六十間兵六十名巡船二座兼管觀海衛汛乾隆志

演武場

舊在治西北武勝門內已廢明嘉靖九年復置以西北隅倪澄王伯孚等官民田爲之東西廣七十丈南北袤三十四丈今縣試武童校騎射於此

外演武場舊在姚江驛東康熙志

臺汛

康熙二年沿海設立礮臺洋浦曲塘臺趙家路臺塹橋路臺道塘路臺謝家路臺以上五臺俱木勝山臺崔家路臺周家路臺方家路臺臨山衛北門臺以上五臺俱石後臨山衛北門臺裁今沿海所轄係五車堰汛黃家路汛臨山汛舊設方家臺謝家臺分防臨山汛下道塘墊橋二臺分防周巷汛崔家臺趙家臺勝山臺曲塘臺分防許山汛并兼管觀海衛汛乾隆二年發帑銀二千一百餘兩紹協

守備承領建復九年風潮損壞撥銀七百餘兩興修十二年及二十三年先後領銀三千二百餘兩修理二十六年二十七年詳報未修三十五年三十七年知縣舒希忠顧元揆奉文賠修各捐廉四百三十餘兩修建　其周家路臺撥歸水師官舍營房在孝義都因雍正十年松江海匪盜網傷人總督李衛題請設周家路水師汎把總一員駐兵巡哨並設營船巡察更設勝山頭營房賀墅港燭溪湖方家崗姚家墊各汎分防滸山與縣汎同力巡緝　江干一帶西自下壩汎曹墅橋汎接待寺汎東至郁家灣汎凡四汎各有營房墩臺瞭樓俱係縣城汎兼轄　南鄉要隘有梁衕中村北溪三汎各有營房官舍把總三員分駐乾隆志

礟房

沿海分設礟位房間以資防禦滸山汛城內礟房三間勝山臺礟房一間雀家臺礟房一間周巷汛下市西礟房二間方家臺礟房一間臨山汛守備署側礟房三間共十一間其曲塘臺原設礟房一間歸蔡溪管轄滸山汛礟位兼防曲塘臺乾隆志

紅衣礟分防各所衛城五十六位存縣數失載行營礟四十八位分防臨山城五位百子礟分防各縣城汛一百六十四位存縣數失載又紅衣礟四位存縣庫者三位乾隆通志詳載紹協城守營留存礟位茲別其有涉姚邑附載於此

鳳山門池見城

四門堡見城池

衛所

臨山衛明洪武二十年設去海三里東接三山西接瀝海汛守要地衛東又有臨山港直衝大海海口曰烏盆隘化龍隘爲泗門港尤爲險要指揮以下等官九十一員旗軍五千六百名轄臺一曰羅家山烽堠九曰趙港曰烏盆曰廟山曰荷花池曰方家路曰道塘曰周家路曰泗門曰夏蓋山案舊歷志作烽堠十多于墩堠與烏盆堠並在蘭風一都餘堠處所詳見城池巡檢司一曰廟山巡司弓兵一百名兼詳城池

案衛所之制剏自明初劉基基之湯和成之迄於明季間有增損主海防者較內地爲尤重縣地池北瀕海東西橫亙口次實繁臨觀最爲扼要有明一代籌海備倭各有專書史志皆在所采今錄其有關縣境者附著於篇以資考證

三山所明洪武二十年設去海十五里界於臨觀之間三山以蔡山金山破山龍峙而名其東爲勝山港千戶等官十五員旗軍一千一百二十名轄烽堠七案萬歷志作瞭臺一在滸山烽堠七曰歷山曰眉山曰徐家路曰撮堠名異此者三詳見城池嶼曰蔡山海巖北有望曰吳家山北面大海曰滸山巡檢司二曰三山巡司弓兵三十四名初在金山後移破山有小城戍守破山萬歷志作封山曰眉山巡司弓兵三十四名兼詳城池

觀海衛明洪武二十年設去海五里三山爲右翼龍山爲左翼衛居中節制地屬慈谿轄於紹興指揮以下等官九十五員旗軍五千七百有四名烽堠六曰向頭亦名西龍尾東望伏龍山與龍頭相向龍頭以東屬定海龍尾以西屬本縣二山捍潮其中漲塗漸與山接曰爪簪曰西隴山曰新浦曰古窰曰西龍尾巡檢司一曰向頭巡司弓兵一百名在向頭山宋置向頭寨元改爲鎮案衛半屬慈界觀海衛指揮使司

宋於瀕海置向頭鳴鶴兩水軍寨明洪武二十年湯和度兩寨開築城置衞調軍戍守臨觀把總舊爲定臨觀總於嘉靖二十八年分爲二總定海一臨觀一其臨觀總駐劄臨山統陸兵三總前營左營中營水兵三枝游哨左哨後哨與定海昌國二總並隸分守寧紹參將

陸兵前營總哨官一員部領哨官五員兵五百四十一名平時屯劄臨山汛期分二哨防守觀海衞巡哨古窰東山平石吳家山諸處與總鎮防守龍山所官兵會哨又分二哨防守三山所巡哨勝山蔡山徐家路諸處與防守臨山衞官兵會哨又分一哨協守臨山衞巡哨周家路泗門烏盆趙港夏蓋山荷花池諸處與防守瀝海所官兵會哨

陸兵左營其防哨與縣境不相涉不備載

陸兵中營官兵同前營平時屯劄臨山衛汛期分發一哨協守觀海衛一哨協守三山所二哨防守臨山衛又分一哨防守瀝海所巡哨楂浦西海塘蟶浦西匯嘴諸處與防守三江所官兵會哨

水兵游哨總哨官一員部領大小戰船四十隻兵三百名汛期駐泊烈表港烈港爲臨觀之門戶初議設三江蟶浦臨山勝山古窰五港以衛臨觀後因各港沙硬水淺難泊改調烈港出哨游哨漁山兩頭洞臨觀一帶海洋東哨至馬墓與定海總馬左哨官兵會哨南哨七里嶼由山定海大小港口沿海一帶西哨蠏澍山海洋北哨漁山羊山大小七山海洋與浙西海寧把總官兵會

哨左哨哨官一員部領大小戰船十三隻兵三百名汛期泊兩頭洞東由蓊蓬礁哨至小衢山沙塘㟁東岳嘴與定海總北左哨官兵會哨南哨至馬墓與定海總馬左哨官兵會哨西哨至火焰頭青嶼北漁山與本總後哨官兵會哨北哨至羊山與浙西海甯總官兵會哨

水兵左哨其防哨與縣境不相涉不備載

水兵後哨哨官一員部領大小戰船十三隻兵三百三名汛期駐泊北漁山東哨至兩頭洞與本總左哨官兵會哨南哨至蠏㶉山烈表港與本總游哨官兵會哨西哨至滸山與本總官兵會哨北哨至大小七羊山與浙西官兵會哨

國朝經制額設紹協城守營順治六年設副將統轄左右兩營都守千把外委等官三十六員兵一千八百七十二名除駐守治城分防內地各汛外其沿海仍設臨山觀海二衛三江瀝海二所又增設夏蓋山周巷等汛以上乾隆通志

案駐防汛營前已另載於篇茲仍通志復載臨山觀海夏蓋周巷等衛汛以地關防海國朝因明制而損益之較重於內地故也

臨山衛東至徐家路十五里與周巷汛接界西至陳倉堰十五里與夏蓋山汛接界南至長壩四十里與餘姚縣汛接界北抵海右營中軍守備防守駐兵一百四十四名轄臺二謝家臺東至方家臺十里方家臺東至道塘臺十里與周巷汛接界曰次一黃家路康熙五十六年增設東二十里至謝家臺本衛原設周家路一臺康熙五十六年裁

周巷汛東至破山五十里與觀海衛汛接界西至徐家路二十里與臨山汛接界南至李港河十五里與縣

汛接界北抵海

右營千把總輪防駐兵九十九名轄所城一滸山

所城原係千把總專防康熙四十七年原防把總移駐滸海所改歸左營管轄本所并歸周巷汛東北至勝山臺二十里

臺五勝山臺西至趙家臺十里東至曲塘臺十里與觀海衞接界

道塘臺西至方家臺十里與臨山汛接界東至周巷十里

墊橋臺西至周巷十里東至崔家臺十里

崔家臺西至墊橋臺十里東至趙家臺十里

趙家臺南至滸山城二十里

觀海衞東二十五里與鎮海營龍山所接界西至破山二十里與周巷滸山所接界南至上湖嶺三十里與慈谿縣接界北抵海浙之重地在寧紹而紹之重地在觀海衞觀海安則自餘姚上虞會稽蕭山以抵錢塘海寇難於出沒故衞城爲二城之重地

右營千把總輪防駐兵一百十九名轄

臺七曲塘臺西至勝山臺十里與周巷汛接界東至鳴鶴場二十五里

東山臺東至下寶臺三里

下寶臺東至淹浦臺五里

淹浦臺東至旗山臺十里又至古窰臺五里

旗山臺東臨海

古窰臺東至松浦臺五里

松浦臺東至閘橋半里與龍山接界本衞原設新浦一臺康熙五

十六年裁又本衞所轄龍山改歸鎮海營統轄以上均本乾隆通志

兵事

晉

太寧二年王敦以王含爲元帥含等水陸五萬奄至江寧南岸沈充舉兵趨建康宗正卿虞潭起兵餘姚討之通鑑

隆安三年孫恩自海攻會稽謝琰劉牢之討之四年五月恩寇浹口入餘姚破上虞進及邢浦謝琰遣參軍劉宣之擊破之恩退走少日復寇邢浦官軍失利恩乘勝進至會稽琰跨馬出戰兵敗爲帳下所殺恩轉寇臨海朝廷大震遣冠軍將軍桓不才輔國將軍孫無終寧朔將軍高雅之拒之十一月雅之與恩戰於餘姚敗績走山陰死者十七

入詔以劉牢之都督會稽五郡帥衆擊恩恩走入海牢之屯上虞通鑑

牢之使劉裕戍句章城既卑小戰士不盈數百人裕常被堅執鋭爲士卒先每戰輒摧鋒陷陣乃退還浹口劉鍾願從餘姚浹口攻句章於時東伐諸帥御軍無律士卒暴掠甚爲百姓所苦惟裕法令明整所至莫不親賴焉通鑑參宋書高祖紀及劉鍾傳　案觀此則宋高祖自上虞分兵戍句章雖每戰摧鋒乃仍退還浹口可見浹口在句章之西爲餘姚東境故鍾欲從餘姚浹口攻句章杜佑謂浹口在鄮縣東北七十里蓋誤以西作東也又孔曄會稽記餘姚江源出太平山隨潮至浹江口入海浹江口即浹口參諸劉鍾傳語則其地在餘姚鄮縣之閒甚明胡三省謂在定海縣虎蹲山外恐未是

隆安五年春孫恩頻攻句章劉裕屢摧破之虞丘進從裕

征恩戍句章城被圍數十日無日不戰身被數創至餘姚呵浦破恩黨張驃恩復走入海十一月裕追恩於滬瀆及海監又破之恩軍死者大半自浹口奔臨海宋書高祖紀參虞邱進傳

案呵浦即今之浦口又名官埭浦在縣境近句章處洪亮吉東晉疆域志餘姚漢舊縣有呵浦當日孫恩屢寇縣境劉牢之僅一戰擊走之

隋

開皇十年浙江賊高智慧自號東揚州刺史船艦千艘屯據要害兵甚勁楊素擊之自旦至申苦戰而破智慧逃入海素躡之從餘姚泛海趨永嘉智慧來拒戰素擊走之通鑑參隋書楊素列傳

唐

咸通元年二月辛卯剡賊裘甫自稱天下都知兵馬使改元曰羅平鑄印曰天平大聚資糧治器械聲震中原觀察使鄭祗德累表告急三月朝廷知祇德懦怯遂以王式爲觀察使癸酉甫自將萬餘人自上虞入餘姚殺丞尉所過俘其少壯老弱者蹂踐殺之及式除書下浙東人心稍安六月甲申賊復入剡城守甚堅攻之不能拔凡八十三戰賊請降式曰賊欲少休耳益謹備之賊果復出三戰庚子夜甫與劉暀劉慶從百餘人出降官軍疾趨斷其後遂擒之壬寅式腰斬暀慶等械甫送京師剡城猶未下劉從簡率壯士五百突圍走諸將追至大蘭山從簡據險自守七月丁巳諸將共攻克之從簡走台州爲其下所殺餘姚民

徐澤專魚鹽之利慈谿民陳璲冒名至縣令皆豪縱州不能制式曰甫竊發不足慮若澤璲乃巨猾也窮治其姦榜死通鑑參唐書王式列傳案裘甫唐書懿宗本紀作仇甫

光啟二年十月董昌謂錢鏐曰汝能取越州吾以杭州授汝鏐遂將兵自諸暨趨平水鑿山開道五百里出曹娥埭浙東將鮑君福帥眾降之鏐與浙東軍戰破之進屯豐山通鑑　案時升浙東為義勝軍劉漢宏為義勝軍節度使董昌為杭州刺史豐山一作風山在縣西五里

乾寧三年三月錢鏐攻餘姚降之唐書本紀九國志顧全武傳全武餘姚人董昌據越州叛遣將率兵屯石佚遣湯臼守石城袁邠守餘姚錢鏐將武勇都知兵馬使顧全武累破之復攻餘姚邠堅壁自守昌復遣將徐宣援邠全武潛師斷其要衝侯軍半過橫出擊之殺二百餘人擒宣翌日邠以城降　乾隆府志乾寧二年董昌自稱大越羅平國改元順天錢鏐表請以本道兵討之三年詔鏐遣武勇都知顧全武等攻餘

姚明州刺史黄晟遣兵助之昌遣其將徐宣救餘姚全武擊禽之袁邠以餘姚降於鏐全武等進兵至越州城下昌軍大潰全武執昌還及西小江斬之

宋

宣和二年方臘從賊來寇越帥劉述古敗之於南門橋乾隆志案南門橋即戰場橋嘉泰會稽志戰場橋在縣南四里宣和中縣卒兵戍此以拒睦寇康熙志出南城又南日戰場橋宣和二年睦寇犯境縣遣顧秀才徵所部鄉大鑿濠龍泉山後寇乃取道鳳亭欲自南門橋入越帥劉述古卒官軍百許人克其衆數千於此故名今俗語轉曰戰闞橋攷當時知越州劉韐以平睦寇功拜述古殿直學士正奉大夫

建炎三年十一月癸酉帝發越州十二月己卯帝次明州戊戌金人破越州知州李鄴降敵引兵入城以巴哩巴爲守完顏宗弼遣富勒渾追南師及於會稽之東關遂渡曹

娥江癸巳李鄴奏至案係鄴未降時所奏言金分兵自諸暨趨嵊縣徑入明州乃議移舟之温台以避之庚子帝發昌國縣先是金分兵攻餘姚知縣李穎士募鄉兵數千列旗幟以捍敵把隘官陳彥助之金人旣不知其地勢又不測兵多寡爲彷徨不敢進者一晝夜由是帝得以登舟航海進穎士兩官擢通判越州

四年正月乙巳金人攻明州制置使張俊待制劉洪道遣兵掩擊金人奔北俊急令收兵赴台州是夜金人拔寨去屯餘姚二月丙子金人自明州引兵還臨安自二月辛酉至四月甲戌帝由温州而台州而明州攷異云宋史高宗紀於建炎四年春事太略黄宗羲宋史節要據李正民航海記遂以爲高宗由海道徑還越未嘗復至明州不知正民雖航海旅奉使江西故不載四年春事今攷趙鼎忠正德文集所載

建炎日記則高宗仍由明州還越州蓋得之親歷也今據書之則其再過姚可知矣四月丙子帝次餘姚縣舟大不能進詔易小舟仍許百官從便先發癸未次越州續通鑑熊克小紀作丙午至餘姚癸丑至越州今從要錄案乾隆志引嘉泰會稽志云建炎二年高宗以十二月二十八日發越州過餘姚幸明州金兵至餘姚把隘官陳彥慶獲首級十五日金人再攻餘姚破之火其廬舍令丞皆奔節級周珉殺縣武尉屠其家四年三月金兵退令丞歸視事斬周珉今徧閱嘉泰會稽志無此段事或誤引書名歟餘姚州從事通判黃萬河受命簡兵守官埭屯竹橋以保境內乃召募壯士練習民兵日夜警備防禦盜賊以子亞五亞六護持左右同居竹橋亞三亞四亞七居古路以防善艮橋滃亞九亞十居泉水以防四明陸路七子俱有將略萬河調度合宜寇盜莫之敢近黃氏世德傳贊萬二府君諱萬河字時通宋任慶元府通判公應春次子才識宏遠深諳韜略有文武材從南渡扈蹕至徽州遷慈谿之竹墩

仕爲餘姚州從事通判以受命簡兵故有功後至孝宗朝朝野無事謝兵云云桂堂筆記當公屯竹橋時公父適判慶元府時金人犯境守臣劉洪道走通判公曰奈何去社稷也遂死其城以淮兵沒於金公聞其事欲起報仇毋氏林止之曰長平之事輕敵致之也方今金兵正熾而欲以單師抗之是自投虎口無益也不如靜守以俟敵守禦如前故金人犯慶元在建炎四年則知公之守禦竹橋及古路泉水等卽建炎四年以後事焉

德祐二年正月承宣使張世傑師至焚邑廟學宇俱燬三月復至軍大掠乾隆府志　案張公爲宋末忠臣而不能戢其下蓋當時力支殘局兵驕士傲雖名將亦無從約束也

元

至元初年汪文璟字辰良常山人自翰林編修來知餘姚州時海寇竊發官兵壓境文璟從容應之百姓無擾永樂府志

至正十八年五月戊戌朔以方國珍爲江浙行省左丞兼

海道運糧萬戶遣兵據餘姚城國珍台之黃巖人初八年人海聚衆刦運艘掠州縣當路累討累爲所敗乃一意招撫累進國珍官爲海道萬戶兄國璋爲衢州總管國珍據有溫台慶元之地遂侵據餘姚上虞截娥江以爲界通鑑參明史列傳萬歷府志

續

七月分行樞密院都事謝理以分省之命治賦姚州并總判軍民事理留心民隱民賴以安於時邊圉未寧軍旅擾攘湖南中阻賦事率由海道以達而姚爲要衝且密邇臺省往來之使沓至直傳舍以奉餼牵者費百倍於昔尤疾苦焉理以法裁其冗橫布治彌月衆目漸舉會分省出師而西旌甲蔽野衆懼不能供億理庀材任事一昔而令行於境過兵有餉屯卒有廬山野之民囊資糧負薪芻絡繹於道肅然有度汪文璟重修城隍廟記參宋僖謝都事善政記　案明史方國珍傳末云數從名士

趙俶謝理朱右等賦詩然則理固以文雅飾治者歟理字玉成

十九年十月元以國珍爲江浙行省平章政事初邁里古思者授紹興路錄事與石抹宜孫平處州山賊仍留紹興會國珍侵據紹興邁里古思欲率兵往問罪先遣部將黃中取上虞中還將益兵由餘姚取慶元是時朝廷方倚重國珍資其舟以運糧御史大夫拜住哥與國珍情好甚厚使人召邁里古思以鐵鎚撾殺之而國珍遂有行省參政之命俾以兵攻張士誠士誠禦於崑山七戰七捷會士誠亦降乃罷兵元史列傳參明史列傳

命樞密院都事謝理督造御茗於餘姚慈谿境上理屬廉吏以輔宿苛乃除既而理詣分省請去理同姓左丞公統

長槍軍至自衛婺協力分省以障東土而餘姚上虞塡駐其衆未幾流言胥動民以爲慮分省乃還理於餘姚單騎而至三日軍俄警嚴擁列江滸左丞使要理至軍門告以流言日甚理慷慨與辨乃釋然即日以其軍去且飭將毋暴其境斬不聽令者數人於是殆者以安宋僖記同時又有左右司員外郎天台陳倓倓失名古靈先生八世孫總督鎮兵於餘姚餘姚之民恃若山河以衛以育不析於難同上九月戊午方國珍築城繕兵先是國珍巡行至餘姚瞻視形勢謂是州控扼吳越宜宿重兵乃議修築城其弟僉樞密國珉竭力贊成之逾月城成由是繕兵屯鎮巨盜强鄰皆不敢犯高明築城記

二十年被兵乾隆府志於越新編國珍據慶元侵餘姚上虞以曹娥江爲界二十年秋張士誠取紹興以上虞爲界餘姚仍屬於國珍然則被兵者卽士誠之兵歟

二十五年進方國珍爲淮南行省左丞相封衢國公弟國珉及子明善俱平章政事明太祖之定婺州也遣使至慶元招國珍國珍意在順從以觀變請以三郡獻帝知其心持兩端諭書至再三云俟大軍克杭州卽納土及杭州平國珍猶自海道輸粟元都二十七年九月明旣克張士誠遂命湯和吳禎率常州長興江陰諸軍討之引舟師入曹娥江毀壩通道降上虞長驅抵餘姚拔車廄別將又攻下台溫國珍遁入海湯和數令人示以順逆乃遣子關奉表乞降授廣西行省左丞食祿不之官數歲卒於京師明史列傳

參萬歷府志上虞志　案谷應泰明史紀事本末二十七年十月癸丑命湯和爲征南將軍吳楨爲副將軍十一月湯和兵自紹興渡曹娥江進次餘姚降其知州李密舊志引作二十四年誤

明

洪武二十年大將軍湯和略地東浙以餘姚要害宜宿重兵以制險塞命紹興後所千戶孫仁增治壘堞置千戶所守禦之康熙志　乾隆府志餘姚千戶所駐城中洪武二十年湯將軍和奏置餘姚東界寧波海潮自定海來抵新壩止多巨姓強族人衆貨富實濱海重鎮方氏據慶元以其弟鎮餘姚帥府遺跡存焉湯將軍之設兵有意哉正統六年邑人李應吉奏徙之悍軍恆擾居民初徙城中人稱便後倭患作時犯餘姚餘姚乃苦無兵矣於是僉事羅拱辰副使許東望先後移節來拓前司地居之而議建江南城也又擬設一通判駐江南今縣治北猶有地名後司意即千戶所司歟

嘉靖三十一年壬子倭夷叩定海關犯內地餘邑被患方

滋海倨徐經十持梃踣其二帥倭夷即日本漢武帝時始通使中國明正德四年日本遣使宋素卿入貢重賄太監劉瑾禍由此伏素卿者乃鄞人朱縞鬻於夷爲人傾險遂大有寵嘉靖二年日本復入貢使者即素卿也又賄太監賴恩恩上素卿座同使宗設謙怒自相殺倭滋怨十九年閩人李光頭歙人許棟逸圖土入海引倭結巢霩衢之雙嶼港出沒屢警二十七年都指揮盧鏜滅之淵藪一空而歙人王直收餘黨揭竿爲亂以是復熾云云三祠傳輯禦倭忠節列傳

三十二年癸丑倭登勝山港掠第四壐禦倭忠節列傳四月乙未陷臨山衛參將俞大猷破走之備倭事略

三十三年甲寅倭大掠梅川上林龍泉禦倭忠節列傳九月掠臨山十月寇觀海衛省祭官杜槐直前斫賊衛遂得全備倭事略參杜文明傳

三十四年乙卯四月倭復犯餘姚省祭官杜槐率鄉兵禦

之斬酋一人從虜三十二人槐力竭死（備倭事略）邑城戒嚴鄉薦紳恐倭至議毀黃山候濤二橋衆猶二三巳竟毀後三日倭至潮漲不能渡江以南鄉兵遙爲聲擊倭不敢逼列兵江澨遂募獵夫善射者踞城樓從睥睨發弩射中一人倭輿尸去（禦倭忠節列傳）六月倭自觀海衛出洋十一月復歷奉化轉戰至四明斤嶺居民弗虞寇至不爲備焚刦尤慘官軍不能勝餘姚謝志望軍追及之志望文正公曾孫也捐家貲募勇敢五百人分三隊張左右翼遇賊酣戰自卯至酉殺九人射傷二三十人矢盡力疲奮呼陷陣卒被殺（備倭事略）志望客十餘人咸身蔽志望亦被殺會參將盧鏜兵追及與戰於斤嶺於梁衕倭盡焚廬舍卻走已復由百官渡

曹娥江諸生胡夢雷與從兄應龍操六等率鄉兵邀戰於東關死之禦倭忠節列傳是年春夏倭舟泊海涯北鄉首受其禍邑令李伯生請於古塘下開新河以備倭各置柵門鄉兵巡邏守禦康熙志詳海隄

三十五年丙辰倭掠雲樓鄉之樂安湖執諸生王某爲導夜至城下黎明西門將啟某大呼寇至急閉門拒之倭引去某亦得脫是時死事雁門嶺者則有諸生倪泰員禦倭忠節列傳蔣識四勿祠志倭掠樂安湖夜至城下門啟將入時有人大呼寇至者始閉門拒之寇尋引去又聞大呼曰吾奉四勿祠神諭寇且返急禦之城守者急備捍禦寇果至得無虞

三十六年丁巳十一月王直款海門表稱豐洲王人貢且要求互市初軍門大臣以直爲亂從徽籍收其孥下金華

獄至是提督胡宗憲蒞浙遽出之結以恩私會朝廷遣鄞庠生蔣洲陳可願充市舶提舉宣諭日本國王宗憲乃密諭二生令招徠王直馳駐餘姚直遣義子王滶及葉宗滿先至宗憲盛陳軍儀納其降引與聯榻臥因露諸將請戰書十餘緘而含糊作寢語示欲生全直顧滶猶豫詢城守具察兵數宗憲恐其遁又令直子澄札諭直復發金帛間其黨直乃因夏正報郎歸命越數日不至申之以劉朝恩陳光祖吳成器且以夏正畀楠爲質直始入見盧鏜于舟山宗憲馳至定海直進見宗憲温語慰撫掖入省門下臬獄疏直罪狀得旨論棄市自是倭患始息禦倭忠節列傳於越新編三

十六年以比歲患倭各鄉震恐避兵者北城不能容邑人公請城江南報可遂城之

崇禎十七年甲申五月魯王以海徙封江廣暫駐台州明年乙酉閏六月九日原任兵部尚書張國維自杭州來朝請王監國會故九江僉事孫嘉績吏科給事中熊汝霖起兵餘姚刑部員外郎錢肅樂起兵甯波蘇松兵備僉事沈宸荃起兵慈谿並奉表至台王遂赴紹興七月十八日王至紹興行監國事以分守公署爲行次祭告天地列祖以明年爲監國元年加孫嘉績熊汝霖錢肅樂沈宸荃並右僉都御史皆督師十一月加孫嘉績熊汝霖並兵部右侍郎監國魯元年丙戌正月己酉朔頒歷書職方主事黃宗羲所造也二月叛將張國柱掠餘姚其部曲掠慈谿總兵陳梧敗於檇李自乍浦浮海至餘姚大掠職方主事王正

中方行縣事集民兵擊殺之四月王正中率師渡海鹽破澉浦城五月加兵部右侍郎孫嘉績熊汝霖兵部尙書兼東閣大學士統尙寶寺卿朱大定太僕寺卿陳潛夫兵部主事黃宗羲吳乃武查繼佐等會師渡海劄譚山以江上兵潰乃還六月丙子朔江上已潰方國安馬士英等欲劫王降遣人守之會守者弛王得脫乃由江門出海東南紀事參海東逸史

國朝

順治三年丙戌餘姚內附五年戊子故明魯王遣其臣王翊據四明山爲舟山聲援

八年辛卯山賊擒孫文明父入大嵐山續姚江逸詩

孫文明清賢嶺詩并序憶辛卯歲余年二十有七時先子為山賊擒入大嵐時以包胥之哭借兵往援而出取道此嶺今相距將四十秋以他事再過之遂感前事而作然詩成已不禁淚之雙下也其詩云盤溪東谷路行難夾道清陰映日寒戰骨已沈沙草綠燒痕猶在石崖丹追思枕下戈原壑餘恨刀頭血未乾疇昔山川都不改繁花好鳥淚中看

九年壬辰大兵平四明山寨案據海東逸史係辛卯年事執王翊不屈死乾隆志 海東逸史魯監國四年己丑七月王次健跳所遣使者拜山寨諸營官爵授四明寨王翊都察院右僉都御史十月己巳王移次舟山命兵部右侍郎馮京第左副都御史黃宗羲乞師日本不得要領而還五年庚寅三月右僉都御史守四明寨王翊來朝拜兵部左侍郎入月王翊師師破新昌拔虎山進兵部尚書六年辛卯七月北兵攻四明寨兵部尚書王翊死之

康熙十三年甲寅山寇襲萬里據大嵐山遙應耿逆精忠官軍討平之萬里伏誅乾隆志 四勿祠志甲寅沿海盜起將掠鄉民會大風揚沙晝晦不

可辨盜迷失道而退後復至盜民財無所得欲火廬舍遠望祠前見官軍旗幟盜驚駭相顧卒不敢犯

四十七年大嵐山寇張念一竊發伏誅乾隆志

道光十九年己亥西夷英吉利以粵西巡撫林公則徐盡焚十三行洋藥喪貲興變夏六月有夷船入勝山港閣礁陷渾邑人集丁壯奮往截拏獲其酋長二十五人獻俘於甯郡總督行轅後督師裕謙以時方議和悉以俘歸之而賞典不行上虞沈貞半讀書屋筆談北海中有沙礁一帶西起白甬東繞出縣泥長牆閒將攻杭越夷舟爲沙礁所壞駛近岸而岸皆陷塗次早舟已平沈泥中夷酋登桅求救適土人載滷過此躍下奪一艇內渡數十人剽食民舍適三山巡檢李凝宇集紳士籌備禦策予曰夷所恃者輪舟巨礮今失其長技禽之易耳遂集漁戶竈丁千餘人圍而縛之其一酋絕有力魁梧而黃髮取巨木丈餘者舞而格鬬衆攢稍刺之斃其一女酋餘多黑奴共獲夷二十三人李上所俘於邑令因解甯郡會裕謙方與夷議和盡以俘歸

之邑人
惋惜

二十年庚子夏六月英夷入定海姚境戒嚴

二十一年辛丑將軍伊里布統兵過邑境列行寨於東嶽廟赴守鎮海英夷既陷厦門再犯定海八月十七日總兵王錫朋鄭國鴻葛雲飛苦戰皆死之八月二十六日夷入鎮海兩江總督裕謙督兵駐鎮八月二十六日賊船入游山分泊沙蟹嶺招寶山後及鎮海北門先出沙蟹嶺登陸攻占金雞嶺狼山總兵謝朝恩拒賊死提督余步雲自招寶山遁回攔江埠賊遂占招寶山舉礮攻城總督方在東城督戰待提督援不至賊陷北門總督知事不可爲自投於泮水縣民馳救送郡城又自郡送之紹興途經姚江自盡於六府廟　朝廷以總督爲班將軍第之後祖孫殉節獎卹甚優　賜謚靖節明年逮余步雲入都伏法

八月三十日夷據甯波府城九月五日夷舶入姚江旋退出境姚江小志辰時進申時退李德庵洋務權輿云九月十六日夷火輪船二釣鉤船二小船數十駛入餘姚

我兵望風皆潰又云沿海盜起坎墩諸莠民肆行劫掠勝亦不敢守仍回甯波山及西鄉等處應之卞讀書屋筆談姚邑北鄉多海地貧民受田於富室每歲木棉成熟輸租於業戶辛丑秋九月沿海盜起時坎墩有胡八胡九孫震倡言亂世不復輸租糾聚少劫巨室承平久民習於馴謹雖揭竿斬木尚不敢肆行暴虐縱火殺人但掠取財物而已繼而勝山王三西鄉陳方義等應之擾攘一時十一月十二日夷船再入姚江毀城隍神像燒嶽廟天后宮龍泉寺接待寺各官兵駐紮處登玉皇山攜寶鐘一具十四日乃退姚江小志此鐘聲似鳳鳴俗傳關係科名半讀書屋筆談夷於八月破甯郡越東震動警報至鄉民皆挈家走匿山中夜間燈火不絕次日里巷雞犬寂然三日夷不至始各還其家十一月夷泝江至餘姚邑令棄城去閩人林朝聘者本以軍功得縣丞需次在省令既以棄城被逮上游委林至林詣夷舟婉求退夷許之遂署餘姚縣事

翁忠錫㒓然自得廬詩存寓王家畈聞夷船已退買舟晚歸傳語今朝吉雙城已解圍輕裝呼僕檢小艇趁潮歸日

暮江聲急天寒樹影稀驚
烏飛不定先我向西飛

二十二年壬寅春大軍至主將率中軍從縣驛至甬別將從海塘出慈谿并山西義勇九江兵過縣境剿夷水陸並進姚江小志下讀書屋筆談當別將循海塘時李巡司邀予與紳耆供應因擇寺廟寛敞者爲將領行帳屠豕蒸飯分犒兵士居民盡閉戶避匿得無擾害

二十三年癸卯與英夷平解散莠民脅從沿海始得徵租半讀書屋筆談壬寅春胡八等糾衆掠烏山胡氏以有備不果還至滸山焚陳姓屋而去以救得熄王三劫宋氏宋拒之殺其黨一人陳方義虜張氏一人取贖於是鄉民赴愬於官吏諱盜不受詞上控於郡守守責成邑令令束手無策但批飭而已癸卯與英夷平莠民恐被誅每夜縱火野田以驚其黨予念此事非解散脅從不易治而解散脅從非徵租則民心不定因親往沿海集父老諭以禍福皆幡然悟願輸租以自明非盜租既徵人心安謠胡八輩亦不敢撓阻已而巨室如胡氏張氏宋氏懸賞購盜首數人事寖平

咸豐八年戊午六月旱禾歉收鄉民抗租滋事自黄李鮑掤立匪局莠民效尤者至十八處擁衆毀虜城鄉夙有讐憾之戶西鄉八堡廟聚衆賽神與第四疊巨族謝敬徒役奪路格鬬不勝廟下桀黠者遍通十八局於九月中揭竿烏鈔衆至數萬聲言累踵可以踏破四疊謝敬家素有團勇僅數百人鼓行而出局匪輒各星散敬率勇追殲甚衆四疊勇皆以黃布帕首於是黃頭勇遂聲震一時十二月二十三日局匪竄入城焚紳富巨宅三所旋侵縣署刦獄脫犯聞知縣賈樹勳躍投荷花池乃蜂擁而退邑紳邵元煦募勝山紅頭勇千名守城麻園胜記姚江小志是年禾多白穗四鄉競進荒呈知縣崔家蔭諭以七折半解租好事者從中梗議以致業佃不和激成巨變先是小民盜開勝歸山石宕吏發掘祕圖

山土形家言此二山若破必得大咎至是果驗

九年己未正月初十日邵元煦點紅頭勇數百名出新西門破局勦匪適局匪東西兩路進南城衆以萬數西路局匪正與勇相持於新西門外而東路局匪已竄入東泰門徑上通濟橋欲撲縣治紅頭勇不能支恰值謝敬黃頭勇臨城擊退之是月撫部胡興仁委補用道胡元博帶兵來姚二月二日甯紹台道麟趾亦來姚查辦飭令謝敬奮辦民團添募黃頭勇隨勦局匪十九日破梁衙諸局執局匪頭目徐六耀宣士文等戮之局患稍息麻園脞記

十年庚申正月匪勢未熄署甯紹台道仲□□來姚札調謝敬黃頭勇守縣治八月粵匪犯浙邑紳前任漕督邵燦

爲本省團練大臣檄調謝敬堵守錢江以扼其衝經半載餘器械資糧均歸敬兄端籌措因得轉輸不竭常勝軍案略十一年辛酉三月粵匪窺伺甯紹撫部王有齡檄調謝敬統常勝軍回姚防堵倪家路海口四月團練大臣前左副都御史王履謙調敬守紹興府城撫部王有齡札敬兄端接辦倪家路海防事宜協帶常勝軍飭同民團董事蔡寅生等率勇扼守要害常勝軍案略五月局匪頭目黃春生勾引諸暨何文慶匪徒竄上虞蹂縣南梁衕鎮阸險屯踞聲言翻城盡殺官長紳富以逞其毒知縣陶雲升告警大府檄調謝敬從郡城戍所還剿并約上虞縣令胡堯戴帶同敬姪謝采嶂會剿無何堯戴及采嶂由上虞路先期輕進見

匪勢張甚輒先奔北匪進黃竹嶺敬率常勝軍由縣南境出八字橋進剿力戰半日匪乃奔潰斬獲甚衆追執春生於上虞境後陳地方斬之梟示通濟橋上敬與兄端各蒙大憲奏賞有差麻園脞記

九月二十六日粵匪入蕭山二十九日陷郡城謝敬孤軍不支航海詣滬十月二十一日粵匪入上虞二十二日局匪黃來昌勾引粵匪入縣城大掠三日南鄉首羅其壽旋出示令民蓄髮進貢徧設鄉官有監軍軍帥旅帥及司馬卒長等名目戶立門牌時屯踞縣城匪酋係僞爵賡天義阮士珍云麻園脞記

同治元年壬戌二月粵匪焚掠潮塘拆落市一帶巨戶張

姓尤羅其害三月石門吳芳林興義勇剿賊稍有斬獲至
上虞下管村遇害四月十二日官軍克復甯波城十四五
日收復奉化慈谿匪酋僞戴王黃呈忠部下髮逆自東南
陸路竄據縣之南城二十三日張觀察景渠等率師規取
餘姚令民薙髮即有白頭義勇助戰是夜火輪船在蜀山
渡二十四日辰刻開巨礮粵匪膽怯欲竄至第三礮忽炸
船壞賊乃出迎敵逐白頭義勇時鎮海范維邦領勇駐劄
彭橋賊併逐之二十五日焚掠石堰橫河諸鄉五月十四
日焚掠滸山坎鎮戮白頭被虜者於北門備極慘酷裒屍
爲三墳時號義民邱先是張景渠等因賊嬰城固守乃遣
使赴上海添募勁卒並邀西國兵輪及西旅華爾所部軍

前來會鄞知縣陶雲升同邑人謝采嶂及新昌孫善松等亦募勇助征七月初三日水陸俱進屯縣東境新舊兩城隔江屹立賊於水隘密排大樁兩岸築卡列大礮以拒我師景渠乘船先進初五日行抵嶽廟港外賊開礮抵拒初六日賊在黃山橋拒敵旌旗蔽野聞礮擊寨門皆掩旗躲閃中西各軍分由南北岸並擊斃賊頗多賊猶忍死堅拒故是日攻打不克是夜景渠親督勇士入水拔樁兩岸彈落如雨景渠不爲動須臾樁盡拔江路無阻兵艦駕礮駛近城垣轟擊陸路兵列陣竹山頂粵匪大隊出東泰門分兩翼逆戰薄竹山陸兵佯退下山後兵艦發巨礮回擊賊奔北先克新城乘勝追殺并克舊城賊由西境竄去景渠

議畫守曹娥江然後整兵西向會甯紹台道史致諤苻任八月十二日上虞嵊縣大股賊來撲姚境爲我軍擊退十八日賊衆萬餘復四面來攻城前護理提督陳世章等督各軍與英法兩國兵艦合力奮擊四時之久賊始敗退十餘里謝敬時已由滬回姚率黃頭勇截殺殊有斬獲賊遂分而爲三一屯餘姚境內牽制我師一繞僻徑犯慈谿衆各數千一犯奉化陳公嶺衆二萬餘其犯慈谿之賊於二十五日陷城史致諤亟令中西軍船進剿陳世章亦令謝采嶂率所部忠義軍並與西國將領稅務司日意格籌派法國兵勇馳往策應復令各軍扼守餘姚四廛鎮而自率小隊折回甯郡守禦二十七日華爾督隊攻取慈谿城城

上烏銃洞中其胸輿尸回船而部下軍已冒險登城遂克之其犯奉化陳公嶺之賊史致諤陳世章令游擊布興有及鄞縣各鄉團與提標所部約會日意格等同時拔隊進剿於閏八月十八日將奉化城並次第克復餘賊皆遁姚境北鄉時姚城初經克復七八閏九四月獨東門黃山橋外賊不敢窺伺其餘西北南三門被賊日夜攻圍岌岌可危會西境馬渚第四壢又陷謝敬遇害賊大隊復竄餘慈鎮三縣北鄉城中之勢更孤張觀察景渠曰賊所敢鴟張者恃有嵎可負也巢穴若傾餘氛自熄遂與前護提督陳世章法國副將勒伯勒東部署中西各軍於九月二十七日直擣上虞賊沿途結卡樹柵一十四處悉奪燬之殲賊

無算拔出難民數千三十日進薄虞城以火礮擊之賊猶力拒稅務司日意格督隊直前臂中賊鎗猶率各軍奮擊斃賊千餘賊渡曹娥江遁去十月初一日收復上虞城至是姚人避難者始得歸故里復見昇平氣象平浙紀略參姚江小志

初紹屬郡縣迭陷謝敬航海詣滬謀請兵於疆臣旋抵鎮江稟奉江督曾批飭赴江蘇撫轅聽調尋至揚州等處募勇赴滬奉蘇撫李諭飭回姚并給軍裝藥彈於壬戌歲七月十四日回姚正雙城新復髮賊紛掠四鄉並竄慈奉等縣敬在第四亹屯兵堵剿與姚城相爲犄角阻扼塘路要衝俾賊無可窺竄連營二十餘座大小二十餘戰皆報捷斬獲甚衆九月初七日營於馬渚將乘銳直取虞城十三日賊空壁出悉四僞王之衆環攻竟日援絕被執不屈久乃遇害同時殉陣者有呂君受豫李君汝棠而呂罵賊不絕被害尤酷俱詳專傳嗣是接帶常勝軍者爲敬族人國恩采暐及舊部周景富等隨同甯紹台道張攻克上虞城常勝軍案略

餘姚縣志卷十二兵制終　光緒重修

餘姚縣志卷十三

義舉

倉

常平倉在縣署東側雍正七年令葉瑄文詳建倉廒四十間乾隆七年令李瑛添建二十五間乾隆二十六年令王欒添建四十間共一百五間又倉廳三間守宿房三間牆門一座斗級四名額積儲倉穀五萬石乾隆志

案常平倉咸豐十一年毀於寇攷會典凡直省常平倉皆州縣官專司之社倉義倉建自商民官為經理今據舊志錄之

便民倉在治西南一里二十步許廳三間廒四十二間原注今圯倉夫一名康熙志

常豐倉凡五一在臨山衛一在會稽之瀝海所一在三山所一在慈谿之觀海衛一在定海之龍山所並領於餘姚官各一員吏各一名原注今革有廳有廨有斗級康熙志

預備倉凡五在縣治內爲中倉廳三間廒十二間斗級二名後改倉夫四名東倉在龍泉一都西倉在開元三都南倉在鳳亭一都北倉在燭溪一都並正統六年建是年邑人魏資善姜伯延各出穀一千石分儲五倉今四鄉各倉盡廢康熙志

案便民常豐預備等倉乾隆志但錄舊志不詳存廢今無一存者又康熙志載宋置而廢者有米倉在治西二十步百官倉在治西二里海堤倉在酒務之西元置而廢者有濟留倉在治東南隅米倉在治東北二百步義倉都里各置之明置而廢者有常儲倉後爲治內預備倉乾隆志以各倉久廢不錄今並附見其名云

養濟院

養濟院在治西龍泉山之右東西各長十八丈五尺南闊十丈四尺中闊十二丈三尺屋四十二間知縣都祀建顧存仁修康熙志乾隆二十六年三十四年請項重修四十二年知縣唐若瀛重葺乾隆志道光二十七年知縣何煦綸修其三十五間同治光緒間知縣陶雲升高桐修光緒五年知縣沈藻烈修其三十間

善堂

同善堂在東北隅六府廟右乾隆三十五年里人勵景康呂天奇剏爲施材會置田二十九畝有奇樓屋二間邵晉涵施材碑記捨材亦仁道之一端吾邑此舉久廢復之自乾隆三十五年間城北勵君景康呂君天奇二君始二君之言

日噫吾嘗過市而有斃丐焉挨戶合貨棺殮口弖輒口延數日不得棺或儆席裹埋尸陀林其免犬掊齧者難又過尸陀林見棺壞骸骨暴露如亂麻思若輩生前受諸苦煩惱死後慘又如此吾輩之心憫焉然而不能獨爲善也於是景奇合捐先辦拾材二十具貯東門外六府廟以備急貧無告者亦稍稍來取因亟向兩城鋪戶勸助俟給去拾材一口郎赴願助者每家取錢拾文計樂助者共一百數十餘家其錢除仍備領去材費外所餘之資至年終彙計出存生息陸續置產不十年其置得露羽兩字號田二十八畝有奇又置東城下樓房兩閒嗣後拾材得常繼應每冬至前後僱工往各義冢數十處督理將好棺蓋茅露骨拾塔然則是役也二君一念之善推之人又推之人人身不辭勞瘁歷數十年寒暑而不倦而其事遂善始而善後可謂難矣我以爲不可不勤諸石以勸後之繼者

嘉慶初史積芬等置冢地二十畝有奇並捐田建堂鹿嗣宗施材義冢碑記餘姚武勝門外近郭里許有路室數楹曰雙嶺庵在塔衣山之麓沿麓行自南稍折而北得曠地二十畝有奇鄉之好義君子史主簿積芬吳上舍欽醇金首倡築其地爲義冢攷邑自明迄今向無是舉近隍標官地十餘所壓塵蓬塊白骨糅雜蓋有不葬而委之者歲以十計或課所以埋之則甃石爲塔拾遺骸投其中萃爲常先是史君

官於粤致仕歸里過北邱睨焉傷之曰是烏可不急爲之所且欲行久遠必僵有欂欂有域相地之曠而不毛者奠爲欃然後可於是揭已田若干畝告其壻邵步瀛及其甥吳欽咸助已產爲粥地作柩計事將集矣史君曰未也舉事不可不豫某之爲此有旦暮求者使若於何告必先置公所令有專董邑人徐鉉張靜淵呂天章等聞而悅之願出來佽遂定於邑之東北隅利院隙地捐貲建廳室得爲入督辦之地署曰同善堂而施櫬置冢之舉差有成是時宰是邦者長白致亭定君嘉邑之有善士也履其地視其規式歎曰此舉誠義矣歷年久而度支不繼將若何抑此何莫非爲宰者責哉助貲二百付於館且曰吾將有以紀其事也未幾佐郡杭州未果越今又八九稔矣歲辛未秋下車茲邑卽知眾君子之好善不勸也廉其實羣來相告請予畀戴事余固踵定大夫之後而樂於圖成從其請捐廉銀二百兩并爲是言告之至於福田種植爲善者勸固有是理亦可不煩今之諄諄敦勸也諸善士出財力及木石瓦甓之費別有簿

十七年徐鼎臣等經理共田一百畝有奇二十一年呂偉雲等爲放生會置田五畝有奇周喬齡放生碑記

天地之大德曰生乾大生坤廣生生生不息之機胎息於一元而衍極乎上下夫生之類非一胎生卵生溼生化生皆生也人生

而秀物生而蠢耎之貪生樂生之情人誠有之物亦宜然顧獨惜乎物之生物不能自主也自佃漁之利興招以媒毒以藥殲以罛罶濳緻多其術以掩取之則物將寄其生於虞人𢮦人庖人之手而莫遂其生甚矣其忍也昔天台智者鑿放生池舉放生善事踵之者代不乏人其原則濫觴於湯之解網鄭子產畜生魚其義則淵源於魯語禁鯤鮞舍蚳蝝之訓禮經不掩羣不取麛卵之遺制故其事雖儒者不廢吾邑呂偉雲太翁天性好生發願與同志輩醵金若干置負郭常稔之田五畝有奇核其歲入以差羸縮爲永久舉行之計每歲之夏司事者筮日宿戒諸同志致齋及期詣同善堂禮神延緇流作佛事時其值雜購羽毛鱗介諸動物鈎籠以飼之罌缶以水之縱諸茂林巨壑之間使物物各返其所全活者歲以萬計仁人之爲利溥哉嗟乎騶虞獸也不食生物蒲盧土蜂也能煦異族奈何徒以口腹之欲不惜物命而致之生而反甘之乎太翁此舉雖不盡水陸之物而生之而與二三同志盡其力之所已至充其力之所未至將生機之鼓舞而洋溢者靡可涯涘其於西銘乾父坤母之義庶幾有合嗚呼何其仁也余故樂書其事俾壽諸石以勸來者

咸豐三年令吳榮楷屬史致信等董其事

朱蘭序人生義利兩關須勘得分明君子尚義小人謀利尚義者無所利於中而利可以及人謀利者不以義利人利

而取利人之義以利己終其身悖乎義而利莫能自享且有大不利於子若孫者由義一利兩關不勸破也吾鄉好義之舉無過同善堂捨材埋葬一事乾隆三十五年鄉先輩勵君景康呂君天奇與同里醵錢施捨嘉慶間史向園吳翼唐兩封翁始議捐資置埋葬地時邑侯長白致亭定公定興錫堂鹿公各捐廉二百兩詳載碑記屬徐君鼎臣呂君倬雲張君紹濱及宏聲先叔祖司其事嚴立條規實力奉行且日局中人如敢徇私後日必無葬地矣嗟乎淒風苦雨之天腐草荒壟之地白骨銜痛鬼燐夜哭此情此景不堪設想其不惻然動念者尚得謂有人心乎義之所在不容漠視既不忍於其死何忍及身而蹈之見義不爲見義中之有利而取爲己有人心已死天理難容使生者而無知有生不如無生使死者而有知此死豈非枉死嗟乎尚忍言哉尚忍言哉夫法積久而必敝事欲廢而更張有志之士患事權不屬掣肘孔多幸遇湘鄉吳春岡邑宰毅然除弊檢籍召佃其年久隱佔易幾主者勿窮詰以省訟累取新册而朱書之鈐以銅章選董事而授之澤及枯骨士庶同感非仁人之政不及此蘭既受命敢不與同人力任其事竊思掩骼埋胔善政也有善人則善政易舉同善之本在於重義而輕利勸破義利兩關人人可與爲善豈獨捨材埋葬一事哉

十一年燬於粵匪光緒五年董事朱朗然等

重建樓屋三間倉屋兩間

繼善公所在縣署東側同治十三年建捐助田八十八畝有奇朱適然覈實錄序天地以仁物爲心聖賢以愛人爲量善也者仁愛之意也而有時天地憾不能盡其心聖賢病不能全其量非善之或幾乎息也乃善之日出而不窮所貴有好善者興樂善者助庶乎仁物之善心得因之而彌缺陷愛人之善量且因之而大包涵郎如施捨掩埋之善舉也我姚向有同善一局行之日久自粵匪入境善局被焚諸君子有感於此慨然而繼其事此善之尤善者也爲之公所以善經營爲之實錄以善稽查爲之廣捐博濟以善設施行見一人嚮善千百羣繼之一時行善千百年繼之雖天地之心聖賢之量不必止是而仁及於物愛及於人亦未始無小補云

繼善新公所育嬰堂牛痘局因利局附在縣署東側光緒十三年建邑紳邵曰濂邵友濂捐募合置田四百畝屋五間高桐序略姚邑之有繼善公所舊矣其施捨掩埋諸事久已次第舉行但經費不多規模向隘光緒十年冬〻邑紳朱君銘等稟稱邵太常

曰濂邵中丞友濂張軍門曜岑制軍毓英合置田四百畝助入公所擴充善舉又由縣撥給考棚外隙地添置房屋五間以爲辦公之所十二年秋邵紳請假旋里因公所諸務浩煩司事者精力難於兼顧議立新公所以專責成使不得彼此推諉復由朱紳等稟請將前捐田畝改歸新公所通詳立案

育嬰堂光緒十九年知縣周炳麟捐洋千元會紳募捐擲設署縣惲遐齡撥萬福庵充公田八畝二分沈朝治助田七畝八分胡啟榮助田三十畝六分章開章助田十三畝六分

牛痘局光緒間由甯紹台道飭縣每年撥款六十兩延痘科住局施種并設分局於周巷鎮

因利局光緒間邑紳邵友濂捐錢千緡爲負販小民借本營生而設每借戶以二千爲限每日還本百分之一期以五日一繳定二十期繳清免其利息

卹陰堂施材所在東山鄉第四門乾隆中里人捐建樓房門屋各七間置民田一百一十五畝九分湖地二畝二分五釐沙地六畝七分五釐竈地二百四十四畝八釐光緒

二十年立案四門向有卹陰會善堂施捨棺木李長源等於光緒二十年重訂條約八則刊刷收支核實錄每年除施材外兼增種痘施藥卹灾三事

魏善慶堂施材所一名同仁所在蘭風鄉乾隆三十三年里人魏德揚魏天祿魏如岡等倡捐後魏爾昌經理二十餘年先後置田四十二畝有奇道光十年立案

一心堂義所舊名陰功局在梅川鄉嘉慶初羅以孍羅晨輔等倡捐置田地六十餘畝建屋八間後晨輔子守誠經理增置田地十餘畝光緒二十一年立案案義所以歲息施給棺木購備痧藥四月閒散施貧戶於匡堰文武殿北建造平屋八間以爲公所嗣經晨輔子守誠添置田地十餘畝合前共田地七十餘畝計歲息緡錢百餘千按章施給歷數十年鄉人便之羅振聲羅世珍等稟縣立案

志仁堂在三山所虎嶼山麓平屋七楹爲里中施櫬放振

公所光緒二十年胡斌等集捐建置立案

義冢

宋元漏澤園在龍泉山明添設治東小黃山後設於大黃山嘉靖志

明漏澤園在縣東十里常家鋪舊址案下路橋碑記云餘姚鋪遞縣前鋪至常家鋪常家鋪至桐湖鋪自成化間邑人建下路橋於射軀橋外縣前鋪遂直達桐湖而以常家鋪廢址爲義冢名漏澤園

濟安公所在東山鄉徐韶嶺光緒初邑紳陳淦等建屋二十餘間置冢地十餘畝田三十九畝有奇二十三年立案案公所爲餘上商民寓居上海旅櫬無歸者而設道光三年在滬創建永錫堂專爲同鄉寄柩之所每年於淸明冬至限期領柩回籍每具由堂給發盤費三千五百文葬費四千二百文如實係無主者卽由堂盤送回姚代爲埋葬

編號標記前董魏慕壽經理有年並置本邑徐韜嶺山地以爲義阡積年掛葬地滿難容咸豐七年魏董故後經費不敷因而中止光緒間陳淦等踵復舊規郡中丞友濂捐廉爲倡同邑陳淦王淦等亦各有捐助增置附近徐韜嶺民田收息以充歲修又置毗連葬地左右山地三塊自光緒七年起仍於清明冬至兩期盤柩埋葬迄今十有餘年隙地無多又置水木莊民山三塊計十八畝仍備公所義阡之用稟縣立案

石山義冢在蘭風鄉臨山衛城西五里許里人王淦捐山三十畝光緒十二年金樟等稟縣立案

永安堂掩骼所在東山鄉光緒十七年謝元壽謝培謝連等建屋三間置大古塘北冢地十九畝有奇又地七十畝有奇

掩埋所十三處光緒十七年邑紳韓昌圻等請款募捐分設案姚虞濱海之區舊有官塘綿亙百有餘里居民率依塘浮厝積爲叢冢幾無隙地狐兔爭穴損及塘身淫霖

水漲易致潰決且夏秋溽暑薰蒸居民掩鼻時或癘疫繁興亦職是故光緒十七年兩縣紳稟蒙批撥籌賑總局餘項洋五千元又捐募洋八千八百餘十元共得洋萬有三千八百餘十元之則零購隙地分設義冢計在姚者一十三所共掩埋七千數百穴又零募經費并添置田地山若干畝分以爲隨時收埋久遠舉行之計通稟立案分設掩埋處開列於後

一在馬家路馬雲驤經理置地八畝八分六釐三毫八忽

一在雲柯鄉盧敏經理置地三畝六分山一十五畝

一在周巷鎮周文富黄春霖經理置田八畝三分一釐四毫地五分

一在廊廈楊儒鴻楊希堯經理置地四畝六分

一在楊浦竈阮元松經理置地四畝二分九釐

一在方家路夏朝宗方世能經理置田一畝一分地二十

畝七分四毫四絲

一在第四門謝元壽謝培謝連經理置地二十四畝二分五釐九絲九忽

一在湖堤鎮戚厚堃戚炳輝戚延祥經理置地三十畝四分七釐五毫

一在臨山衛王祖望馬有衡周培坤經理置地四畝六分一釐八毫五絲八忽

一在蘭塘並高橋楊世珍馮景周經理蘭塘置地二十畝二分八釐九毫七絲八忽高橋置田八畝六分一釐五毫一絲九忽

一在滕家灣夏燮楊世珍經理置田一十七畝六分九釐

五毫六絲六忽山一十畝八分

一在牛欄廟沈啟渭蔣奎耀蔣懷清經理置田八十六畝一分六釐三毫一絲二忽

一在西湖魏學純魏鳳麟魏鋭魏琛經理置山一十一畝

以上共田一百二十一畝八分八釐七毫九絲七忽地一百十二畝八分三釐一毫七絲五忽山三十六畝八分案田畝糧賦已於光緒二十一年題奏豁免

義祏所在西北隅龍山之北麓里人裘開壓吳學孟等募捐建立門屋三間主龕三間安置無祀栗主歲時設祭建醮光緒二十四年又建後進樓房三間案義祏所以安無祀幽魂邑中祗此一處姑類列於掩埋所後

義莊

鳳山義莊在臨山衛城隍廟東竈地未熟地共一千二百七十畝有奇光緒二十一年立案案康熙四十六年衛八徐孟昭等助入城隍廟廟山竈塗地逐節增築至七坵其三四坵并五坵上中兩節墾地一千六畝零又已築未熟之七坵地二百七十畝以歲入租息爲矜恤施材掩埋及修理衛所橋路義烈祠祭等費

王氏義莊在開原鄉附於祠王昆浩及子汝舟忠標合置田四百畝有奇光緒十一年稟請具　題奉　旨給予樂善好施匾額

王氏槐德堂義莊在東山鄉部郎王淦建莊屋二十餘間置田四百一十畝有奇地五百八十九畝有奇光緒十二年稟請具　題奉　旨給予樂善好施匾額

黄氏宗獻義塾在通德鄉官埭浦忠端十七世孫鈞遵父志安遺命捐貲助田百畝創立光緒十八年　題咨立案奉
旨給予樂善好施匾額

黄炳垕忠獻義塾記吾族舊有義學自乾隆間族祖箭南公作宰慈利創立斯舉出資置產培文恤老交外房公正司事遵行弗替歷有年矣然鄉會及小試有贈費而延師訓蒙之事未行焉孤老殘疾有助費而老婦無依者弗及焉施惠在族人而義渡等事未舉焉百數十年來未有推廣其事者今乃得之於錫慶上舍生鈞錫慶與炳同為文孝公曾孫行早歲貿易姑蘇垂數十年敦崇節儉薄積餘貲慨然欲繼族祖之志思廣其所未備以己貲建忠獻義塾於官埭浦之旁助田百畝延師訓蒙使幼童之無力就學者亦得沾詩書之澤且於族內之老婦無依者月有膳資不使凍餒官埭為慈餘往來通衢橋圮已久濟渡維艱錫慶設義渡以便行旅塾內設忠端公神位於中座遺獻主一兩公左右配之春秋享祀歲以為常蓋義塾地不及二分係忠端公祠舊基自公祠遷入南城遂為廢地而忠端公五子最著者遺獻公遺獻公三子最著者主一公故公議援先聖先師之例以三公為義塾之先正亦自錫慶上推之為一脈云一切經費取給於百畝生息而司出納者仍

從箭南公舊例專派族內公正之人挨年輪值本房不得尸其事意在避嫌云爾方錫慶之議斯舉也邀集族人商定章程公立議據炳於宗祠爲宗士於本房系居長矣故得與其議迄今舉行兩載稟縣通詳各憲立案以垂永久并囑炳記其梗概以爲久遠奉行之準竊思善舉莫難於創始尤莫難於守成炳嘉錫慶之不私所有能擴前人之志廣惠澤於無窮也尤望後之司事者心錫慶之心以實心行實事俾族中族外之人咸沾實惠也若夫更增阡陌式廓規模備今日之所未周行異日之所難緩是尤在後人之有志自立者矣

邵氏義莊在東北隅太常寺卿邵曰濂湖南巡撫邵友濂遵父漕運總督邵燦遺命建莊屋一所置田地二千畝有奇光緒十九年具 題 特賜舊德先疇 御書匾額

馬氏義莊在雲柯鄉職員馬廷耀建莊屋一所置地四百餘畝及子職員道傳增置地六百餘畝光緒二十年稟請具 題奉 旨給予樂善好施匾額

馮氏義莊在蘭風鄉馮景周遵故父偉遺命建莊屋一所置民田一百七十三畝有奇地一百四十一畝有奇山七畝有奇光緒二十一年稟請具　題奉　旨給予樂善好施匾額會稽孫德祖馮氏義莊記余嘗疑文王治岐發政施仁必先鰥寡孤獨乃至葬無主之骸而澤及枯骨亦可以無無告之窮民矣何以周公承志制爲官禮猶以睦婣任卹分屬於萬民既而思之岐周百里地爾父母孔邇其澤易周及其有天下也地廣則民衆蓋施濟之博堯舜猶病故必使人人知好義各以其力所能及誼浹乎宗族鄉黨固以助王政之不逮而大舜與人爲善之至意亦於是乎寓今制無問士庶有能以私財　任義舉至白金一千兩以上者有司得上請以樂善好施旌其閭由此道也餘姚之爲縣也古其得名因虞舜故其民俗敦龐純樸往往有有虞氏之遺風自宋世孫丞叔法吳中范氏立義莊以贍其族由是代有義行之傳近者吾師閣學朱公吾友撫部邵公華以宦成溥君賜可謂盛矣時則有若子軒馮君起儒門而踵之君之先惪月軒先生固嘗以名諸生餼縣庠惟君二歲而孤用太夫人苦節教養以克有成得母訓而知厥考之志事有未竟也凡鄉縣遇災行賑掩胔

薶骼無勿以身先之既嘗爲前護撫保安劉公所旌異而其善於繼述者尤在刱義莊而規畫之盡美善也余聞從益齋張君得讀其手製章程有若勸苦學養篤老卹窮嫠字幼孤育殘疾貧生理所以敦宗收族條目井井推之灾者賙之疾者藥之死亡者施之槥暴露者助之窆且徧及於鄰里鄉黨制爲常產給於用矣復別儲千金歲舉息以備豐歉之不時至若聚會有舍器用必飭執事有人付屬必慎而又廣先公之祀田豐其胙以裕本支之子姓以相維繫而使之可久何其用力之勤而用心之密也今茲縣志之役諸君子采聽之過謬以不才與於下走時効其一得竊謂賢士大夫好行其德爲善於鄉非以爲名高也要之有裨治理不淺輒請立義舉之目備著於篇庶幾有其舉之莫敢廢而聞其風者可以興焉氏義莊其一也不甯惟是君之王母夫人嘗以己丑之水斥二千金爲衣衣灾黎綽楔在門矣君於義莊之成費逾　旌典不啻倍蓰其聞於　朝也　絲綸載錫以嗣續妣祖我　國家將復唐虞三代之郅隆所樂爲嘉予者也非惟於鄉爲善士於家爲肖子爲慈孫已也余既慕君之義張君爲言君之欲得余文也爰不辭弇鄙筆之以塞雅意惟君儻以爲知言乎

朱氏義莊在西北隅嘉慶閒前署江西南昌等府朱浩倡

捐道光同治閒前內閣學士朱蘭貢生朱培德監生朱鳳竹率族人先後捐建置田地一千五百三十畝有奇莊屋二十閒光緒二十二年稟請具 題奉 旨給予樂善好施匾額

謝氏東山義莊在東山鄉謝鏞平建莊屋一所置竈地一千四百餘畝咸豐六年立案

朱蘭東山義莊碑記余識謝君鏞平於京師迄今二十餘年矣初但知其儉於自守勇於任事而不知其力行為善汲汲於仁及一家有如斯者讀君東山義莊引所見者遠且大不屑屑為一身子孫計獨於其族創立義莊置竈地一千四百餘畝有奇取其所入給其婚娶喪葬之資及鰥寡孤獨廢疾之無力自養者或本鎮猝遇天灾或外郡客死於四門者推廣恤助定為成規永以為式又慮子孫耤口先世所助義莊之產生心變易且董其事者侵蝕挪移有所不免爰於咸豐丙辰立案存諸縣并上達府省勒碑垂遠儀徵晏同甫中丞嘉其行成其志雀議依行君乃屬余為之記余維布衣之士實施經濟晚近罕遇其人君何

所見獨遠且大而又慮患之深是非平日力行爲善而能若是乎然則君固勇於任事者也勇於任事必儉於自守始吾願世之有志義莊者效法君可也

謝氏存著堂義莊在東山鄉附祠於撥祠産田地山共一千二百八十五畝有奇同治十一年立案

朱蘭謝存著祠義莊碑記古者大功異居而同財有餘則歸之宗不足則資之宗宗法立而天下無貧富不均之患自宗法寖失一姓之人渙然無所統紀同父之子肥瘠殊等而服屬既絕一如秦人越人之不相關於是有志之士冊爲義莊之舉以收䘏族人荆川有云義田者其大宗之遺乎其起於大宗之廢乎誠慨乎其言之也然而能知其意者往往難之吾姚四門謝氏爲宋理宗后族始遷祖長二公由臨海來姚分支十八其居後塘河一支則壽十一公也壽十一公四傳至名震者以私産地丁若干畝推助於壽十一公祠中詳見於瑞圃邵舍人所爲記歷紀緜遠斥鹵之地闢爲上腴居民之優畝輸泉者稱載而橐至故歲入益饒於是裔孫監生式文州同知文玉等念良法之不可弛也生齒貧瘠者不可無以安也而天時人事之相乘所得藉乎以有爲者不可一日失也乃商諸宗老於祠屋落成之後即舉行義莊手定規程數

則示余并屬余爲文以記之余曰是曷可緩乎哉君不見范氏之義莊乎文正剏之於先忠宣增之於後五傳至布衣良器又補葺而充拓之於是范氏義莊之名聞天下然則祖宗有成法誠不可無賢子孫以繼續之也吾聞震公所助之產康熙朝幾被人侵佔矣幸隆本隆惠隆合三君協力爭復俾數百年之規絕而復續嗣後布政司理問純粹經理有年祠成而又毀於壬戌兵事今得二君者綜核句稽較若畫一累世之業卒獲圖成抑豈易也哉余觀乎規程之善而又樂事之可大可久也始之以勸士繼之以鰥寡孤獨之養而昏喪之賻與凶灾之恤終焉恩周於王政之所不及事出於人情之不得已誠由一支以推之一族由一族以推之一鄉一國所謂人人親其親長其長而天下平也雖謂大功同財之義至今存焉可也宗法之未墜吾爲謝氏幸亦豈獨爲謝氏幸也歟

符氏義莊在開原鄉附於祠 咸豐中撥祠產田地六十六畝有奇竈地九百三十四畝有奇光緒十九年立案

周氏義莊在開原鄉附於祠 撥祠產竈地二百七十餘畝未熟地八百餘畝光緒十二年立案

葉崇德堂義莊在東門內西南城牆根葉樊孫坪之妻欽旌節孝錢氏捐田九十餘畝置又另助田大宗祠內爲永濟義莊光緒閒稟縣立案葉炆崇德堂義莊碑記略先季父樺圃公六孫婦錢氏早寡守志尤明大義丁卯春告諸宗黨以祖遺田留爲嗣子恆產將居恆儉勤所積自置上則田九十餘畝地一畝零助入吾祖靜寰公祠內歲積餘息漸以充裕作撫卹孤寡之資并一切歲修培支助婚助葬諸義舉云云

京師會館 附

會館在京城潘家河沿光緒二年邑人邵曰濂與寓京同鄉集捐購置計屋二十餘閒

新會館在京城東南園光緒十一年邑人邵曰濂邵友濂集捐改置計屋四十閒正廳曰榮枌堂後門通琉璃廠署曰姚江別墅邵曰濂會館碑記光緒紀元之二年歲在丙子餘姚邵曰濂集邑之京外官紳謀建會館

於京師衆議僉同迺集捐若干兩購潘家河沿民屋二十餘閒創建餘姚會館越八年壬午日濂弟友濂奉　天子命備兵滬瀆兄弟竊議前所建會館湫隘不可居又三年乙酉捐廉俸所入凡若干兩購東南園民屋四十閒又修葺改造如制堂舍齋廚及會客宴飲之所悉備租前館爲歲修費經始於某月日落成於某月日工既竣日濂遂爲之記曰天下行省及府廳州縣多建會館於京師以棲士之應京兆及禮部試者顧行省地廣其官於京師者亦衆會館得賴以不廢若州縣之會館或其時科名方盛官京師者多鄉之富民又皆樂傾貲以相助則倏然而興其後科名漸衰京朝官漸少復不以鄉誼爲急任館人之蹂踐而歲修之貲又無所出則又倏然而廢餘姚在勝國時人才輩起於京師不應無會館或曰今宣武門外正乙祠即其遺址而卒不可考意鼎革後吾鄉無官於京師者會館遂因而廢歟　國朝雍正乾隆閒科名復盛而此事未有議者道光中先　文靖久官京師屢議及之會時亂不果日濂兄弟幸承先　緒同官於朝而事力不給因循累年既營數椽又苦湫隘適庚辰癸未兩科與計偕者凡數十人時特盛乃謀移建於此較前爲式廓焉自茲以往科名踵起當不乏人庶邑之士官臺閣入省院者彬彬以益衆而會館因以不廢與日濂更思人才之興以科名然必以道德名節有所觀法而後足以持久爰於館中搆精舍祀陽明

王先生而以梨洲黃先生配焉使鄉之官京師者春秋致祭以景行前賢而一邑之士之應春秋試而來者亦皆有所宗仰自顧老病區區之志恐不獲竟願後來者慨慕舊興名臣碩儒將跨有明而上之則是館也特椎輪之先路已而

附契　　　立賣屋契人韓幹臣子文同弟婦張氏子姪益齋子修濟農佩軒今將祖遺自置住房一所坐落北城琉璨廠東南園西頭路北其灰瓦房平臺灰棚四十八間半門門窗戶壁俱全東至東胡同西至鹿犄角胡同南至東南園北至琉璨廠古芬閣後身四至分明上下土木相連今同中人說合情願出賣與餘姚會館名下永遠爲業言明價銀市平松江二千七百兩其銀筆下交足並無欠少自賣之後倘有親族弟男子姪爭競及借貸官銀私債等情有中保人與賣主一面承管恐後無憑立此賣契永遠爲證　此房有韓姓本身紅契八張上手紅契十六張白契及回贖典字十四張共計紅白契三十八張交付置主收存　又批中保人張明豹深知底保八李德有先緒十年十一月十九日立賣屋契人韓幹臣子文同弟婦張氏子姪益齋子修濟農佩軒計開前院內北上房三間東廂房二間南道廳房二間大門洞一院一間門房一間西小院芽樓一間東過道一個中

院內西平臺西開北川堂房一開後小院一塊後院內北房三開南房三開東廂房二開西廂房二開東院內南房三開北平臺二開北房二開西院內南灰房二開過樓房一開茅樓半開西角門一個西南院內北房二開中後院內南房二開後院內南房四開後東院內南房三開北平臺二開東角門一個共計四十八開半

餘姚縣志卷十三義舉終